Meine Familie und ihr Henker

Niklas Frank

Meine Familie und ihr Henker

Der Schlächter von Polen, sein Nürnberger Prozess und das Trauma der Verdrängung

DIETZ

Bibliografische Information der Deutschen Nationalbibliothek
Die Deutsche Nationalbibliothek verzeichnet diese Publikation in der Deutschen Nationalbibliografie; detaillierte bibliografische Daten sind im Internet über http://dnb.dnb.de abrufbar.

978-3-8012-0610-9
2. Auflage 2021

Verlag J.H.W. Dietz Nachf. GmbH
Dreizehnmorgenweg 24, 53175 Bonn
Lektorat: Gabriela Ratajszczak
Umschlag: Hermann Brandner, Köln
Satz: Petra Strauch, Bonn
Druck und Verarbeitung: Bookpress, Olsztyn

Printed in Poland 2021

Besuchen Sie uns im Internet: *www.dietz-verlag.de*

Aus bangem Herzen
für meine Mutter
und
meine ebenso toten
Geschwister

INHALT

ZELLE MIT TÜRGUCKERL

Meine Zelle, in die mich unser Oberst Lagerkommandant persönlich mit einer kleinen Anrede führte, ist verhältnismäßig groß und licht. Bayrische Heimatluft dringt von dem Tag und Nacht von mir halboffen gehaltenen Oberlichtfenster herab ein in den durch eine kapellenartige Runddecke gehobenen Raum. Als ich gestern das erste Frühstück (Malzkaffee) durch das Türguckerl gereicht bekam, war ich geradezu frohgemut. Zur Heimatluft gab es endlich wieder einmal das schwarze Brot unseres Landes mit der unserem Geschmack eben entsprechenden landläufigen Wurst. Ich habe dieses erste Stück Brot gestern in tiefer Ergriffenheit als ersten Heimatgruß geküsst. Das Brot war der Bote Bayerns, meines Landes, meines urdeutschen Landes, und gut war sein Charakter. Sein Geschmack war etwas »kriegerisch«, aber essen es nicht all meine deutschen Landsleute in unserem zerfetzten Vaterland? Und ich war also auch um dessen Willen froh, da ich wieder im Nahrungsschicksal ihnen gleich bin.

Da sitzt er also in Zelle Nr. 15: Hans Frank, nein: Dr. Hans Frank, Doktor der Jurisprudenz, vom Führer abgesetzter Reichsleiter, aber bis Kriegsende im (hohlen) Amt verbliebener Reichsminister ohne Portefeuille, und im blutigen des Generalgouverneurs von Polen. 45 Jahre ist er alt. Abgenommen hat er. Auch an Haupthaar. Seine linke Hand zittert, Folge seiner zwei Selbstmordversuche nach seiner Verhaftung im Mai 1945. Seine Zähne sind ohne Befund. Er wiegt bei einer Größe von 1,76 Meter 83,44 Kilogramm. Sein Body-Maß-Index ist mit 27,1 – wie die Berechnung im Internet zeigt – für sein Alter *nicht ganz perfekt*. Aber: *Mit einer gesunden und ausgewogenen Ernährung und regelmäßiger Bewegung* kann Vater sein *Gewicht langfristig reduzieren.*

Schwierig für den Zelleneinsitzer.

Neben dem BMI stimmt es seit seiner Verhaftung auch mit seinem Hirn nicht mehr so ganz. Denn der kauende Liebhaber bayerischen Brotes weiß nun, dass Wirklichkeit werden kann, was er eher spöttisch zwei Jahre zuvor seinem Jugendfreund prophezeite: »Du wirst Professor, und mich wird man hängen.« Vater unser muss um seinen Kopf kämpfen. Von Schlössern, Burgen, Villen und gepanzerten Mercedes-Karossen, den Gemälden wie Leonardo da Vincis »Dame mit dem Hermelin«, den zwei Rembrandts, Raphaels »Bildnis eines unbekannten Jünglings«, seiner pe-

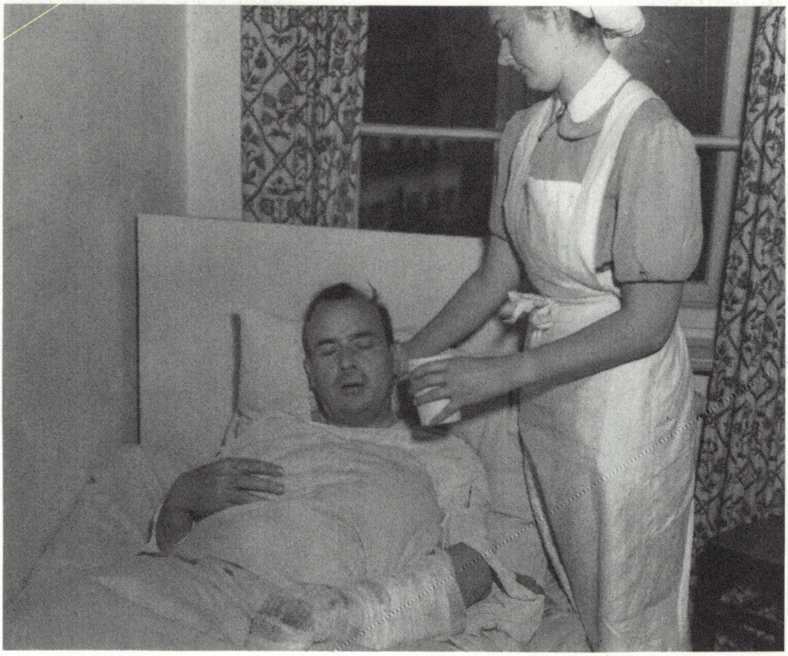

Hans Frank nach seinem Selbstmordversuch, Mai 1945.

nibel zusammengestellten Bavarica-Bibliothek ist nicht viel geblieben: *Meine ganze mir verbliebene Habe geht in einem kleinen Karton unter, wo ich die mir von den Amerikanern gegebenen Wäschestücke verwahre. Aber welche Bedeutung kommt ihnen zu: Nicht nur in Bezug auf ihre mir zur Verfügung gehaltene Existenz überhaupt, vor allem ihren Zustand betreffend. Meine Hemdjacken, Taschentücher, Socken und Unterhosen immer wieder waschen und trocknen zu können, ist eine wirkliche Frage.*

Seit seiner Verhaftung am 4. Mai 1945, vier Tage vor dem offiziellen Kriegsende, hat er keine Verbindung mehr zu seiner Familie.

Will er die überhaupt?

Mit dieser verfluchten, raffinierten, ihm heillos überlegenen Ehefrau Brigitte, die ihm sein Liebesleben vergällte?

Mit dieser eitlen, selbstgefälligen und urfaulen ältesten Tochter Sigrid?

Brigitte 1946, unter dem Bild ihres Hans, gemalt 1939 von Leo Samberger.

Mit diesem verdrucksten, miserabel desinteressiert Latein paukenden ältesten Sohn Norman?

Mit dieser ihn anhimmelnden und ihm zu süßlich tuenden nächsten Tochter Gitti?

Diesem mit einer fiesen Hasenscharte geborenen zweiten Sohn Michel und diesem ewig stumm dreinglotzenden Niki, dem jüngsten Knaben, der ihm noch im Februar einfach seine Lesebrille zerbrochen hat, ihn dabei blöde von unten her anstarrte, und von dem er nicht mal sicher ist, ob diese rothaarige Hässlichkeit überhaupt sein Sohn ist?

Oder mit seiner eigenen Mutter, Tochter eines Münchener Kolonialwarenhändlers mit popeligem Tante-Emma-Laden? Die war erst wieder in seinem Leben aufgetaucht, als er Karriere gemacht hatte, um auf seinem Schloss Kressendorf oder auf seiner Burg in Krakau als Königsmutter zu posieren.

Oder mit seiner ewig nervenkranken, grauslig anzusehenden Schwester Lilli! Was hatte er doch mit ihr für Scherereien gehabt! Und wie peinlich, als die sich zu Amon Göth in dessen KZ-Lager Plaszow fahren ließ, um von den todesnahen Juden noch Schmuck ergattern wollte, indem sie ihnen vorgaukelte: »Ich bin die Schwester des mächtigen Generalgouverneurs – vielleicht könnte ich Ihnen ja helfen?« Oder mit seinem Vater, diesem aus der Anwaltskammer geflogenen Rechtsanwalt und Heiratsschwindler, der ihm doch tatsächlich am 15. März 1942 brieflich für seine *Gebisserneuerungskur* um die Zusendung von 15 Gramm Gold anbettelt und mit *Heil Hitler* unterschreibt? Woher nehmen und nicht … ach richtig, Brigitte konnte ja wirklich eines ihrer tausend Schmuckstücke hergeben, die sich in Polen so sehr vermehrt und schon zu Gerede in Berlin geführt hatten.

Oh Herr, was für eine Familie habe ich da um mich!

Selbst die große Liebe seines Lebens, Elisabeth Karoline Sophie, genannt Lilly, in die er sich schon als Kind verknallt hatte, und die 1942 wieder aufgetaucht war, konnte er in den letzten Monaten seiner Freiheit nicht mehr in himmeljauchzender Gier küssen, beschlafen und mit ihr die gemeinsame Zukunft gegen Brigitte planen.

Über drei Monate saß er mit den letzten Getreuen in seinem neuen Amtssitz in Neuhaus am Schliersee. »Haus Bergfrieden«, früher ein Café, war ihm zugewiesen worden. Was für ein lausiger Ersatz für seinen Dienstsitz, den Wawel, die Burg in Krakau!

Doch jetzt sein allerlausigster Umzug: in eine Zelle des Gefängnistrakts im Nürnberger Justizpalast.

Allein.

Als ich monatelang dieses Buch vorbereitete, versetzte ich mich immer rückhaltloser in seine wachsende Klaustrophobie. Tag und Nacht wird er von einem amerikanischen Wachtposten durch die Türluke beobachtet. Ganz für sich allein ist er nur auf seiner Toilette, gleicht rechts vom Eingang. Schlafen muss er auf dem Rücken, die Hände oberhalb der Decke. Das Licht wird des Nachts nur gedämmt, nie ganz ausgeschaltet. Einmal am Tag ist ihm eine Stunde Spaziergang im Gefängnishof erlaubt, gemeinsames Mittag- und Abendessen mit den anderen Angeklagten, Besuche in der Zelle nur von den Psychologen Douglas M. Kelley, Gustave M. Gilbert und Leon Goldensohn. Einmal in der Woche ein Bad nehmen, täglich morgens eine kalte Dusche.

Noch hat der Prozess nicht begonnen. Seinen Verteidiger hat er allerdings schon: Dr. Seidl, aus München, so kurz gewachsen, dass der Mitangeklagte Herrmann Göring über ihn spottet: »Der kann ja kaum übers Rednerpult schauen!«

Mein Vater mag Dr. Seidl. Der ihn weniger. Als ich ihn Jahrzehnte später interviewte, wollte er viel lieber über seinen anderen Mandanten, den Wirrkopf Rudolf Heß, sprechen. Ich vermute, Seidl konnte meinen Vater wegen seiner immer stärker werdenden Frömmelei nicht leiden.

Die Frank-Kinder: Norman, Michel, Niklas (»Niki«), Sigrid, Gitti, Schoberhof 1941.

»Haus Bergfrieden«, in dem er bis zu seiner Festnahme sein Büro hatte, liegt im Neuhauser Ortsteil Josefstal. Dort schlief er auch. Nur hin und wieder besuchte er in den drei Monaten zwischen Flucht und Verhaftung den Schoberhof, einen umgebauten Bauernhof, in dem seine Ehefrau Brigitte mit uns fünf Kindern lebte. Die ältesten Drei, Sigrid, Norman und Gitti, haben unter der Trennung ihrer Eltern schwer gelitten. Am meisten Gitti, damals 10 Jahre alt. Michel und ich sicher auch, wenn auch zunächst nicht den Tag bestimmend: Zu spannend war die Zeit des Untergangs des Dritten Reiches!

Da die Eltern die meiste Zeit ihres Lebens während der Naziherrschaft außer Haus ihrem Vergnügen des Einkaufens und Mordens frönten, blieb die Erziehung in Händen von Hilde, einer wunderbaren, lustigen, herzlichen Frau von Mitte Zwanzig. Alles, was an den Frank-Kindern humorvoll, menschlich, mitfühlend war, stammte von ihr.

Als ich sie für mein erstes Buch besuchte, damit sie mir all die merkwürdigen Erinnerungsblitze, die ich mit mir herumtrug, in einen aufklärenden Zusammenhang brachte, war sie schon total verkrebst, hatte aber noch immer ihr herzliches Lachen und gestand mir zum Schluss, dass unser Koch auf dem Schoberhof einmal aus Ärger über »Frau Reichsminister«, die gegenüber ihren Angestellten wieder einmal beinhart gewesen war, in der Küche auf einen Stuhl stieg und in die Suppe pieselte, bevor sie serviert wurde.

»Und weißt du, Niki, was deine Mutter danach beim Raustragen der Teller zur Serviererin gesagt hat? ›Bestellen Sie bitte dem Koch: Die Suppe war köstlich!‹«

Bei diesem Herrschaftsessen für die ortsansässigen Nazi-Honorablen war Vater nicht anwesend. Weswegen er auch nicht wie sein inzwischen uralter jüngster Sohn über diese Szene schmunzeln kann. Am 26. August 1945 beschreibt er weiter sein Leben in der Zelle: *Ich blicke in den Abdruck des Kopfes des heiligen Florian, unseres berühmten Meisters von Kefermarkt, eines prachtvoll ernsten Mannesantlitzes, das in Erz dem innen gerichteten Blicke des um seine Leidensberufung Wissenden ergreifende Wirkung bietet. Es ist der künstlerische Schmuck der Zelle des Nürnberger Gefängnisses, die nun die mir verbliebene irdische Zone umfasst. Ich habe dieses Blatt aus einem deutschen Zierkalender mitgebracht, der uns in dem Luxemburgisch-Mondorfschen Palasthotel gegeben worden war, um in ihm mit Lust und geistiger Angeregtheit den Ablauf unserer Interniertenlaufbahn zeitlich registrieren zu können. Über drei Monate weilte ich da im Kreise all der Männer, die man aus der Epoche Adolf Hitlers kannte, und die da eingefangen vom Sieger hinter Gittern gepackt wurden. Über vierzig Männer weilten dort in leidlich erträglichen äußeren Umständen, sehr anständig behandelt und gepflegt. Das Hotel in Mondorf machte ein etwas gequältes Gesicht zu der ihm zugemuteten Aufgabe, Behältnis für politische Männer zu sein, die von ihren siegreichen Feinden als Verbrecher bezeichnet werden.*

Im Juli 1945 hatte der deutsche Journalist und Schriftsteller Walter Hasenclever die Inhaftierten in Mondorf besucht und einen ganz anderen Hans Frank erlebt, dessen Verhalten einen zum Fremd-Schämen, in meinem Fall zum Familien-Schämen bringt: »Generalgouverneur Hans Frank hatte in Mondorf eine besondere Nische. Er tat sich mit keinem zusammen; von morgens bis abends, wenn er nicht gerade beim Essen oder beim Verhör war, wandelte er auf der Terrasse vor dem Hotel mit einem Gebetbuch auf und ab und tat Buße. Er murmelte Gebete, sprach den Rosenkranz und widmete jede freie Minute der Selbstzerknirschung. Er war allerdings auch sorgfältig darauf bedacht, bei diesen Übungen von allen gesehen zu werden. Seinen Mitgefangenen war er lästig, und sie ließen es in ihren Gesprächen nicht an Seitenhieben auf diesen neugebackenen Büßer fehlen, aber sie konnten ihn in seiner neuen Rolle nicht irre machen.«

SADIST UND FROMME HELENE

Diese Zurschaustellung seiner neu gefundenen Religiosität erinnert mich immer an Wilhelm Buschs »Fromme Helene« und macht mich schaudern.

Es folgt Hasenclevers vernichtendes »Lippen«-Bekenntnis: »Er war eigentlich ein gutaussehender Mensch. Er hatte ein kluges und man könnte beinahe sagen, feines Gesicht mit einem sinnlichen, sehr weichen Mund, der ahnen ließ, dass er vielleicht mehr konnte als trutzige Phrasen von sich geben. Tatsächlich war Frank ein musischer Mensch. Zugleich aber war er, was man dem Mund auch ansah, ein Sadist. In der Weichheit dieses Mundes lag eine deutliche Grausamkeit, die er auch in Polen ungehemmt walten ließ.«

Die »Time« schrieb unter das Gruppenfoto der in Mondorf Inhaftierten: *This remarkable group portrait, which looks at first glance like members of a select club, in fact just that: these are most of Nazi Germany's leaders. Neurotic Göring, undergoing a morphine cure, had lost 30 of his 270 lbs., but looked fairly well when he took his front-&-center seat. Jew-baiter Streicher had wept and beaten his breast with shame because a U.S. Jewish sergeant gave him a gift of cocoa and crackers. Butcher Frank (of Poland) had arrived hysterical and clad only in lace panties.*

Demnach war der »Schlächter von Polen« in Unterhosen in Mondorf eingeliefert worden. Er, der immer tipptopp gekleidet war, seine 110 Uniformen verehrte – und sich selbst in ihnen –, wankt oder wandelt in Unterhosen durch die Gänge des zum Gefängnis umgepolten luxemburgischen Palasthotels! Vielleicht ließ Gefängnisdirektor Burton C. Andrus ihn auch bewusst zunächst ohne Hosen, um die Verachtung der Amerikaner für den *Butcher of Poland* deutlich zu machen, der schon weit vor Kriegsende von der »New York Times« auf ihrer Kriegsverbrecherliste als Nummer 1 geführt worden war.

Nun in Nürnberg, schreibt Hans Frank weiter, *sind wir ein wesentlich reduzierter Kreis unter erschwerten äußeren Lebensbedingungen. Der Lebensstil ist der eines Gefängnisses mit den durch die besondere Art der Inhaftierten und ihrer militärischen Verwahrer gegebenen Abweichungen.*

Neben meinem Florian-Platz habe ich noch drei Bücher in treuer Gefolgschaft: die Bibel in der Übersetzung Martin Luthers wurde vermittelt durch die Kriegsgefangenenhilfe; dann die »Einführung in die Philosophie« von Dr. Max Apel und endlich »Die kleine Chronik der Anna Magdalena Bach«, der Frau Johann Sebastians, ein reizend liebes Buch der Engländerin Esther Meynell, die auch den Zensor vermochte, in das Buch ein liebesrotes Mal zu stempeln, dass in seinem Wortlaut ›passed by examiner‹ die Musikalität unserer modernen Militärs allerorten bestätigt.

Bitternis klingt durch den Text: Wie kann man so hochgestellte Persönlichkeiten eines Reiches so behandeln!

Ironie folgt: *Mein Bettgestell aus Eisen hat eine Matratze, und 5 Wolldecken wurden mir in aller Fürsorge daraufgelegt. Ein Tisch und ein Stuhl vervollständigen die Einrichtung, die ich, wenn ich als bayrischer Justizminister, dem alle Gefängnisse des Landes unterstanden in den Jahren 1933–38, hätte es ahnen können, dass sie mir einmal dienen würde, wesentlich komfortabler gestaltet hätte.*

Dass er nur durch die undemokratische Regierungsübernahme seiner Nazis am 10. März 1933 Bayerischer Justizminister geworden war, ist für ihn nicht erinnerungswürdig. Auch nicht, dass er anstatt die Zellen aufzumöbeln, als eine seiner ersten Amtshandlungen jüdischen Anwälten verbot, weiterhin vor Gericht aufzutreten.

Über drei Monate bin ich nun in der Gefangenschaft. Nicht mehr Herr meines Lebens, sondern Sache der Planung anderer. Das Schicksal fügt es so.

Hier taucht zum ersten Mal das Wort *Schicksal* auf. Es wird ihn und seine Ehefrau durch den ganzen Prozess begleiten: Gegenseitig werden sie sich zahllose Male versichern, dass es allein das Schicksal war, das ihn ins Gefängnis und sie in totale Armut gebracht hat. Beide können nichts dafür. Er nicht, obwohl er per Reichsgesetzblatt als Stellvertreter Hitlers politisch für jeden Mord im Generalgouvernement verantwortlich war, sie nicht, obwohl sie an seiner Seite gnadenlos ein Luxusleben auskostete. In jener Zeit kam nie von ihr ein: »Hans, wie kannst du nur! Zieh dich sofort zurück! Das ist ein Verbrecher-Regime, dem du dienst! Außerdem riecht Hitler aus dem Mund!« Da kam nie von ihm ein: »Wie kannst du nur in meinen Ghettos zu selbst gesetzten Preisen einkaufen fahren? Im Übrigen: Ich schmeiß' hin! Ich lass' mir jetzt vom Arzt ein Attest geben, dass ich körperlich und geistig nicht mehr in der Lage sei, meinem geliebten Führer zu dienen!«

Stattdessen stützt Hans Frank jetzt in seiner Zelle weiterhin philosophisch seine Unschuld ab: *Wenn man die Mächte des Werdens und Vergehens nicht vernunftgemäß erschließen kann, bleibt nur der ahnungsvolle Glaube, der wie ein magischer Nebel die grauenvolle Kantigkeit umsamtet: Dass die Schlüsse zu einem Anfang gehören, der außerhalb unserer Zonen liegt. Gleich der Wirkung der Sonne etwa, die auch all das Treiben auf der Erde erzeugt, ohne von da aus erreichbar zu sein. Drei Monate – schon! – erst! Wer weiß?*

Grabe ich mich mit ihm in seiner Zelle ein, sitze mit dem gleichen Bleistift vor dem gleichen Stück Papier und schreibe, dann fühle ich in mir selbst dieses entsetzliche Hin und Her zwischen Hoffnung und Todesangst. Dieses Gefühlschaos funzelt auch durch seine nachfolgenden Sätze: *Das Denken erlahmt. Man hat eine Art von automatischer Denkpolizei in sich, die verhindert, dass farbige Bilder milde lösend durch Dich dahingleiten – Dich streicheln, Dich kosen, und das Tränennass ist der Fluss, über den es kein Zurück mehr gibt zu all' dem, was Dein war, zu all' denen, die Dein sind und waren.*

»Dein« war einst Brigitte, als ihr Hans sie noch liebte, wie offensichtlich in seinem Brief vom 20. Februar 1930: *Herzliebes Weibelen* – beide schreiben einander immer *Weibelen* statt *Weibilein*, vermutlich ein Schreibfehler von Muttern in ihrer glücklichen Frühzeit, der zur privaten Gaudi kultiviert wurde – *Schau, ich habe Dich doch so lieb und leide nur, wenn Du so preußisch-rau-kalt und oft auch direkt lieblos bist. Ich brauche viel Liebe und möchte auch viel Liebe geben. Ich bin so glücklich in dem Gedanken, dass ich Dich habe und Du schöne, liebe Frau allein*

Brigitte Frank um 1942.

mein bist, ich möchte noch 16 Kinder von Dir. Aus der Niederung unserer minderwertigen Gegenwart soll gerade unser beider Bund aufragen. So tief, so ewig, so schlicht und wahr liebe ich Dich.
Ewig Dein
Hans

Hätte er damals statt seines Unterleibs seinen Verstand aufgepumpt, wäre er auf und davon von dieser *rau-kalten Preußin* Brigitte!

Der Gefangene, sinniert Hans Frank in seiner Zelle, *ist nicht nur der Freiheit beraubt, sondern damit der wesentlichsten Grundlage des Lebens. Deshalb sind seine Gedanken so mühevoll, so wurzellos und gärend verwirrt, weil er hilflos ist, all' dem Sehnen und Pochen gegenüber, das in ihm sprudelt, das ihn quälend lockt in Betrachtungen der Sehnsucht, der Reue, der Hoffnungslosigkeit.*

Fällt ihm bei *Sehnsucht* sein Brief von 1942 an die wiedergefundene große Liebe Lilly G. ein?

Meine Lilly!
Ich bin so strahlend frisch und froh und stark und glücklich und beschwingt und selig, dass ich weiß, wie alles gut gehen wird. Ich liebe Dich, meine Lilly – mit gottgewollter Innigkeit und schwöre Dir meine Treue und Hingabe bis ins letzte Pianissimo meines Lebens. – Ich strahle Dich an frohgemut – das Neue Leben beginnt. Gott segne meine Lilly und mich!
Auf Wiedersehen. –
Ganz herzlichst,
innigst Dein Hans

Doch zu Hause warteten Ehefrau und ein Stall voll Kinder!

Fällt ihm bei *Reue* sein letztes Telegramm vom 24. Dezember 1944 an Hitler ein?

mein führer
die deutschen krakaus aus allen bereichen und dienststellen
versammelten sich am weihnachtsvortag zu einer kundgebung, in
der in stürmischer begeisterung die treue und hingebungsvolle
dienstbereitschaft zu ihnen, mein führer und ihrem grandiosen
werk machtvoll ausdruck erhielt. Wir beten zu gott,
dem allmächtigen, der sie in so wunderbarer weise in
diesem jahre vor der tücke gemeiner verbrecher bewahrte,
im kommenden jahre ihren waffen den sieg zu verleihen.
heil, ihnen, mein führer.
frank

Ja, vielleicht hat Hans Frank wirklich Reue empfunden, aber die wurde ihm von seiner *Gedankenpolizei* offensichtlich immer wieder sofort verboten.

Und was fällt ihm bei *Hoffnungslosigkeit* ein? Da braucht er nicht nachzudenken: Die erlebt er gerade. Sekunde um Sekunde. Tag um Tag. Monat um Monat.

An seinem wackeligen Zellentischchen schreibt er weiter: *Und doch! Wären diese Gedanken nicht, dann wäre alles dahin. Nur sie sind es ja, die den Gefangenenzustand vom Tod noch unterscheiden, abgesehen vom rein animalisch-organischen Vegetieren. Oh, Du Gedanke des Alls, das Urgeheimnis und letzten Bewusstseinspunkt verbindet – Du bist das geistige Fundament der inneren Souveränität, die bleibt, wenn die äußere der Persönlichkeit genommen ist.*

Mein Vater eine Persönlichkeit? Die hätte doch etwas mit Seriosität, Ehrlichkeit, Empathie und entschlossener Handlungsdynamik zu tun.

Das sieht auch Psychologe Kelley so: »Je bedeutender Franks Stellung wurde, desto anmaßender benahm er sich. In seinem eigenen Fach erwuchsen ihm viele Gegner, denn er war im nationalsozialistischen Staat das Werkzeug der Zerstörung altüberkommenen Rechts. Frank war es, der am meisten dazu beitrug, die These zu begründen, dass das ›Deutsche Recht‹ nicht das Individuum zu schützen, sondern der Nation zu dienen hätte – nämlich Hitler und seiner Partei.«

Dabei hatte er noch in der Weimarer Republik Jura studieren können, das deutsche Recht, das aus dem römischen entstanden war.

»ICH KLAGE NICHT, ICH WARTE«

Statt sich schriftlich über seinen Verrat am Recht Gedanken zu machen, philosophiert er voll des Selbstmitleids weiter: *Der Gefangene ist die Antithese Gottes: der der Freieste aller ist und daher ein Widerspruch zur Schöpfung. Die Gefangenschaft ist auch zu allen Zeiten nicht Gottes, sondern der Menschen Werk. Was die Feinde über uns noch alles verhängen werden, weiß ich nicht. Unschuldig, wie ich mich fühle und bin, sehe ich mit Gottes Trost allem entgegen. In Essen steht ein Denkmal, es ist den in den Ereignissen des Jahres 1923 gestorbenen Ruhrarbeitern gewidmet, darunter steht: »Deutschland! Wehe denen, die Dich lieben!«*
Das ist es wohl.

Das ist es wohl bei ihm: Noch kein Prozess, noch keine vorgelegten Beweise für seine Verbrechen, aber schon das Endurteil gesprochen: Unschuldig, weil Deutschland liebend.

Meine Kleidung ist interessant und zeigt mir die ganze Gutmütigkeit mancher amerikanischen Männer, die um mich in diesen Monaten besorgt waren. Ich trage ein amerikanisches Soldatenjackett, eine amerik.

Militärhose und feste deutsche Militärstiefel, an deren Stelle ich bei leichtem Sommerwetter ein Paar amerikanischer Militärschuhe mit Gummisohlen trage.
So wäre mein Leben schön und ruhig. Denn wer ist so umsorgt, so umwacht wie wir? Ich denke immer an den Fidelio Beethovens. Man ist entweder ein ganz schlimmer Verbrecher, oder man hat mächtige Feinde, das kommt auf dasselbe heraus.
Ich klage nicht. Ich harre und warte.
Und indem ich dieser Gedanken Fäden langsam durch mein Bewusstsein fließen lasse, bin ich ganz ruhig. Wie in Gottes Schoß geborgen. Glaubst Du an Gott: Wohl denn. Er wird Dir plötzlich zum Zimmergenossen! So vertraut bist Du ihm! So direkt körperlich nah, wie einem guten Freunde, der bestimmt alles für Dich tun wird, und Du ertappst Dich bei Ahnungen seiner Gegenwart von solcher Intensität, dass die Wände gefallen scheinen.

Mit Gott durch die Wand! Den hat er aus Mondorf mit in seine Nürnberger Zelle überführt. Er wird neben »Schicksal« zum zweiten Schuld-Tilger berufen.

Gott und *Schicksal* anstatt sich zu fragen: Was habe ich <u>wirklich</u> getan? Und <u>warum</u>, um Gotteswillen?

Norman, mein ältester Bruder, sagte zu Vaters wachsender Religiosität: »Der suchte nach Hitlers Selbstmord einfach einen neuen Gott.«

Fühle ich mich in seine Zellensituation hinein, kann ich es nachvollziehen: Wen gibt es noch, der dich nicht sofort schuldig spricht? Da bleibt ja nur der liebe Gott, wenn du dich dir selbst nicht stellen willst!

Vergeblich beschwört er beim Weiterschreiben: *Man lernt sich kennen, nur in der Gefangenschaft.* Gibt aber sofort auf: *Im Grunde begreift man nichts um einem, und Unwirklichkeit, unfassbare Traumverzerrung, scheint die Wirklichkeit der Gefangenschaft zu sein. Und dann ist all' dies Wähnen und Denken weg. Und es kommt das Sinnen über Deine Kinder, Dein Zuhause, Deine Jugend, Deine Lebensentwicklung – und dann bist Du ein kleiner, weinender Mensch, müde, nervös, abgespannt, verzerrt und gejagt – und Du rollst Dich in einem Elendspfuhl und rufst um Schlaf, den gnadenreichen Unterbrecher des Bewusstseins, die Erlösung, die Erholung – ja, so ist es. Die einsame Kreatur kniet vor Gott im Staub.*

Auch diesen *Elendspfuhl* kann ich nachfühlen. Ich habe mehrmals im Nürnberger Gefängnis eine Zelle besucht, die der seinen völlig gleich ist. Der Original Trakt, in dem die Nazi-Verbrecher einsaßen, war bald nach Prozessende abgerissen worden, doch die baugleichen anderen Flügel bestehen bis heute. In dieser Zelle zu stehen, zu sitzen, sich hineinzuversetzen in meines Vaters Einsamkeit, ließ auch dort wieder die Wut in mir aufsteigen: Warum hat er da mitgemacht? Er wusste, dass er ein Verbrechen ums andere mit angeschoben hat! Dass er Sätze wie diesen plärrte: »Mit den Juden, das will ich Ihnen ganz deutlich sagen, muss so oder so Schluss gemacht werden.« Oder: »Wenn ich für je sieben Polen, die ich erschießen lasse, Plakate kleben ließe – die Wälder Polens würden nicht ausreichen, um all das Papier herzustellen.«

Er unterdrückte, was schmerzhaft, aber richtig gewesen wäre: Selbsterforschung. Stattdessen schreibt er weiter: *Am 4. Mai abends wurde ich in der Geschäftsstelle meines letzten Amtes in Neuhaus am Schliersee in Oberbayern von den Amerikanern verhaftet. Meine Familie befand sich in unserem Schoberhof, der in Fischhausen am Schliersee, kaum 2 km von der Dienststelle meiner Abführung entfernt, ist. Ich war, seit ich von Krakau am 17. Januar 1945 weggefahren war, meist bei meiner Familie gewesen, und noch am Nachmittag hatte ich etwas Brot auf dem Fahrrad zum Schoberhof gefahren.*

Was für ein erstaunlicher Lügenbold offenbart sich da mal wieder. Mitnichten hatte er bei uns gewohnt! Für wen schreibt er denn seine Gedanken und Erlebnisse nieder? Vermutlich doch für ein geneigtes Publikum.

Nur manchmal tauchte er bei uns im Schoberhof auf. Sehnlichst erwartet von den vier Kindern. Ich, das fünfte und jüngste, kann mich aus dieser Zeit vor seiner Verhaftung nur daran erinnern, dass ich ohne Anlass in unserer Halle, früher war's der Kuhstall des Schoberbauern, von einer Kommode seine Lesebrille genommen und beide Bügel nach außen gebrochen habe. Dabei lugte ich von unten zu ihm hoch. Noch heute sehe ich sein entsetztes Gesicht, denn selbst für ihn, den Nazi-Bonzen, war es in dieser Endzeit des Reichs schwer, eine Brille repariert zu bekommen. Er gab mir eine Ohrfeige. Die tat nicht weh. Er war eh sehr unsportlich. Von richtiger Hebelwirkung wusste er nichts.

In jener Zeit, als er starr auf seine Verhaftung wartet, hin und wieder seine Lilly in Bad Aibling besucht, telefonieren Brigitte und Hans allenfalls oder giften einander offen und versteckt per Brief an. So empfindet Brigitte sicher klammheimliche Freude, als sie ihm dies zur Übergabe unseres Hundes schreibt: *Lieber Hans! Durch Peter schicke ich Dir Tommi mit. Dort gibt es sicher eher für ihn eine Fütterungsmöglichkeit. Außerdem ist gestern Götz wieder zu Norman gekommen, der rührend an ihm hängt. Beide Hunde vertragen sich nicht. Wir können sie wirklich nicht noch füttern.*

Es war eben ohne den gewohnten köstlichen Nachschub aus dem Generalgouvernement schwierig geworden, die eigene Brut zu nähren – geschweige denn obendrein noch einen Hund!

Der Herr Generalgouverneur hatte plötzlich in seiner Dienststelle einen Köter!

Früher waren es der gepanzerte Mercedes, seine Adjutanten, Staatssekretäre, Geliebten, die polnische Gräfin, die nackt vor ihm tanzen durfte, und jetzt nur noch dieses Hundsviech!

Endlich bist du auf den Hund gekommen, wird sich Mutter bei ihrer fellsinnigen Übersendung gedacht haben.

Ich freue mich noch heute darüber.

Er schreibt weiter in seiner Zelle: *In der allgemeinen Aufregung und Unruhe hatte ich mich noch allein in mein Arbeitszimmer in der Höhe des Schoberhofs begeben und in Vorahnung des Kommenden – denn der Einmarsch der Amerikaner in das Schlierseetal stand unmittelbar bevor – Abschied, ja Abschied fürs Leben von all' dem dort Vorhandenen, für mich so werten und würdigen Gut genommen. Da saß ich oben in meinem Speicherstübchen gegenüber dem Harmonium, schaute über den Fauststuhl und den langen in Mitten des Raumes stehenden Schreibtisch auf das Fischhauser Kirchlein hinaus und ging dann feierlich meine Bücher ab. Meine Monacensia-Bavarica Sammlung vor allem. Welch ein Reich haben wir Deutschen nicht in über 1000 Jahren errichtet und immer wieder verloren. Was ist mit uns? Für die Politik nicht geschaffen, gewogen und zu leicht befunden. Und wieder einmal ein Reich dahin – für immer, wieder einmal alles an Einheit verloren, den Krieg verloren, die Ideenkraft verspielt, der Führer tot, das Heer dahin, die Städte zertrümmert, die Jugend dahingemordet. Grauenvoll zu denken und sich vorzustellen, was in der Seele wogt, nennt man vor sich nur Deutschland. So dachte ich und war des Lebens müde. Wozu weiterleben? Ich grüßte all' die Erinnerungen meines Lebens in meinem Raum und ging dann noch zu Weib und den Kindern. Alles war sehr erregt, denn es schoss immer noch, und so begab ich mich ohne größeren Abschied gegen Abend zurück in das Diensthaus, um dort alles abzuschließen.*

Seinem *Weib* steckte er damals – beobachtet von Norman – 5000 Reichsmark zu. »Wie einer Nutte!«, fügte Norman Jahrzehnte später bitter hinzu.

Warum hat er es nicht insgeheim ohne Zeugen übergeben? Kleine Rache für den übersandten Köter? Oder Rache für sein durch Brigitte verpfuschtes Liebesleben? Oder wollte er tatsächlich vor Norman den Eindruck erwecken, er bezahle eine Dirne? Denn Brigittes Affären waren auch ihm bekannt.

Norman hat unter dieser Geldübergabe sein Leben lang gelitten.

Gegen 8 Uhr kamen noch Sigrid und Norman dorthin (in seine Dienststelle im Josefstal), *blieben eine Weile und berichteten über den Einmarsch der Amerikaner. Die Kinder waren begeistert über Haltung und Verhalten, Auftreten und Ausrüstung der amerikanischen Soldaten. So plauderten wir, sie verabschiedeten sich und ich sagte noch, dass ich später nachkommen wollte.*

Da geschah meine Verhaftung etwa eine Stunde später durch zwei Offiziere mit Auto, die offenbar überrascht waren mich überhaupt anzutreffen. Ich gab ihnen, was ich hatte an Waffen und derlei, machte sie auf die Kunstschätze und Akten aufmerksam. Da sagte der eine: ›Sie brauchen nicht viel mitnehmen an Kleidern, denn morgen kommen sie wieder hierher zurück. Sie brauchen auch heute nicht mehr zu Hause Abschied nehmen, denn das können Sie morgen tun!‹ Ich verließ mich darauf und fuhr mit.

BRIGITTES VERRAT

Es ist nicht so recht glaubhaft, dass die zwei Offiziere überrascht waren, als sie ihn in seiner »Außenstelle Generalgouvernement« antrafen, denn Jahrzehnte später meldete sich bei mir der Enkel von einem der beiden Offiziere und schilderte Wundersames: Sein Großvater und dessen Kollege hätten als Adresse des gesuchten »Schlächters von Polen« nur den Schoberhof gehabt. Also sind sie zunächst dort hingefahren und trafen eine »elegant angezogene Dame« an. Es war Brigitte Frank. Nach der höflichen Begrüßung fragten sie, ob denn ihr Gatte anwesend sei.

Mutter hatte eine Art – das lange Brotmesser sinnend und kalt lächelnd vor sich haltend –, an der Küchenanrichte zu lehnen, mich oder uns ermahnend oder scharf ausfragend, dass ich mir diese Pose auch bei ihrer Antwort wünsche. Sie hatte es in der Hand zu sagen: »Oh, das wüsste ich auch gerne! Ich weiß nur, dass er über Österreich nach Italien wollte. Das war schon im Februar. Bitte geben Sie mir Bescheid, wenn sie ihn finden!«

Sie hätte auch listig sagen können: »Folgen Sie der Spur des Hundes. Tommy heißt er.«

Nein, Brigitte muss diesen letzten Sieg über ihren Hans genossen haben und sagte: »Sie finden meinen Mann in seiner Dienststelle im Josefstal, im ›Café Bergfrieden.‹« Dann beschreibt sie noch genau den Weg dorthin.

Meine Mutter hat ihn tatsächlich verraten. So, wie mein Vater sie zuvor vielfach verraten hatte. Zum Beispiel, als er Hitler wissen ließ, er müsse sich von Brigitte scheiden lassen, weil sie überhaupt nicht nationalsozialistisch eingestellt sei und darum seiner nicht wert.

Die beiden Offiziere bedankten sich, bestiegen ihren Jeep, fuhren am »Café Bergfrieden« vor, stiegen aus, gingen in den großen Gastraum, wo sich die Runde der letzten Getreuen versammelt hatte, und einer der beiden fragte in die Runde: »Wer von Ihnen ist Frank?«

Das wiederum weiß ich von Helene Kraffczyk, seit 1939 treue Privatsekretärin meines Vaters und letzte Zwischendurch-mal-Geliebte. Sie wurde später als Zeugin für den Prozess verhaftet und hielt, im Gegensatz zu seiner großen Liebe Lilly, treu und liebestoll lügend zu ihm. Das beschreibt so auch Major Kelley, allerdings in schäbiger Macho-Manier: »Franks Sekretärin, ein ausgelaugtes, ältliches Frauenzimmer, das sich sehr bemühte, ihm bei seiner Verteidigung behilflich zu sein, behauptete mit großem Nachdruck, dass seine Ernennung in Polen keine Beförderung, sondern eher eine Degradierung bedeutete, die auf den Druck seiner Gegner in der Partei zurückzuführen war. Frank war zum Teil der gleichen Meinung. Um Hitlers Gunst in vollem Masse wiederzugewin-

Sigrid und Brigitte Frank im Musikzimmer der Krakauer Burg.

nen, konzentrierte Frank in Polen seine ganze Energie auf die Verfolgung und Vernichtung der jüdischen Bevölkerung.«

Selbst nach der gemeinsamen Flucht aus Krakau, konnte Helene Kraffczyk nicht von Hans Frank lassen, schreibt ihm stattdessen am 2. Februar 1945 aus ihrem Heimatort Amberg den letzten Lobesbrief, den Hans Frank wohl erhalten hat:

Hochverehrter Herr Generalgouverneur!
Es ist mir heute noch nicht glaubhaft, dass das liebe Krakau, das Sie uns zur Heimat gemacht haben, nicht mehr unter Ihrer Führung ist. Aber das, was im Generalgouvernement durch Ihre Initiative aufgebaut, gearbeitet und geschaffen wurde, wird nicht nur in der Geschichte des deutschen, sondern auch des polnischen Volkes einen Höhepunkt bedeuten.
Die schönen Stunden, die ich bei Ihnen auf der Burg, oft in Ihrer unmittelbaren Umgebung, erleben durfte, werde ich bis ins Einzelne ewig im Gedächtnis behalten. Ich glaube, es gibt keinen Menschen mehr auf der Welt, der es so versteht, nicht nur alles Schöne so intensivst zu erleben, sondern auch allen Mitmenschen unvergessliche Feierstunden zu bereiten. Ich danke Ihnen von ganzem Herzen für alles das, was Sie im Laufe der Jahre in verschwenderischer Fülle in mich hineingelegt haben.

Der letzte Satz schweift schon stark ins Doppeldeutige ab, was mein Vater sicher voll Wollust als eindeutig auffasste: Prompt stellte er das erinnerungsselige Fräulein wieder ein, weil Helene in seinen Augen wohl als einzige sein segensreiches Wirken als Generalgouverneur erkannt hatte. Sie begab sich direkt ins Josefstal und dort in seine Arme.

Am 25. September 1946 wird er ihr in einem Brief für ihre Hingabe danken und noch einmal ein bisschen eitel darauf hinweisen, wie bedeutend seine innere Umwelt ist: *Meine herbstlichen Gedanken sind klar wie goldener Wein und ich genieße die Abendstunden meines Lebens wie reife Früchte aus dem Wundergarten des Daseins. Und alle die guten großen Geister der herrlichen Jahrhunderte unseres Volkes sind um mich – oh, welch' herrliche, unzerstörbaren Reichtümer haben wir gesammelt in Musik, Literatur und Weisheit: Bleiben Sie in diesem Reich, mein liebes Fräulein! Denn sehen Sie, dort werden Sie auch mich immer wieder treffen – wenn längst der Tag schwand.*

Brigitte Frank mit ihren Kindern während des Prozesses, Frühjahr 1946.

Haarklein erzählte mir sein *liebes Fräulein* alles über Vaters Verhaftung, auch dass er trotz ihres Flehens freiwillig den Offizieren seine Diensttagebücher aus dem Generalgouvernement übergab. Dann erwähnte sie noch eine funktionierende vergoldete Pistole, die den beiden Offizieren als Andenken offenbar bestens gefiel: Im Gegensatz zu seinen geraubten Kunstschätzen und seinen Diensttagebüchern wird sie nirgends von den Amerikanern aufgezeichnet.

Als ich sie fragte: »Warum hat er sich denn mit dieser Pistole nicht erschossen?«, lächelte sie mich mit dieser nur Frauen eigenen Gabe eines trotz Liebe gnadenlosen Sezierens ihrer Partner an und antwortete: »Niklas, dazu war Ihr Vater zu feige.«

Eine Giftpille muss er als Top-Nazi auch gehabt haben – und er hatte einen Pass auf den Namen »Fischer«. Nichts hat er benutzt. Ja: Aus Feigheit.

Bepackt mit den rund 40 Bänden »Diensttagebuch«, fahren die beiden mit Hans Frank nach Tegernsee. Die dort stationierten Amisoldaten hatten kurz zuvor Dachau befreit und waren ob der deutschen Verbrechen geschockt. Als sie nun hören, der »Butcher of Poland« wird geliefert, bereiten sie ihm den traditionellen Spießrutenlauf, bei dem nur das Gesicht des zwischen zwei Reihen von Soldaten durchgetriebenen Delinquenten nicht verletzt wird. Sie dreschen ihn dermaßen zusammen, dass er Stunden später seinen ersten Selbstmordversuch verübt.

Jetzt, in seiner Zelle, schreibt er nur: *Was in Tegernsee geschah, verdecke ein gütiger Nebel.*

Die Einzelheiten über den Spießrutenlauf erfuhr ich von seinem Anwalt Seidl.

Norman, der jahrzehntelang in Schliersee lebte, überhöhte unseres Vaters Fahrt nach Tegernsee zum Gang eines unschuldigen Jesus nach Golgatha. Mit der Zigarette in der Hand starrte er bis zu seinem Tod 2009 immer wieder auf die Straße hinunter, die unser Vater damals am 4. Mai im offenen Jeep entlanggefahren worden war.

Ach, meine guten, lieben Kinder! In was für ein Elend reißt Euch das Schicksal! Wenn ich so die frischen amerikanischen Soldaten sehe, denke ich an meine beiden Größten. Ach, möge doch endlich, endlich Friede auf der Welt werden und bleiben. Meine gute tapfere Frau hat nun alles zu tragen. Sie wird es.
Gott hülle Deinen Mantel um uns und gib uns die Fahrt ins Licht.
Amen!

Zum ersten Mal wieder Sehnsucht nach der Familie! Er bestätigt sie in seinem Brief vom 24. August 1945:

Meine herzliebste Brigitte!
Mir geht es gut. Aber die Sorge um Euch ist mein Kummer Tag und Nacht. Wie geht es Euch? Wo seid Ihr? Von was lebt Ihr? Ich sehne mich sehr nach Euch, und meine heißen Wünsche für Euch verlassen unausgesetzt meine Seele. Gewaltig ist das Schicksal, doch gewaltiger sind die Menschen, die es tragen. Es werden wir mit Gottes Hilfe alles schaffen. – Seid Ihr alle gesund?

Da ist es ja wieder, dieses Mal sogar *gewaltig*, das *Schicksal!*

Die heiß bewünschte Familie hatte inzwischen einiges erlebt. Erst wurde der Schoberhof von den endlich befreiten Zwangsarbeitern aus Polen und der Ukraine geplündert, amerikanische Soldaten machten fröhlich trunken mit. Noch heute sehe ich vor mir einen von ihnen, der, beladen mit einem Teil von Mutters Puppensammlung, den Gartenweg entlang zum Jeep schwankte. Dazwischen wurden Mutter und wir drei Jüngsten auf dem Hof unseres Hauses versammelt, weil uns ein gleichfalls vom guten Wein aus Vaters Keller beschwipster Soldat erschießen wollte. Er hatte aber nicht mit der Unerschrockenheit meiner Mutter gerechnet. Die kanzelte ihn eiskalt und laut, aber kein bisschen hysterisch, dermaßen ab, dass er erschrocken das Gewehr sinken ließ und von einem anderen, etwas nüchterneren Soldaten, weggeführt worden ist. Während Gitti und Michel neben der Mutter heulten, war ich seltsamerweise ruhig und dachte, dass der Ami mit dem Gewehr irgendwie Recht hatte, uns zu erschießen.

Natürlich klingt das unglaubhaft für einen damals 6-Jährigen. Ich hatte auch keine Ahnung, dass unser Vater ein Massenmörder war. Sicher auch noch keine rechte Vorstellung von Sterben und Tod. Vielleicht war es aber auch, dass ich den Grund erahnte: Wir sollten wegen Vati erschossen werden. Und dem hatte ich ja die Brille zerbrochen. Und er hatte mir eine Ohrfeige gegeben. Jetzt kann er dafür büßen, wenn er sieht, dass ich tot bin!

Wochen später verlangte ein Ami von meiner Mutter den Autoschlüssel, um uns den Maybach wegzunehmen. Mutter wehrte sich, wieder mit lauten Worten, wurde aber mit noch lauteren Worten im Befehlston ruhiggestellt. Ich ging mit dem Ami in unsere Garage und sah dann dieses wunderbare, verwunschene Dunkelgrün der Karosse dicht vor meinen Augen langsam an mir vorbeigleiten.

Geblieben war uns Mutters blaues Fahrrad. Das wollte ein polnischer Zwangsarbeiter vom Hof, wo es angelehnt stand, mitnehmen. Ich stand neben meiner Mutter in unserer Küche. Sie öffnete das Fenster, nahm wieder jenen Ton an, der zuvor den Ami am Schießen gehindert hatte, und erzielte den gleichen Erfolg. Als ob Mutter noch die volle Power einer mächtigen Frau Generalgouverneur hätte, lehnte der erschrockene Pole das Rad wieder brav an die Hauswand und ging.

Nachdem Mutter unsere Erschießung verhindert hatte und die Plünderung in vollem Gange war, eilte sie mit uns drei Kleinen ungefähr 300 Meter zu Frau von Langsdorf, direkt unten am Schliersee.

»Frau von Langsdorf, können wir über Nacht bei Ihnen bleiben? Der Schoberhof wird geplündert.«

»Ja, ich weiß. Meine ukrainische Magd plündert mit«, antwortete kühl die Ehefrau des ortsansässigen Arztes, der mir sechs Jahre später meinen Blinddarm entfernen und dabei eine 20 cm lange Narbe auf meinem Bauch hinterlassen wird, die Bruder Norman mir wenig hilfreich so erklärte: »Der Langsdorf braucht immer viel Platz, um einen winzigen Blinddarm zu finden.«

Jetzt allerdings überreichte Mutter dessen Gattin eine große, prall gefüllte Handtasche und bat sie, selbige für ein paar Wochen aufzubewahren. Frau von Langsdorf versprach es und sagte dann: »Frau Frank, Sie dürfen sich oben auf dem Speicher verstecken, müssen sich aber mit Ihren Kindern ganz ruhig verhalten, damit meine Ukrainerin nicht aufmerksam wird.«

Was für eine Umstülpung für die Herrenrasse! Eben noch oben auf, Vater stolz wie ein Goldfasan, dass er über eine Million Zwangsarbeiter ins Reich deportiert hatte, und jetzt diese Angst der Deutschen vor den eben noch als Untermenschen Behandelten!

Wir verbrachten die Nacht mucksmäuschenstill auf dem Dachboden, schlichen uns morgens leise aus dem Haus, offensichtlich schlief die vom Plündern des Schoberhofs ermattete Ex-Zwangsarbeiterin noch.

Wochen später erbat Mutter die Tasche zurück. Frau von Langsdorf gehorchte, war aber Gott sei Dank neugierig genug, einen kurzen Blick hineinzuwerfen: Sie war vollgepackt mit Schmuck!

Er wurde Mutters Rettung. Allerdings war sie raffiniert genug, diesen sicher von Polen und Juden geraubten Schatz erst einzusetzen, als ihr Mann schon hingerichtet und über zwei Jahre ins zerbombte Land gegangen waren. Dann erst wagte sie, auf ihrem blauen Fahrrad mit ein oder zwei Ringen oder Armbändern zu einem Heim für »Displaced Persons« zwischen Schliersee und Neuhaus zu fahren, um dort bei Juden den Schmuck gegen Lebensmittel einzutauschen. Zwei von ihnen erkannten sie wieder von ihren Raubzügen durchs Krakauer Ghetto und nannten sie weiterhin ironisch »Frau Minister«. Sie machten ein kleines Vermögen, und wir mussten nicht mehr hungern.

Von all dem wusste Vater nichts. Und wir nicht, wo er abgeblieben war. Mir ging »Vati« in der Erinnerung nicht ab. Den älteren Geschwistern sehr. Michel und ich lebten die neue Freiheit aus. Unsere ach so tapfere und saubere deutsche Armee war auf einen Haufen Herumtreiber zusammengeschmolzen, die sich in den letzten Apriltagen von 1945, als Vater noch starr im Josefstal saß, im Schoberhof einquartiert hatten. Sie versuchten, aus ihren Uniformen Zivilkleidung zu machen und ihre Waffen loszuwerden. So hatten Michel und ich neben Pistolen auch Handgranaten, Gewehre und jede Menge Munition. Geschossen haben wir allerdings nicht. Dafür schlug ich mit einer Zaunlatte meinem Vetter von hinten dermaßen ins Genick, dass der heulend zu seiner Mutter lief. Noch heute sehe ich das runde Loch an seinem Hals, denn am Ende der Zaunlatte lugte ein verrosteter Nagel hervor. War das doch eine Reaktion von mir auf den äußeren Abstieg, das Verschwinden des Vaters, des Maybach, unserer ausländischen Bediensteten?

»HEIL HITLER« ZUM ÄRGERN

War das auch der Grund, warum Michel und ich unsere Cousine, die uns nichts getan hatte, auf ein von der Wehrmacht zurückgelassenes Pferd setzten, selbigem auf die Flanken hieben, sodass es wie wild losgaloppierte und die Cousine in den Straßengraben direkt vor dem Schoberhof warf? Ohnmächtig blieb sie liegen. Ihre Mutter kam schreiend herbeigelaufen.

Michel und ich verzogen uns umgehend, analysierten aber mitnichten, warum wir plötzlich diese nachgerade mörderisch aggressive Art entwickelt hatten, sondern grinsten nur erleichtert, weil wir nicht in Mutters Besenkammer gesperrt wurden. Auch diese Begebenheit erfuhr Vater nicht, ebenso wenig, dass Michel und ich die Volksschulleiterin, Frau Hosp durch das Gartentor mit laut geplärrten »Heil Hitler« Grüßen und mit hoch gerissenem rechten Arm erschreckten. Denn das hatten wir mitbekommen: Seit die Amis einmarschiert waren, sagte kein Mensch mehr die zwei Worte oder riss den Arm hoch. Frau Hosp ließ sich unsere Verhohnepiepelung nicht gefallen, öffnete das Gartentor, wir stoben davon, sie beschwerte sich bei Mutter, und jetzt landeten wir wirklich in der dunklen, stickigen Besenkammer. Mutters Pädagogik war schlicht, aber wirksam.

Auch sonst veränderte sich das Verhalten der Neuhauser nach Kriegsende erheblich. Ehrerbietung vor der Top-Nazi-Familie war plötzlich nicht mehr in Mode. Die Nachbarbäuerin unterhalb des Schoberhofs ließ einmal ihre neue demokratische Wut an mir aus, putzte mich als verlogenen winzigen Großkopferten, der jetzt gar nichts mehr sei, runter. Das tat weh. Als Tage später ein Jeep hielt und mich der Fahrer fragte, wo's hier Eier gibt, führte ich ihn zum Eierversteck der Bäuerin unterm Heu, sodass er sich mit Dotter ohne Bezahlung eindecken konnte. Er schenkte mir für meinen Verrat eine der von uns heiß begehrten Ami-Schokoladen. Ich fühlte mich im Recht, weil gerächt.

In der Schule schrie mir ein Klassenkamerad mal hinterher: »Minister, Minister, Benzinkanister!«

Der Satz brannte sich mir ein, weil er Verachtung pur war.

Bruder Norman wurde von einem Bauernburschen, mit dem er noch Monate zuvor fröhlich auf einer selbst gebauten Schanze hinter unserem Haus Skispringen geübt hatte, angeschrien: »Was bist'n Du? Nix bist! Nur a depperter Ministerbankert!« Bankert ist das bayerische Wort für uneheliches Kind. Was nun Norman ganz bestimmt nicht war. Das galt eher für mich.

Gitti hatte eine gleichfalls zehn Jahre alte beste Freundin namens Inge, zu der sie öfters zum Spielen ging. Ein Nachbar aus der Dürnbachstraße kam hinzu und sagte zum Vater ihrer Freundin: »Das ist aber kein rechter Umgang für deine Tochter!«

Der Vater antwortete großartig: »Kinder sind immer unschuldig!«

Offenbar der erste Demokrat mit Empathie im Schlierseer Tal.

Inges Bruder Wolfgang Hahn, von dem ich diese Erinnerung habe, setzte hinzu: »Über diese kurze Antwort war der Herr Lössel doch a bisserl verschnupft.«

Das war ich auch, zumindest als es darum ging, wer auf die riesige grüne Schultafel ein ebenso riesiges Hakenkreuz mit Kreide hingequietscht hatte. Der Deckert Schorsch, Hausmeister, nahm mich auf Anordnung der Lehrerin, die in mir den Schmierer entdeckt haben wollte, an der Hand, um mich bis runter zum See zur Schulleiterin, eben jener Frau Hosp, zu bringen. Ich heulte, während wir über die Straße gingen. Zu meinem Glück und zum baldigen Erschrecken vom Deckert Schorsch kam genau in diesem Augenblick meine leicht o-beinige Mutter vom Einkaufen hochgehaatscht. Sie sah ihren Jüngsten heulend im Schraubgriff des Hausmeisters, nahm sofort ihre Nicht-Erschießen- und Nicht-

In der Hohen Zeit: Hans und Brigitte Frank bei einem offiziellen Empfang.

Fahrrad-Klauen-Stimme an und putzte den Deckert Schorsch so zusammen, dass der mich erschrocken zurück in die Klasse brachte. Ich hatte tatsächlich nichts mit diesem Hakenkreuz zu tun.

Michel hingegen schon, denn der malte mit Tinte unten beim Schnapperwirt, wo seine Klasse unterrichtet wurde, auf das Hemd des Knaben in der Bank vor ihm ein solches, nunmehr als verbrecherisch eingestuftes Hoheitszeichen. Mutter musste ein neues Hemd bezahlen, Michel bekam als Ausgleich eine Tracht Prügel. Die vollzog unsere Mutter immer mit dem hinteren Ende eines Teppichklopfers, dort, wo ein runder Blechpfropfen die einzelnen Baststränge zusammenhielt.

Einige Wochen nach Hans Franks Verhaftung wurde auch Norman verhaftet. Mutters Lieblingskind und unser bester Freund, der mit uns im Winter immer »Stalingrad« gespielt hatte. Michel und ich bauten Schneeburgen und verschanzten uns darin. Norman machte aus Schnee riesige Minen und zerbröselte damit unseren Unterstand. Obwohl Jahre älter als wir, entwickelte Norman die Tendenz, nicht älter werden zu wollen. Und war es dann doch plötzlich in bewundernswerter Manier. Er wurde in ein Gefangenenlager hinter Rottach am Tegernsee gebracht. Die Amis standen als Wache davor. Das Lager war nicht mal eingezäunt. Die Sieger kannten den kriecherischen Charakter deutscher Soldaten, denn die gehorchten der deutschen Lagerleitung aufs Wort. Norman ging wie befohlen zum Lagerleiter, einem deutschen Offizier, der ihn im Schnauzton mit den Lagergesetzen vertraut machte. Mein Bruder war genervt: Geht man so mit dem Sohn eines Mannes um, der gerade noch mächtig war und jetzt immerhin von den Amis persönlich im Jeep abgeholt worden war? Er sah sich um, entdeckte, dass das Lager nach hinten ohne Stacheldraht in eine Wiese überging, überredete einen anderen, ebenso jungen Gefangenen, und beide stolzierten in aller Ruhe hinten wieder aus dem Lager raus und wanderten über die Bodenschneid zurück zum Schoberhof.

Ich spielte gerade im Garten, als ich ihn kommen sah, lief ins Haus und schrie: »Mutti, Mutti, der Norman ist da!«

Nie habe ich meine Mutter glücklicher gesehen. Sie lief ihm entgegen, umarmte ihn. Das erstaunte mich sehr, denn Umarmen waren wir von ihr nicht gewohnt. Er war wirklich ihr Lieblingssohn, wogegen wir nichts hatten, weil auch wir ihn liebten. Obwohl er ein so hundsgemeiner Kerl sein konnte. So hatte ich von irgendeinem Fest noch eine Tafel Schokolade übrig, saß in unserer Bauernstube und machte mich egoistisch daran, sie zu vertilgen. Da kam Norman, legte sich eine Decke um die Schultern, kniete sich vor mich hin und jammerte: »Ich bin so ein armer Bettler, und ich habe solchen Hunger. Seit Tagen habe ich nichts mehr gegessen.« Dann streckte er eine zittrige Hand vor, und ich Depp heulte los und gab ihm meine Schokolade. Obwohl ich wusste, dass es der Norman war!

Was sich so alles einbrennt in einem Kinderhirn. Michel wird in späteren Jahren nie mit mir über seine Brandmale aus jener Zeit reden, als die Franks plötzlich nichts mehr waren. Sigrid, die Älteste von uns Fünfen, lässt sich auf den Seitz Hansi ein. Das ist der jüngere Sohn von Franz Seitz, einem bayerischen Filmregisseur, der einen so widerlich anschleimenden Nazifilm gedreht hatte, dass ihn hinfort sogar die NSDAP selbst schnitt: »SA Mann Brandt« heißt der Streifen. Unsäglich! Hansi ist schon in der Hohen Zeit der Franks in Sigrid verliebt, überredet sie, weil der Generalgouverneur gegen diese Verbindung ist, sogar zum gemeinsamen Selbstmord – und schneidet ihr die Pulsadern auf. Bei sich selbst war dann wohl das Messer zu stumpf. Sigrid wird nahezu blutleer gerettet. Als sie, zumindest körperlich gesund, wieder nach Hause kommt, ist sie von sich begeistert: »Mutti, findest du nicht, dass ich jetzt wieder so bin, wie ich es früher – vor Hansi – immer war? Es war mir so, als wenn einer einen Strick um einen immer fester und enger schnürt, und plötzlich fühlt man, man bekommt keine Luft mehr, und es bleibt einem keine Möglichkeit mehr, weiterzuleben.«

Jetzt allerdings, wo ihre Familie einen ganz niedrigen Status verpasst bekommen hat, erkennt sie, dass ein Strick vom Hansi doch nicht das Schlechteste ist. Da muss sie nicht um ihr täglich Brot fürchten. Also lässt sie Hansi gewähren. Obwohl der ihre und unsere Mutter schriftlich erpresst hatte: Wenn sie ihm nicht 50 000 Reichsmark gäbe, würde er den Amis das Versteck ihres Schmucks verraten. Mutter bleibt hart, Sigrid lässt sich schwängern, entflieht der runtergekommenen Familie und setzt ihr stinkfaules Leben fort. Das wird in Südafrika enden, wohin sie mit ihrem zweiten Ehemann auswandert, weil sie die Apartheid sehr schätzt. Wenigstens dort kann sie wieder auf Untermenschen herabsehen.

Am 25. August 1946 schreibt Brigitte ihrem Hans über uns Kluges: *Auch Sigrid ist ja letzten Endes ein Opfer der Verhältnisse, der unglückseligen, geworden. Alle haben wir einen Schock erlitten durch die Plötzlichkeit, mit der das Unheil kam. Aber man muss doch wieder einen Weg zu den Wirklichkeiten des Lebens, zu sich selber und den wahren Werten des Lebens finden. Norman, der ja jünger ist, hat ihn gefunden, und er war wirklich welt- und lebensfremd. Vielleicht hat ihn die Erkenntnis der Erbärmlichkeit des äußeren Scheins noch tiefer getroffen. Und Norman hat auch die Führung des Vaters entbehren müssen zu einer Zeit, wo er Dich am dringlichsten gebraucht hätte resp. braucht.*

Auch ich hatte einen Schock. Den wollte ich nie wahrhaben – dank meiner immer größer werdenden Wut auf unseren Vater, je erwachsener ich wurde. Doch dann entdeckte ich über 60 Jahre nach meiner Kindheit jene Bilder wieder, die im Umschlag farbig zu sehen sind. Da hatte ich als 16- bis 18-Jähriger meine Seele geöffnet. Zuvor, als Kind, habe ich wie Michel den Schock weiter in Aggression umgesetzt. So erschoss ich mit meinem Luftgewehr den zahmen Igel eines Nachbarjungen durch die Hecke hindurch. Irgendwie hatten mich der Typ oder der Igel geärgert. Vielleicht war auch das Rache am Vater, weil ich vielleicht damals schon wusste, dass er als 14-Jähriger selbst einen Igel besessen hatte. Schreibt er doch in seinen privaten Erinnerungen am Tag, als er von der Ermordung des österreichischen Kronprinzenpaars in Serbien erfahren hatte: *Mir war einfach unvorstellbar, dass es solche Mordtat auf Gottes schöner Welt geben sollte. Ich hatte an diesem Tage einen Igel gefangen, den ich dann auch glücklich nach Hause brachte, dort aber wenig Freude damit verursachte.*

Oder ich schlug einem Schulkameraden auf der Wiese hinter der Leonhardi-Kirche einen Milchzahn aus. Der heulte los und wollte es seinem Papa sagen. Auch das hat sich mir eingebrannt.

Einmal mussten Michel und ich auch den fetten Dackel einer Neuhauser Villenbesitzerin sprengen, denn die hatte uns beim Stehlen ihres Spalierobstes erwischt und es unserer Mutter verpetzt. Das tut man nicht, natürlich auch nicht das, was wir dem armen Dackel antaten, dem es den Bauch aufriss, genau gegenüber von der Judith am Neuhauser Bahnhof, wo er angebunden wartete. Erwischt hat uns keiner. Auch erklärten wir Meisen, Spatzen, Schwalben, Krähen zu entsetzlich schädlichem Ungeziefer und jagten es mit unseren Luftgewehren oder Steinschleudern. Michel gelang es sogar einmal, mit einem Steinwurf eine Krähe von einem Strommast runterzuholen. Es gab auch keinen Ameisenhaufen, den wir nicht mit trockenem Gras und mitgebrachtem Papier in Brand gesetzt hätten. Dabei lauschten wir auf das leise Knacken, das Ameisen verursachen, wenn sie Feuer fangen.

FEINSTAUB UND DIE VERTAUSCHTE GITTI

Schön und mörderisch war diese Zeit, in der unser Vater um seinen sündigen Kopf kämpfte. Ja, auch wir waren – wie er in seiner großen Zeit – auf Mord und Totschlag aus. Michel, in meinen Augen der beste Steinwerfer des Schlierseer Tals, vollbrachte in unserem von den einheimischen Erwachsenen angeheizten Hass auf die Flüchtlinge, eine weitere Heldentat. In der Hauptkampflinie am Dürnbach, ganz in der Nähe der Brücke zur Waldschmidtstraße, lag drüben das jugendliche Flüchtlingsgschwerl, wir Einheimischen auf der Seite zur Dürnbachstraße hin. Michel spähte lange, bis er einen vorwitzig aus dem Gebüsch hervorlugenden Jungen entdeckte und warf dann mit solcher Präzision seinen Flusskiesel, dass er das Knie des Gegners traf, der voller Schmerz losschrie und vor dem Gebüsch mit stark blutendem Gebein im Kreis sprang. Das hatte er nun von seiner feigen Flucht in unsere Heimat!

Der Gerhard war eigentlich ein Freund von uns. Doch einmal nahm er den Michel so brutal in den Schwitzkasten, dass ich, um ihn zu retten, eine lockere Latte aus dem Zaun riss und damit, in seliger Erinnerung an meinen Genickschlag für unseren Vetter, auf die blanken Haxen des Michel-Quälers eindrosch. Der schrie wie der Flüchtling im Bachbett, und wir blieben als Sieger auf der Wallstatt zurück.

Mutter ließ uns gewähren, weil sie das alles meist nicht mitbekam. Im Gegenteil. Nie werde ich ihr vergessen, wie sie eine Frau mit ihrem Feldwebelton niedergeputzt hat. Die hatte uns als Verbrecherkinder beschimpft, eine direkte Charakterlinie von Vater Hans zu seinen Söhnen Michel und Niki gezogen, obwohl wir ihr – politisch neutral – nur eine Tüte mit feinem Straßenstaub von hoch oben aus dem Baum heraus auf ihren Mantel geschüttet hatten. Der Baum stand genau vor unserer neuen Mietwohnung in der Neuhauser Dürnbachstraße, sodass meine Mutter das Geschimpfe im Haus hören konnte, herauskam und sich eisern vor ihre beiden Rotzbuben stellte.

Gitti hat seelisch wohl am meisten abbekommen. Das fing schon damit an, dass unser Vater nach seiner Flucht aus Krakau bei der Ankunft auf dem Schoberhof strahlend vor Wiedersehensglück statt Gitti ihre Freundin Annelies auf den Arm genommen hatte, sie abbusselte und immer wieder verzückt rief: »Meine Gitti, meine Süße!« Annelies wehrte sich verzweifelt in seinen Armen und rief: »Aber ich bin doch die Annelies!«

Vater sagte lachend und nicht unwitzig, als er Annelies absetzte: »Aber Du siehst ihr ja sooo ähnlich!«

Als Gitti bei einem Theaterstück der katholischen Jugendgruppe zusammen mit ihrer Freundin eine reiche Dame spielte, hatten beide schicke Pelzjäckchen an. In der Pause sprachen die Besucherinnen über die Darbietung und wunderten sich über die kostbaren Kleidungsstücke. Eine sagte lauthals: »Die stammen von der Frau Frank! Die hat sie in Polen den Juden gestohlen. Die waren ja da drüben so reich.«

Auch Michel wurde nicht verschont, sondern im Fischbachauer Kinderheim von der Leiterin übel beschimpft, wie Mutter ihrem Hans in die Nürnberger Zelle schreibt: *Michel hat immer Hunger, und als er mir einen Brief geschrieben und sich darüber beschwert hatte, hat ihn die maßgebende Schwester zerrissen und gesagt: »Ach, du bist wohl was Besseres gewöhnt? Das glaube ich schon, nachdem Dein Vater alles in Polen gestohlen hat!«*

Heulend erzählt er es später unserer Mutter, die am 15. März 1946 das Ergebnis ihres Besuchs in Michels Kinderheim mitteilt: *Ich sprach mit der Schwester, die so Hässliches gesagt hatte. Es war gut, dass sie mich kennen lernte. Ich glaube nicht, dass sie sich nun noch mal so etwas erlauben würde, denn ich hatte doch den Eindruck, dass sie viel Respekt hatte.*

Da muss Muttern ihre andere Waffe eingesetzt haben: Zwischen sehr, sehr dünnen Lippen konnte sie einen leisen aber verbrennenden Sprachton einsetzen. Den hat ja auch ihr Hans ein Leben lang gefürchtet. Ich tat es auch, bis sie genau an meinem 20. Geburtstag starb. Gut gemacht, Mutter! Normans erste Ehefrau Ellen tat es ihr darin gleich. Sie ging genau an Normans Geburtstag in ein Hotel am Münchener Hauptbahnhof, hatte sich ein schönes Kleid angezogen, stellte ihre Schuhe ordentlich vor ihr Bett, löste eine Unmenge Tabletten in einem Wasserglas auf, leerte es und legte sich hin. Norman trank derweil mit Freunden in einer Kneipe seinen Geburtstag schön.

Er konnte seine Liebe nicht zeigen. Das konnte auch keines seiner vier Geschwister. Vermutlich Folge ihres Henkers am Galgen: Alle Fünf hatten durch ihn einen Hau mitbekommen. Andererseits schweißt so ein Galgen auch zusammen.

Als Michel in einem Auracher Kinderheim lebte, Gitti bei Mutters Freundin in München zur Schule ging, weil unsere Mutter total erschöpft in ein Münchener Krankenhaus eingeliefert worden war, lag ich im Kinderkrankenhaus in Achatswies bei Fischbachau mit einer Drüsenerkrankung. Dort ging es mir nur ein einziges Mal schlecht, als ich mich nämlich wegen der inzwischen ungewohnt guten Kost übergab, das Erbrochene allerdings noch einmal essen musste. Vielleicht die Rache einer vom Dritten Reich entsetzlich behandelten Krankenschwester, die unerbittlich neben mir stehenblieb, bis ich alles wieder verdrückt hatte. Ich sehe den verkotzten Teller noch vor mir.

Natürlich ist das ein brutales Vergehen an einem 6-Jährigen, doch gegen miese eigene Erlebnisse setze ich Zeit meines Lebens: Was ist das im Vergleich zum Leiden der Millionen Opfer des Holocaust? Wir Frank-Kinder haben nie deren ausweglose Verzweiflung erlebt. Ich konnte sogar sehr alt werden. Was für ein Geschenk.

Norman sagte mir gegen Ende seines Lebens, das immerhin beinahe 81 Jahre lang bis 2009 dauerte: »Ich hab viel Glück und viel Gnade erlebt.«

Ich auch.

Das wusste ich damals nicht. Michel und mir war wichtig, am Ostersonntag 1946 in aller Herrgottsfrühe leise aufzustehen, damit Mutter nichts merkt. Wir schlichen in den Garten der beiden Nachbarbuben Schuppi und Hansi. Die hatten unter zwei riesigen Fichten wie jedes Jahr je ein goldiges Osternest aus Moos, bunten Girlanden und goldenen Sternchen gebaut, dazu einen Weg für den Osterhasen mit weißen Steinchen berändert. Wenn sie dann aufstanden, waren die Nester allösterlich mit Eiern und Süßigkeiten gefüllt. Dieses Mal nicht. Zwei Tage hatten Michel und ich unsere großen Geschäfte in uns behalten. Nun entluden wir sie in die beiden Nester.

Als wir das wenig später triumphierend Gitti erzählten, fing sie aus Mitleid mit den Nachbarsbuben an zu weinen, versprach aber, uns nicht zu verraten. Natürlich erzählte sie es unserer Mutter. Die begann uns auszuschimpfen, musste dann aber lachen. Vielleicht erinnerte sie sich daran, dass sie einmal als Kind ihrem Opa ins Ohr gebissen hatte.

Ob es Vater in seiner Zelle gutgeheißen hätte, glaube ich nicht. Er war zu dieser Zeit schon katholisch getauft worden, hatte seine private Jesus-

Erscheinung in seiner Zelle und hätte die vollgeschissenen Nester sicher als Beleidigung von Jesu Auferstehung zornflammend verdammt.

Unsere Mutter hat es nach Untergang des Dritten Reiches am schlimmsten getroffen. Selbst in der »Süddeutschen Zeitung«, meinem lebenslangen Leib- und Magenblatt, veröffentlichte ein A. Heueck – automatisch tippe ich auf einen Mann – am 16. November 1945 auf Seite 4 diesen Artikel:

»FRAU MINISTER« SIND UNZUFRIEDEN

Was Frau Frank unter Nationalsozialismus verstand

Schliersee, 14. Nov. (Eig. Ber.)
Die Familie Hans F r a n k, weiland Generalgouverneur von Polen, erfreut sich keiner sonderlichen Beliebtheit im Schlierseer Land. Frau Brigitte Frank, die entthronte »Herrin vom Schoberhof«, hat ja jetzt einiges von ihrer aufreizenden Arroganz verloren, mit der sie über die simplen Leute in den Krachledernen hinwegsah, aber sie ist von Kopf bis Fuß Dame geblieben.
Ach, es gäbe jetzt so viel in einem fünfköpfigen Haushalt zu tun, aber wenn man ein Jahrzehnt lang an ein zehnköpfiges Personal gewohnt war, fällt es freilich schwer, in einer bescheidenen Zweizimmerwohnung allein Ordnung halten zu müssen. Aber keine Hand mehr würde sich für die so gefürchtete »Frau Minister« rühren, auch nicht aus christlicher Nächstenliebe, die sie jetzt so gern anruft. Man muss den Herrensitz einmal besucht haben, um sich davon einen kleinen Begriff machen zu können, wie bescheiden ein beispielgebender Nationalsozialist zu wohnen pflegte. Soweit es sich nach den Plünderungen der Tage während des Zusammenbruchs noch erkennen ließ, waren die Räume mit Inventar und Kunstgegenständen überhäuft, die weiß Gott wo einmal gestanden haben mochten, sodass der Eindruck nahelag, es mit der prunkhaft eingerichteten Luxuswohnung eines Neureichen zu tun zu haben. Die Tage vom Schoberhof sind unwiderruflich zu Ende – damit muss sich auch die Familie Frank allmählich abfinden, wenn es auch manchmal schwerfällt. Die 19-jährige Tochter Sigrid hat sich inzwischen durch eine Heirat mit dem 21-jährigen Schau-

spielereleven Hans Seitz getröstet, der sein Debut beim Schlierseer Bauerntheater unterbringen wollte, wofür sich aber Frau Mittermayr, die Inhaberin, höflichst bedankte. Bezeichnenderweise fand die Hochzeit an dem Tage statt, da der Vater bzw. Schwiegervater in seiner Nürnberger Zelle die vernichtende Anklageschrift zu lesen bekam. Starrheit, Kälte und Gefühllosigkeit scheinen überhaupt die Grundzüge der Familie des notorischen Kriegsverbrechers zu sein. Dazu kommt noch eine gehörige Portion Frechheit, wenn man der eigenen Behauptung der Frau Frank Glauben schenken darf, dass sie sich nicht nur beim Erzbischof von Bamberg, sondern sogar beim Internationalen Gerichtshof in Nürnberg über ihre gegenwärtigen Lebensverhältnisse beschwert habe. Man hat der »Frau Minister« bisher noch kein Haar gekrümmt und sie immer anständig behandelt, aber was würde »Frau Minister« sagen, wenn man gegen sie die gleichen Methoden angewandt hätte wie die Nazis gegenüber den politisch Unzuverlässigen und Unbequemen, oder gar, wenn das ungeschriebene barbarische Gesetz über die »Mitverantwortung der Sippschaft« auch heute noch angewandt werden würde? Wir glauben, die heute so unzufriedene »Frau Minister« würde dann wahrscheinlich gar keine Gelegenheit mehr zur Äußerung ihres Unwillens finden…

Dass dieser kleine Hallodri statt von *Befreiung* von den *Tagen des Zusammenbruchs* schreibt, zeigt, dass sein Verstand von der Tugend der Hetze, eine der mächtigsten Waffen des Dritten Reiches, nie befreit werden wird.

Mutter hat der Artikel tief ins preußische Mark getroffen. Über Dr. Seidl versucht sie, ihn an Hans zu schicken. Ob es gelang, weiß ich nicht.

Brigitte Franks täglicher Einkauf in Neuhaus oder in Schliersee muss damals für sie eine Qual gewesen sein. Dennoch behielt sie ihre Stärke, machte sogar Witze, wie sie Hans am 10. September 1946 ins Gefängnis schreibt:

Mein lieber Hans!
Als ich gestern früh, d. h. es war inzwischen gegen 11 Uhr geworden, bereits zum dritten Mal mit einer Holzfuhre aus dem Wald kam, sah ich schon von weitem ein Auto vor unserem Haus stehen und erkannte Sigrid, die mit Dr. Gaston Oulman auf mich wartete. Ich sagte ihm gleich: »Nun Herr

Doktor, da kann es wieder frisch in die Zeitung kommen: ›Frau Minister holt sich nun selbst das Holz.‹«

Oulman verfasste für den Bayerischen Rundfunk oft die täglichen Prozessberichte. Doch nicht nur Oulman sah sie mit dem Leiterwagen. Unser Dorfpolizist kam ihr einmal auf der Dürnbachstraße entgegen, sah ihr mit Dürrholz beladenes Wagerl, erinnerte sich an Frau Reichsministers Mercedes und sagte schmunzelnd: »Frankin, heut' hast' dös Gefährt verwechselt!«

Auch Hans will wechseln: Seine Ehefrau Brigitte gegen besagte frisch aufgetauchte Kinderliebe Lilly, die sich an Hans erinnert, weil ihr Sohn 1942 an der Ostfront vermisst wird. Sie denkt, dass ihr der inzwischen Aufgestiegene bei der Suche helfen könne.

Es gibt wohl kein anderes Ehepaar bei den Top-Nazis, das sich ab 1942 so befetzt wie Brigitte und Hans Frank. Mutter kämpft um ihren Status und verkündet: »Ich bin lieber die Witwe, als die geschiedene Frau eines Reichsministers.«

Ein Satz, der mich in seiner Härte, Klarheit und Prophetie bis heute diebisch freut.

Der damalige Generalgouverneur von Polen schäumt, versucht mit allen lauteren und unlauteren Mitteln, sich von der Familie zu lösen. Dass die Ehe schon zuvor zwischen Zu- und Abneigung schwankte, geht aus manchen Briefen hervor.

Im September 1939 schreibt er noch: *Ich freue mich schon jetzt darauf, wenn ich Dich als »Landesmutti« in dieses »Dein neues Land« Mitte September geleite. (Es gibt auch noch allerhand!). So fehlst nur Du mir, liebes Weibelen. Ich habe Dich sehr, sehr lieb und bin Dir sehnsüchtig verbunden. Herzlichst Dein Hans*

Die Raffgier seiner Frau weiß er als Lockmittel sehr gut einzusetzen. Die Landesmutti erinnert sich beim Lesen sicher auch daran, wie er gleich nach seiner Ernennung zum Generalgouverneur in der Berliner Villa vor ihr niedergekniet war und feierlich getönt hatte: »Brigitte, du wirst die Königin von Polen!«

Am 8. April 1942, einen Monat, bevor Lilly ihn wiedertraf, versichert er Brigitte – nahezu den Nürnberger Rassengesetzen folgend – seiner Liebe: *Wenn ich Dich immer so mit all den Frauen, die man trifft und spricht und*

Brigitte Frank als »Königin von Polen« auf dem Wawel.

mit denen man »parliert und charmiert«, mit diesen Gesellschaftslöwinnen, vergleiche, so sage ich mir doch immer eigentlich in zunehmendem Maße, was doch eigentlich du in Deiner selbstklaren Charakterstärke eine leuchtende Rassegestalt bist, auf die man stolz zu sein hat.

Dann aber ging's dahin. Er bereitet die Scheidung vor, schreibt am 8. August 1942 an seine neue Königin Lilly: *Am Tage meiner großen Entscheidung durchgehe ich im ernsten Denken diese Burg und grüße Dich aus einem Herzen, voll des Glücks und der Sehnsucht nach der endlichen Erlösung. Lilly! Dreißig Jahre tönt es so in mir. Du bist die mir von Gott bestimmte Frau! Bleibe mir!*

Dann beschwört er unter Lillys Augen Brigitte am 6. September 1942: *Meine lb. Brigitte* – (Nicht mal mehr *liebe* wollte er ausschreiben! Auch ein nachahmungswerter Trick, um Entfernung anzudeuten.)

Lass mich zur Klärung kommen. Was notwendig ist, muss eben geschehen. Du kannst mir nicht helfen. Lass' mich nur mit mir und allein fertig werden. Lebe Dein Leben! Alles will ich tun, wenn Du mir klar in der Ferne hilfst, die mich allein noch trägt.

Mutter schreibt am gleichen Tag zurück. Sie weiß, dass sie ihn am stärksten durch den mütterlichen Duldungstrick umeinanderlassen kann: *Es gibt nichts Schlimmeres, als von dem geliebten Mann und Vater meiner Kinder zu wissen, ich störe schon durch mein Dasein. Wenn alle Liebe, Güte und Verstehen, die ich für Dich habe, noch Kraft geben können, dann wirst Du für alles das Rechte finden. Für Dich und die Kinder bin ich da, soweit meine Kräfte noch reichen.*
Wie sehne ich Dich herbei – doch ich warte – dulde, glaube und liebe und bleibe mit meinem Herzen und meiner Seele bis an mein Ende.

Am 9. September 1942 setzt sie noch eins drauf, analysiert aufs Trefflichste den elend schwankenden Charakter ihres Hans, den sie am Tag zuvor vermutlich in München zu einer Aussprache getroffen hat: *Schmäht und beleidigt mich der grausame Hans, stellt er mich als den größten Egoisten hin, der ihn nicht nur totunglücklich, arbeitsfreudlos, ja sogar dem Selbstmord nahe gebracht hat, der mir sagt, ich lass mich nur nicht scheiden, weil ich an der Stellung und am äußeren Glanz hänge und nicht als geschiedene Frau gehen möchte. Sucht er schon Gründe zur Scheidung, die ihm, diesem großen Mann ja leicht fallen werden, braucht er dazu letzten Endes nicht mich armen, kleinen Menschen, schilt er mich grausam und hart zum Abschied, will mir kaum noch die Hand reichen, bleibt sitzen und schaut mit eiskalten Augen, so halte ich mich an das Gute, was mein Hans mir vor einigen wenigen Tagen mit gutem Gesicht und warmen Augen sagte, der mich als seine treue Lebenskameradin kennt, die mit ihm aufgebaut, mit ihm Freude und nicht zuletzt die Leiden durchgemacht hat und weiter durchmachen wird. Ist es nicht meine Pflicht, einem Menschen, der sich vor ganz kurzer Zeit als wahnsinnig und krank vor mir bezeichnet hatte, seine Rückkehr offen zu halten? Und ich tue dies in erster Linie für Dich und unsere Kinder.*

Ihr Brief kreuzt sich mit seinem, den er am gleichen Tag wie Brigitte schreibt. In Herrscherpose berichtet er ausführlich über sich und sein Sehertum. Er wusste, weil er selbst daran beteiligt war, von den wachsenden Leichenbergen in seinem Gouvernement und nimmt den Holocaust als Trick, um die Scheidung zu erreichen: *Ich sehe Blut und Orgien der Gewalt. Ich sehe das sich Aufeinandertürmen hemmungslos Gemetzelter. Bis endlich sieghaft die neue Form unserer völkischen Gemeinschaft, die das Beste des Führers endgültig mit dem Besten unseres Volkes eint, sich durchsetzen wird. Ich brauche eben diese Lösung oder ich kann nicht weiter.*

Sie telefonieren einen Tag später. Tags drauf schreibt er in seinem Brief: *Das ist das ernsteste Wort meines Lebens, liebe Brigitte: Ich stehe vor dem Ende oder vor einem neuen Anfang. So kann ich nicht weiter. Zum Neuen Anfang kann ich nur die Kräfte aus einer neuen Charakterfestigkeit erlangen. Sonst versinke ich. Ich bitte Dich also herzlichst, in unsere Scheidung einzuwilligen. Sonst ist mein Untergang gewiss. Du sagst, Du liebst mich – und ich weiß es, dass Du eine Frau bist, wie ich sie nie wieder bekommen werde, aber es geht nicht um Liebe, es geht um die Ermöglichung meines Lebenszieles. Gerade aber, weil Du mich liebst: Beschwöre ich Dich, bringe mir dieses Opfer, das größte Deines Lebens, und ich werde Dich dafür segnen und würdigen, wie es sonst niemals wieder der Fall sein könnte. Denn ein Zurück wäre für mich unmöglich. Es geht auch nicht um Glück oder Unglück, sondern um Stärke oder Verfall. Mein Schicksal ist einzigartig. Niemand steht so in der Zeit wie jetzt ich. Bitte, gib mir, gib Deutschland die Möglichkeit meiner Rettung. Bitte gib mir die Hoffnung wieder, liebe Brigitte! Alles hängt nur von Dir ab. Das Schicksal sandte mir in dem Augenblick meines bisher größten Kampfabschnittes den Partner meiner ersten Jugend, der mir bestimmt ist, den Halt und die Stärke zu geben, die ich eben nunmehr brauche. Brigitte, gib mir Segen und Zukunft. Ich kann nicht anders. So liegt mein Schicksal in Deiner Hand. Auf oder endgültig ab.* Wie er es tatsächlich vermag, seine persönliche Scheidung mit dem Schicksal Deutschlands zu verbinden, ist schon extrig. Wenn das sein Scheidungsanwalt dem Gericht vorgetragen hätte! Selbst in einer Zeit, als unsere Richter selbst zu Verbrechern geworden waren, hätten sie wohl geschmunzelt.

Brigittes Antwort liegt mir nicht vor. Sie muss beinhart gewesen sein. Vermutlich hatte Hans von ihrem Besuch bei Himmler erfahren, bei dem sie Lilly verdächtigte, jüdischen Blutes zu sein, wohl wissend, was ihr

dann passiert. Hans schreibt ihr am 15. September 1942 starr vor Entsetzen: *Liebe Brigitte! Ich bin zutiefst erschüttert, dass Du in das Lager meiner Todfeinde gegangen bist. Es ist nun jedes Zurück völlig ausgeschlossen. Sonst bitte ich Dich nur: Mich, den Vater Deiner Kinder, nicht durch Dein egoistisches Versagen völlig zur Verzweiflung zu treiben.*
Heil Hitler!
Hans

Jetzt benutzt er selbst das *Heil Hitler!*, wie es sein Vater bei seinem Goldzahnbrief getan hatte. Doch er nimmt es als Metapher für Verachtung – das hat ja Stauffenberg-Qualität!

DIE SCHULD DER RAUEN PREUSSIN

Brigitte dachte nicht daran, ihn freizugeben. Sie klagte ihr Leid ihrem Vertrauten, komischerweise einem Vetter ihres Mannes: Richard Schneider-Edenkoben war Drehbuchautor, Filmemacher und hie und da von der Gestapo mit Misstrauen verfolgt.

Mein lieber Richard, schreibt sie zum Faschingsbeginn am 11. November 1942 vom Schoberhof aus, *nun erfuhr ich in Berlin trotz meines kurzen Aufenthalts sehr Wichtiges: »Er hat bei der ersten Fahrt ins Hauptquartier* (zu seinem geliebten Führer) *auf die Vorhaltungen wahrscheinlich der Lebenshaltung und L.* (Lilly) *Beschuldigungen wegen sofort geantwortet: »Daran ist meine Frau Schuld, ich werde die Konsequenzen ziehen und mich von ihr trennen!« Und dies ist, wie ich aus zuverlässiger Quelle her weiß »oben« mit Empörung aufgenommen worden, dass er es »so abgeschoben« hat.*

Vermutlich war es Bormann, der ihn sich in Hitlers Hauptquartier noch mal an seine verfettete Brust genommen hatte. Wie muss er meinen Vater angegrinst haben, als der angstflatternd alle Korruption im Generalgouvernement auf seine Landesmutti schob. Sicher hat Bormann später Hitler so was gesagt wie: »Mein Führer, Sie müssen Ihren alten Kampfgenossen absetzen. Er hat doch glatt alles auf seine Frau geschoben!«

»Nein«, hat der sicher geantwortet, »der Frank hat einen so lieben hündischen Charakter, den brauch ich noch.«

Brigitte Frank und ihre fünf Kinder. Dieses Foto schickte sie an Hitler.

Brigitte fährt nach Berlin, wohnt sicher in unserer arisierten Villa in Dahlem. Sie fightet, besucht Frau Goebbels, Frau Göring, versucht zu Hitler zu gelangen, schreibt ihm einen Brief, legt ein Familienbild bei, das sie im Kreis ihrer fünf Kinder zeigt und weist darauf hin, dass es doch nicht möglich sei, eine so harmonisch dreinblickende urdeutsche Familie wegen einer bösen verheirateten Frau zu verlassen. Von Berlin aus schreibt sie genau *am Tage des hl. Nikolaus,* also dem 6. Dezember – dem Namenstag ihres hochbegabten 3-jährigen Jüngsten – an ihren Mann: *Kann man glücklich leben, wenn man die Gesellschaft und ihre Gesetze hinter sich wirft? Ist absolute Freiheit nicht gleich absoluter Leere. Du sagtest es selbst – Liebe ist es nicht, die Dich uns nahm, ein Sinnentaumel, der Dir das Blut aufstürmt. Dein größter Feind ist die Eitelkeit. Warum duldest Du nie Menschen mit Geist und Format um Dich? Bist Du so arm, dass Du glaubst, Dein Glanz verringere sich dadurch? Und was ist das Schlimmste, was einem Mann, noch dazu in so gehobener Stellung, widerfahren kann: Wenn man über ihn lächelt! Ja, Hans, ich habe heute den Mut, Dir dies alles schonungslos zu sagen. Mir fällt es selbst unendlich schwer, aber wenn es noch ein Mittel gibt, das grauenvolle Ende, auf das Du jetzt hintreibst, von Dir fernzuhalten, so ist es meiner Meinung nach diese grausame Wahrheit. Feige bin ich nie gewesen. Die Feigheit und Lüge sind die gemeinsten Sünden. Ein kleines Erlebnis von vielen muss ich Dir aber ins Gedächtnis zurückrufen: Wir fuhren unvorschriftsmäßig schnell von Kressendorf nach Krakau ins Theater: Du, Richard und ich. Zwei arme Polen wurden dadurch angefahren, und man sah nur, wie sie mit ihren Rädern durcheinander auf der Straße lagen. So fährst Du als »Landesvater« ruhig weiter, ohne sich um die Armen zu kümmern. Du fährst mit dem Salonwagen ins Reich, Deinen Trieben zu leben, wo die besten unseres Volkes ihr Leben opfern. Ich bitte Dich auch – und das ist die einzige Bitte, die ich für mich habe, entwürdige Dich und mich nicht weiter durch die Art des Zusammenlebens nach zwei Seiten hin. So viel Achtung musst Du vor Dir und mir noch haben.*

Starker Tobak für einen solchen Mann wie meinen Vater. Mutter in Bestform. Schonungslos. Was Vater besonders wahnsinnig gemacht haben dürfte, ist dieser Von-oben-herab-Ton. Spätestens bei Mutters Beschuldigung der Feigheit muss er das Blatt weggelegt haben. Sich klar zu machen, was für ein feiger Wicht er eigentlich Zeit seines Lebens war, wagt er schon aus Feigheit nicht.

Diese Feigheit wird ihn an den Galgen bringen.

Schade, dass unsere Gesellschaft so auf Eigentum am Partner geeicht ist. Es hätte doch ganz anders ablaufen können. Brigitte fragt Hans: »Wo bist du denn wieder gewesen?«

»Ach, ich hab' mit Lilly geschlafen.«

»Na, Gott sei Dank, ich dachte schon, du hast wieder heimlich geraucht!«

Die beiden, die Menschheit durchrüttelnden Begriffe sind doch »Treue« und »Eifersucht«.

Auch Mutter entblößt sich in ihrer Anklage. Sie mit ihrer Härte, ihrem Mut und ihrem Wissen, dass sie sich von ihren vielen Liebhabern den charakterlich schwächsten als Ehemann ausgewählt hatte: Warum griff sie nach dem Unfall mit den beiden Polen nicht ein? Warum kein: »Hans, wir müssen anhalten! Wir müssen denen helfen – zumindest helfen lassen! Herr Schamper, bitte halten Sie sofort an!«?

Zumal doch Hans, wie mir später sein Nürnberger Gefängnispfarrer Father O'Connor erzählte, »noch im Gefängnis Angst vor Deiner Mutter hatte«.

Waren Brigitte die beiden Polen nicht genauso gleichgültig wie ihrem Mann?

Und selbst Schamper, Franks Stamm-Chauffeur, der sich nach dem Krieg in Rosenheim mit einem glühenden Schürhaken und der Hilfe seiner Frau die SS-Nummer aus dem Oberarm rausbrennen wird (»Mei, Niki, dös hat weh'tan!«), hätte ja sagen können: »Entschuldigen S', Herr Generalgouverneur, erlauben S' bitt'schön, ich muss da jetzt anhalten.«

Als Mutter an einer anderen Stelle einer Freundin von diesem Unfall schreibt, macht sie das Bild des Unfalls noch vollständiger: *Hans hat nur stumm an seiner Zigarre gezogen.*

Was übrigens die von ihr mehrfach als Waffe gegen Hans eingesetzten gemeinsamen Kinder betrifft, so vernachlässigte Mutter ab der Machtübernahme der Nazis zunächst ihre zwei schon in der »Kampfzeit« geborenen Sigrid und Norman zugunsten der schönen Sause als Reichsministergattin und später als Frau Generalgouverneur mit eigenem Mercedes und eigenen Ghettos zum Einkaufen. Ihre drei weiteren Kinder, Gitti,

Michel und ich, lernten sie erst nach Kriegsende so richtig kennen, als ihre Zeit als Hohe Dame zwangsweise beendet worden war. Sie hatte uns drei sicher nur als Rückversicherung geboren, auf dass ihr Mann eine gemäß der Nazi-Ideologie so fruchtbare deutsche Frau nicht verlassen könne. Hans' Mutter, unsere Oma, raunzte nicht zu Unrecht mal auf einem Spaziergang unsere geliebte Kinderschwester Hilde verächtlich auf Bayerisch an: »Brigitte wirft ja d' Kinder wia a Loas.« Was auf Hochdeutsch Muttersau heißt.

Die Loas hat ihren letzten Geschlechtsverkehr mit Hans »im Dezember 1942«, wie sein Anwalt dem Landgericht München II am 15. Februar 1943 bekannt gibt. Wenn das Lilly erfahren hätte! Auch Mutter hat ihren Anwalt. Durch den könnte sie vor Gericht öffentlich machen, was sie Monate vor dem letzten Beischlaf ihrem Hans geschrieben hatte: *Hans, weißt Du noch die Nacht vom 12. auf den 13. Mai, als Du neben mir im Bett lagst und mir diese furchtbaren Sachen gestanden hast – mit den KZs und der Ermordung von Menschen und so?* Guck an: Die Shoah als Betthupferl! *Du hast mir empfohlen, mich unbedingt scheiden zu lassen. Und jetzt merke ich, dass Du nur wegen Lilly die Scheidung willst.* Vaters widerwärtiges Manöver hat Mutter trefflich durchschaut. Sein Antwortbrief auf ihren ihn entlarvenden Nikolaus-Namenstag-Brief, war am 12. Januar 1943 kurz, hilflos und dennoch ein kleiner Prankenhieb gegen die ungeliebte Ehefrau: Er trug als Absender Garmisch, woselbst die Mutter von Lilly ein Haus besaß, in dem sich das Liebespaar oft aufhielt:

Liebe Brigitte!
In Deinem Brief übermittelst Du mir die merkwürdigen Anschauungen, die schon so oft mein Entsetzen erregt haben. Ich handle – glaube es mir doch endlich – in vollem Bewusstsein. Willst Du Deinen Kindern den Vater erhalten – dann beschwöre ich Dich, auf mein lebensdringendstes Ersuchen einzugehen. – Bevor alles zu spät ist –
Hans

Mit süß geschwächten Lenden und durch Lilly zur Scheidung geistig gestärkt, fährt er in seinem Salonwagen zurück zu seinem Dienstsitz in Krakau und schreibt ihr am 27. Januar 1943:

Liebe Brigitte.
Es bleibt nur der Dir von mir so dringlichst nahegelegte Schritt. Ich kann nicht anders, sollte ich mich nicht völlig aufgeben und damit ohnedies alles verloren sein. In dieser entsetzlichen Zeitepoche, da ganze Welten sich neu formen, muss ich dem Schwersten mich bereithalten. Lass uns in Frieden den formalen Schritt der Scheidung gehen. Die fünf Kinder können nur dann ihren Vater bewahren.
Ich stehe im Ablauf meiner Kämpfe. Meine Zeit ist um. Ich schreite der ewigen Sonne zu. Jeder ist unglücklich, der mir jetzt zugehört. Rette die Kinder! Ich beschwöre Dich!
Hans

Viel falsches Pathos, viel Druck von Lilly und eine Prise Realität, wenn er schreibt, dass er im Ablauf seiner Kämpfe stünde und jeder unglücklich sei, der ihm angehöre. Es ist wahr: Mit dem Unglück, ihm anzugehören, mussten sich die fünf Kinder ein Leben lang herumplagen.

Merkwürdigerweise müsste er doch auch Lilly bedauern, die ja, weil sie ihm *zugehört*, gleichfalls *unglücklich* sein müsste. Doch weit gefehlt. Kaum ist der Brief an seine Frau beendet, schreibt er mit Lust an seine große Liebe:

Meine Lilly – meine über alles geliebte Lilly!
Bitte bleibe mir gut. Ich liebe Dich bis in das tiefste Mark meines Lebens. Die letzten Tage waren für mich wieder in all' meinen wilden Kämpfen eine so unsagbare Qual und mühevolle Belastung, dass ich am Telefon wie geschlagen war. Du, meine Lilly! Du mein Alles! Bei Dir bin ich daheim! Bleibe mir! Bleibe mir! Harre noch wenig aus!
Herzinnigst
Dein Hans

DER TIEFPUNKT EINER HOHEN LIEBE

Es ist Brigitte, die ihrem Hans diese *unsagbare Qual* bereitet, sodass er die drängende Lilly immer wieder beruhigen muss. Also spitzt er seinen Scheidungsanwalt Kuglstatter an, der am 11. Februar 1943 aus München seiner Noch-Ehefrau diesen unglaublich hochnäsigen Brief schreibt:

Sehr verehrte gnädige Frau!
Gnädige Frau stellen sich offenbar auf den Standpunkt, das Verhalten Ihres Mannes sei schwankend und Ihnen und den Kindern gegenüber ein Unrecht, berufen sich auf eine 17-jährige Ehe und sind nicht zuletzt darauf bedacht, die durch Ihren Mann erworbene Stellung als Ehefrau einer der führendsten Persönlichkeiten unter allen Umständen zu erhalten. Ihre nachweisbare Äußerung, dass sie lieber die Witwe als eine geschiedene Frau eines Ministers sein wollen, bestätigt diese letztere Annahme.
Gnädige Frau übersehen aber dabei die besonderen Umstände, die zu dieser Ehe geführt haben und die Tatsache, dass Ihr Mann 17 Jahre an einer Ehe festgehalten hat, obwohl er seelisch vor allem wegen der grundlegenden Verschiedenheit der Naturen auf das schwerste darunter gelitten hat. Sein Leben hatte alle diese Jahre hindurch keine Erfüllung. Trotzdem war er Ihnen gegenüber immer ritterlich und wurde Ihren Ansprüchen stets gerecht. Sie selbst wissen, dass Ihr Mann eine maßlose Vitalität und Schaffenskraft besitzt, die ihm die Möglichkeit gibt, für Führer und Volk das Höchste zu erreichen. Nach schwerstem Kampf mit sich selbst hat sich Ihr Mann zu dieser letzten Entscheidung durchringen müssen, um sich vor einer lebenslänglichen maßlosen Leere und Vereinsamung zu bewahren. Wie er Ihnen bereits mitgeteilt hat, muss sein Leben entweder neu beginnen oder enden. Schon allein diese Tatsache wird Sie bei einigermaßen vernünftiger Überlegung erkennen lassen, worum es geht. Ihr Hoffen auf eine Rückkehr ist daher völlig aussichtslos. Er muss, das verlangt jetzt das Geschick des Reiches, in die Lage versetzt werden, auf der Grundlage eines neuen privaten Lebens mit letzter Kraft und den ihm in seltener Weise gegebenen Fähigkeiten ruhig und gemessen dem Führer und dem Vaterland dienen zu können.
Mit besten Empfehlungen
Heil Hitler!
Ihr sehr ergebener
Dr. Kuglstatter

Vater muss dieses ekelhafte Dokument seiner Selbstbeweihräucherung gesehen, am Ende vielleicht sogar diktiert haben. Brigitte schickt ihm am 21. Februar 1943 eine Stellungnahme, deren erste Zeile schon große Raffinesse zeigt, denn gleich soll der Adressat ob ihres maladen Zustands einen Stich bekommen:

Die Maschinenschrift bitte ich zu entschuldigen, da ich heute nicht anders schreiben kann.
Hans, nein das kann nicht sein, das darfst und wirst Du Dir, mir und Deinen Kindern nicht antun, dass Du mich vor die Schranken des Gerichts bringst. Unendlich litt ich während dieser 10 Monate, aber nach jeder noch so großen Leidensstation warst Du wieder da, kamst wieder zurück, beteuertest Dein Glück, und ich konnte mir wieder Kraft holen. Nun aber stößt Du mich von Dir und lieferst mich der Öffentlichkeit aus. Du ließest mir durch Deinen Anwalt schreiben, Du hast 17 Jahre unter einem schweren Familienschicksal gelitten. Hans, lese Deine Briefe vom Kriegsbeginn! Weiter sage ich nichts! Diese schönen Briefe, die mich so beglückten, sie wanderten nun zur Photokopie. Und das – nur uns beide Angehende – muss nun vors Gericht gezerrt werden.
Nun stelle ich mich als Bürgerin unter den Schutz des deutschen Rechtes, und da ich mit einem Mann des Rechts seit fast 18 Jahren verbunden bin und von ihm 5 Kinder habe, werde ich mit allen mir zu Gebote stehenden Mitteln dieses mein Recht fordern und für uns alle kämpfen bis zum Letzten, damit ich einst vor meinen Kindern und meinem Gewissen sagen kann: »Ich habe alles getan, um den Kindern das Vaterhaus zu erhalten.«
Ich bitte Dich, bringe keine Hassgefühle gegen mich auf. Ich tat Dir doch nichts. Ich liebe Dich ja. An dem Tage, an dem Du mich aber vors Gericht stellst, mich hilflos der Öffentlichkeit auslieferst, will ich mit letzter Kraft versuchen, um Dich zu kämpfen. Ich betrachte dies für eine heilige Mission, die ich zu erfüllen habe.

Was die heilige Missionarin nicht wusste: Lilly bekam sogar von Hitler selbst die große Chance, ihre Jugendliebe Hans endgültig zu erobern – aber das wird sie von Hans, diesem Feigling, nie erfahren.

Am 3. März 1943 liest nämlich Hans das entscheidende Telegramm aus dem Führerhauptquartier. Er hatte doch tatsächlich Hitler seine Scheidungsakten zuschicken lassen. Nicht wissend, dass ihn auch Brigitte mit rührendem Familienfoto und erschütterndem Brief belatscherte.

Meine Geschwister und ich waren im Bewusstsein aufgewachsen, dass Hitler unserem Vater die Scheidung »bis nach dem Krieg« verboten hätte. Doch der Führer war geborener Österreicher, der also den Schmäh kannte und ihn hin und wieder zwischen seine Vernichtungspolitik setzte. Mitten im blutigsten Krieg diktierte er seinem Intimus und Sekretär Martin Bormann einen Text, von dem er wusste, dass er wieder einmal den hündischen Charakter seines Gefolgsmanns Frank offenbaren würde. Ich kann mir sogar vorstellen, dass er grinsend zu Bormann geschnarrt hat: »Wetten, Bormann, dass er die Scheidung nicht mehr will?«

Das Telegramm lautete:

Der Führer hat mich beauftragt, Ihnen mitzuteilen, dass er Ihre Ehescheidungs-Akten eingehend geprüft habe und dass er danach sich nicht mehr in der Lage sehe, Ihnen die Genehmigung zur Scheidung Ihrer Ehe zu geben, solange Sie das Amt eines Generalgouverneurs und Reichsministers bekleiden.

Das saß! Was für eine Pleite für meinen Vater! Sich jetzt entscheiden zu müssen zwischen Schloss, Burg, Mercedes, Titel eines Generalgouverneurs, Titel eines Reichsministers – und einer wiedergefundenen Jugendliebe, die sogar älter war als er, wenn auch nicht fünf Jahre wie Brigitte, sondern nur drei, aber immerhin drei!

Ohne Amt und Macht würde ja das Hohle seines Charakters total nackt aufscheinen! Was hatte der Ur-Nazi Otto Strasser am 27. März 1931 über ihn verlauten lassen?: »Rechtsanwalt Dr. Frank II ist ein eitler und gewissenloser Streber.« Oder wie ihn sein Schulkamerad Karl-Heinz Becker schon als Jugendlicher durchschaut hatte. In seinen »Erinnerungen« charakterisiert er Hans Frank so: »Er war ein mäßig begabter, wegen seiner unaufrichtigen Freundlichkeit unbeliebter Mitschüler. Noch sehe ich ihn in unserer grünen Wehrkraftuniform im Fahrtenquartier 1915 als Vierzehnjährigen bei einer einfachen Allgäuer Familie, auf die er mit einer mich beängstigenden Sicherheit und Gewandtheit einredete, auf dem Sofa sitzen, vor sich einen riesigen Gugelhupf, den er für zu Hause erhamstert hatte.«

Unvorstellbar, dass der Hamsterer sein Herrscherleben in Polen aufgeben könnte. Allein schon seine Adresse: *Herrn Generalgouverneur, Burg, Krakau!*

Wo unterhalb der Burg doch alles seinen geordneten Gang nahm, wie die *Anweisung für die Durchführung von Exekutionen* seines Höheren SS- und Polizeiführers Krüger mit einem so menschlichen Schlusssatz und zugleich so humorig deutsch kundtat: *Ferner erinnere ich in diesem Zu-*

sammenhang an den persönlichen Wunsch des Reichsführers SS, dass die Exekutionskommandos nach der Exekution einer Zerstreuung mit geistig wertvollem Inhalt zuzuführen sind.

Das alles aufgeben? Nicht von Hans Frank, dem Gugelhupfesser. Sollte er etwa die Ikone im Schoberhof aufhängen müssen, die ihm Hitlers Adjutant Fritz Wiedemann am 17. Oktober 1935 zustellen ließ? *Anbei das von Ihnen für Ihren Schreibtisch in Ihrem neuen Arbeitszimmer erbetene Bild des Führers mit Unterschrift.*
Mit deutschem Gruß!

Jetzt schmückte es natürlich sein Arbeitszimmer auf der Burg zu Krakau.

Nein, er würde dieses herrliche Generalgouvernement seiner geliebten Lilly vorziehen. Zumal die ja nicht allein für sein Lendenwohl sorgte, wie aus Mutters Abschrift vom 9. März 1941 hervorgeht. Ohne sich offensichtlich um meinen zweiten Geburtstag zu kümmern, schreibt sie mit doppelter Klammersetzung den Teil eines um Verzeihung flehenden Briefes von Hans an sie ab: *(da rechtfertigt er sich einer von mir bezichtigten Untreue wegen. Allerdings handelte es sich um seine Sekretärin Helene, von der ich mehrere Liebesbriefe besitze, die mir seine Untreue leider bestätigen.): »Ich bin ein alter Stimmungsschwärmer. Das weißt Du. Aber ganz Dein. Nur Dein... Dich umarme ich in herzlichster Liebe und Verehrung: Bleib immer gut zu Deinem alten »Sorgenkind«, dem umworbenen »Meister«.*
Hans

Eben: Helene! Das laut Major Kelley *ältliche Frauenzimmer,* das ihm doch so schmachtend anhing. Und die er deshalb vor allem für Quickis auf der Burg abnutzen konnte. Die würde er ja dann auch verlieren. Wohin dann zwischendurch mit seinem strammen Glied? Nee, nee, mein Generalgouvernement, diesen Pfuhl der Sinnlichkeit und Pracht – na gut, auch mit ein paar Verbrechen gegen die Menschlichkeit a bisserl besudelt – geb ich nicht her. Also belog er seine Lilly, dass sie leider noch bis zur siegreichen Beendigung des Krieges warten müsse. Davor wolle Hitler keine Scheidung.

Merkwürdigerweise: Seiner ihm so lästig gewordenen Ehefrau Brigitte offenbarte er den wahren Inhalt von Bormanns Telegramm, allerdings erst viele Monate später. Mutter muss bei diesem Geständnis mit größter Minenkraft ihr allseits gefürchtetes überlegenes Lächeln unterdrückt haben.

Doch bevor sie davon erfuhr, bewegen Brigitte – auf einem Meer von Blut übrigens, das derweil von Unschuldigen im Generalgouvernement Tropfen um Tropfen gefüllt wird – ähnliche Gedanken wie Hans: Wenn ich diese Knallcharge von Ehemann freigebe, wie kann ich dann noch auf Schlössern und Burgen herrschen, im Ghetto Einkaufen fahren? Da hab ich dann zwar den Schoberhof und sicher eine üppige monatliche Apanage, aber dazu leider diese anstrengenden Nichtsnutze von Kindern. Wo bleiben dann die Staatsbankette? Die Lobhudeleien der Neuhauser? Das untertänige Verhalten aller meiner Freundinnen aus meinen Tagen als Sekretärin?

Also dreht sie die Garrotte wieder enger um die Seele ihres Ehemanns, pestet im April 1943 ohne Datum und ohne Anrede:

Ich glaube, Du erkennst nur noch eine Autorität an, und das ist der Führer, das wäre der Einzige, der Dich auf den Weg Deiner Pflicht bringen könnte. Stattdessen hast Du Sorgen, die L. wieder zu befreien von ihrer Dienstverpflichtung und schreibst sogar persönlich an Herrn Sauckel und reklamierst sie als Deine Sekretärin. Dann scheinst Du nur immer wieder nachzusinnen, was Du uns alles noch antun könntest. Mein Gott, was ist aus Dir geworden? Oder warst Du wirklich immer so? Habe ich Dich nur falsch gesehen? Habe ich Deine Genialität zu hoch eingeschätzt und Dich deswegen charakterlich nicht richtig beurteilt?
Nach alledem, was ich jetzt Grauenvolles über Deinen wirklichen Scheidungsgrund hörte, kann ich auch Deinen Brief v. 15. September 42 verstehen, in dem Du mich beschworst, nicht in das Lager Deiner Todfeinde zu gehen. Ich wollte ja nur zu Bormann oder Himmler gehen und fragen: »Was hab ich getan, wessen klagt man mich an?« Bin ich doch zutiefst verzweifelt gewesen über die immer wieder auftauchenden Gerüchte, die Scheidung werde von oben gewünscht, ich habe irgendwelche Geschäfte mit Pelzen und Juwelen mit Lasch gehabt usw. Ja, ebenso gut hätte man ja von mir behaupten können, ich habe einen Menschen umgebracht. Später glaubte ich dann den Schlüssel zu Deinem Verhalten gefunden zu haben, als man mir sagte, Du selbst habest damals im Hauptquartier ge-

Hans Franks Mutter Magdalena, geb. Buchmayer.

sagt: »Daran ist meine Frau Schuld, ich werde mich von ihr trennen.« Dies kann Dir nur Deine Lebens- oder Todesangst eingegeben haben, denn das tatest Du wider besseres Wissen.
Ich kenne Deine schnelle impulsive Art und auch Deine Methode, allem Unangenehmen aus dem Wege zu gehen.
Ich will den Kindern den Vater erhalten und bete täglich an den drei Bettchen der Kleinen für Dich. Du kannst es gebrauchen! Ich bin so fest davon überzeugt, dass die Stunde nicht mehr allzu ferne ist, wo Du einsehen wirst, dass ich stets Dein bester Freund war und bin. Möge es dann nicht zu spät sein!
Und das wirst Du n i e m a l s von mir erreichen, dass ich mit Quittungen belegen werde, was ich für die Kinder usw. ausgebe. Und nicht genug da-

mit! Du verlangst sogar, dass ich eine Summe, die sich aus den Monaten November, Dezember und Januar zusammensetzt und die schon lange vor Deiner Klageeinreichung in Deinem Besitz und von Dir wie immer genehmigt wurde, nachträglich detaillieren soll, was davon für die Kinder und was für mich ist. Aber dies alles entspringt wohl mehr aus den Ratschlägen Deiner Mutter und Schwester, vielleicht auch der Frau L. G., die mir ja hat sagen lassen, sie würde immer schauen, dass wir keine Not zu leiden hätten.
Das Leben ist der Güter höchstes nicht,
Der Übel größtes aber ist die Schuld.
Brigitte

Meine verwundete Mutter konnte scharf zurückschlagen. Sie wusste wahrlich, Menschen zu sezieren. So auch diese drei bösen Frauen: Hans' Mutter, seine Geliebte Lilly, seine Schwester Lilli! Was für eine abgrundtiefe Bosheit gehört doch bei der Geliebten dazu, die hoffentlich bald verlassene Ehefrau wissen zu lassen, sie würde nie Hungers klagen müssen!

Fazit für den von Schmäh-Hitler gebeutelten Hans: Er muss verärgert und enttäuscht zu ihr zurückkehren, was er ihr auf amtlichem Briefbogen kundtut, damit es des Privaten ja nicht zu viel wird:

Hans Franks Schwester Lilli.

DER GENERALGOUVERNEUR Krakau, Burg den *16. Juli 1943*

Liebe Brigitte!
Unter dem Eindruck der außerordentlichen Zeit und meines sich mählich beruhigenden Innenlebens möchte ich mit Dir gerne über die Normalisierung unserer Beziehungen sprechen. Frau L.G. hat sich von mir getrennt. Auch ich bin nun zu der Überzeugung gekommen, dass angesichts des außerordentlichen Ernstes der mir gestellten Aufgabe und der Notwendigkeit der völligen Bereinigung unseres familiären Zustandes unsere beiderseitigen Beziehungen sich der Regel beugen. Wenn auch in diesen stür-

mereichen Monaten vieles geschah, was die Wirkung haben konnte, uns für alle Zukunft zu trennen, so musst Du auch das Außerordentliche bedenken, was über mich in diese Zeit hereingebrochen ist.
Ich kann mich vielleicht Ende dieses Monats auf einige Tage freimachen und wäre dankbar, wenn Du mit mir in München zusammenkommen könntest.
Wir können dann über alles in Frieden und Harmonie sprechen.
Bis dahin begrüße ich Dich herzlichst als
Dein Hans

Und wo bleiben wir fünf Kinder? Will er die nicht sehen? Hat er keine Sehnsucht nach Ihnen? Der Schoberhof liegt nur 65 Kilometer von München entfernt. Was für eine *Bereinigung unseres familiären Zustands?* Da ist keine Reue, da ist keine neu aufgeflammte Liebe zu den Seinen.

Die Ehe blieb bestehen, die Partner lebten verbissen getrennt.

NOCH EINMAL DIE SAU RAUSLASSEN

DER GENERALGOUVERNEUR

Krakau (durchgestrichen) Burg (ab hier handschriftlich:) *18. I. 1945*

Liebe Brigitte!
Dieser Brief zeigt Dir, dass ich gut und lebend im letzten Augenblick aus Krakau herausgekommen bin. Alle unsere deutschen Menschen konnte ich retten: Es war ein furchtbar ernstes Arbeiten.
(Nach Ende des Briefs:)
Ich werde Euch viel Interessantes erzählen. Alle Sachen sind gerettet. Vorgestern hatten wir noch unsere große Regierungssitzung auf der Burg zu Krakau!

Dieses erste Fluchtzeichen ihres vielfach hörnenden Gatten kennt Brigitte noch nicht, als sie ihm am 10. Januar 1945 nach Krakau schreibt:

Lieber Hans!
Die Freude, die die drei Kinder beim Empfang Deiner Briefe hatten, kannst Du Dir nicht vorstellen! Und dann die Fragerei: »Mutti, sag mal, ganz ehr-

lich, welcher Brief gefällt Dir am besten?« Niki stellte dann fest, dass sein Brief doch der schönste sei, denn der an Michel sei wie an einen Menschen geschrieben, der seine wie an ein Kind. Die beiden stritten dann miteinander, weil Michel behauptete, das verstünde Niki nicht, da sei er noch zu klein. Und Gitti sagte: »Mutti, glaubst Du, den Brief gäb ich nicht für 1000 Mark her.« Dann rannten sie mit den Briefen nicht nur im Haus, sondern auch in der weiteren Nachbarschaft mit herum.

Ich denk mir jetzt oft, wie verlassen ich schon wäre, wenn nicht noch die drei Kleinen nachgekommen wären! Ach, gestern war es wieder mal mit ihnen köstlich. Woher sie die Gräuelmärchen hatten, weiß ich nicht. Auf jeden Fall malten sie sich alle aus, was sie täten, wenn die Russen kämen. Michel hatte die abenteuerlichsten Ideen, und hat mit größter Rhetorik seine Pläne entworfen. Das war Wild-West. Gitti versteckt sich im unterirdischen Gang, der von Frau Schlegel zur Burgruine führen soll. Michel zerstörte ihr dies wieder durch große Schwarzmalerei. Die Feinde würden auch zu Frau Schlegel gehen, und durch den Gang kommen, nachdem sie natürlich erst mal Frau Schlegel erschossen haben. Niki dagegen war erst für das Uhrkästchen in der Bauernstube, das ja tief herunter ginge. Als ihm Michel aber auch da keinen langen Aufenthalt versprach, weil er verhungern würde, sagte er so treuherzig: »Dann rufe ich einfach den Vati in Krakau an und sage ihm, dass die Russen hier sind, und er soll doch gleich von seinen vielen Wachen welche herschicken. Michel meinte daraufhin, das Telefon ginge nicht mehr, weil die Feinde die Drähte zerschnitten hätten, und wenn die Russen hier wären, wärst Du ja auch hier und so viel Soldaten hättest Du auch nicht, dass Du uns noch welche schicken könntest. Darauf Niki: »Dann rufe ich eben, bevor die Russen kommen, den Führer an, und der lässt mich dann mit Soldaten abholen, und der hat ja viel Soldaten, und dann bleibe ich bei ihm, bis der Krieg wieder vorbei ist, denn dem Führer dürfen sie doch nichts tun, und er wird mich auch dortbehalten und mir was zu essen geben.« Dieses »Nicht dürfen« wollten Michel und Gitti auch nicht gelten lassen, aber Niki blieb bei seinem letzten gefassten Entschluss und wies alles weitere zurück. Am Sonntag fand hier die zweite Geburtstagsfeier statt u. a. mit Frau Meissner, Frau Oberlindober und 3 Dir unbekannten Damen.

Es muss dieser Tag gewesen sein, an den sich Gittis Freundin Annelies noch heute erinnert. Sie spielte mit Gitti vor deren Zimmer im 1. Stock des Schoberhofs auf dem Balkon, und sie hörte von unten, wie sich die Damen *bei herrlichem Sonnenschein* kaffeetrinkend angstvoll ausmalten, was aus ihnen wohl werde, da ja der Krieg verloren sei.

Es war sehr schön, und von Deinem guten Hasenbraten waren sie alle sehr angetan, als dann der fürchterliche Angriff auf München begann. Blutrot war der Himmel bis zum Morgengrauen. Nun ist wohl auch der Rest unseres schönen geliebten Münchens dahin. Man kann nun nach München überhaupt nicht mehr telefonieren. Drei Stunden währte der Angriff. Erst warfen sie fast ausschließlich Brandbomben und beim zweiten Anflug auf das brennende München die neuesten Sprengbomben, die gleich ganze Straßenzüge umlegten. Man geht an solchen Tagen wirklich beschämt schlafen, während man an die armen Städter denkt, die auf der Straße sitzen. Ach, es ist eine so grauenhafte Welt, und es wird wohl nicht besser werden, bis es die Menschen werden. Denn das ist ein Gottesgericht.

Am 17. Januar verließ Hans Frank seine hinreißende Adresse in Krakau und flüchtete mit seinen letzten ihm Verpflichteten zunächst in Freiherr von Richthofens Schloss zu Seichau. Was die Herren und die als Dame anwesende Helene Kraffczyk dort anstellten, lässt mich schaudern. Mein Vater hatte mindestens einen Lastwagen mit Kunst aus Polen dabei, darunter zwei Rembrandts, einen Raphael und Leonardo da Vincis Gemälde »Die Dame mit dem Hermelin«, die übrigens für mich, als es noch beim Vater in dessen Büro auf der Krakauer Burg hing, immer eine Ratte war, ich meine den Hermelin. Ich mochte das Bild nicht. Vater schon. Seichau war schon zuvor mit Kunst aus dem Generalgouvernement gestopft worden, wie das *Protokoll Schloss Seichau 12.10.44* ausweist, dazu ein Hinweis, wie sorgfältig doch die deutsche Herrenrasse, die sich immer so viel auf ihr Kunstverständnis einbildete, mit Kunst umzugehen pflegte: *Heute am 12. Oktober 1944 um 10 Uhr Vormittag wurde die Kiste Nr. BA 102 als zweite der die graphischen Sammlungen enthaltenden Kisten geöffnet. Bei der Sichtung ergab sich, dass die meisten Blätter aneinanderklebten, das Paket faulig und schimmlig roch. Die vorgefundenen Qualitäten der Handzeichnungen lassen darauf schließen, dass die etwa 100000 Blatt enthaltende Sammlung einen Wert von vielen Millionen besitzt, was die Restaurierung und Katalogisierung der Sammlung als notwendig erscheinen lässt.*

In Seichau lässt mein Vater noch ein letztes Mal die Sau raus. Selbst die 4. Panzerarmee kommt wohl ins Stocken (auf ihrem Rückzug nehme ich an!), als deren *Oberkommando* an einen Major Hess am 6. Februar 1945 schreibt: *Mehrfach wurde mir von Seiten der Partei und der Zivilbevölkerung über das unglaubliche Benehmen der Regierung Frank des G.G. in ihrem Ausgleichquartier, Schloss Seichau, sowie über ihre feige Flucht Beschwerden vorgetragen. Aus den Vernehmungen ergab sich, dass die umlaufenden Gerüchte über die verschwenderischen Exzesse und überhastete Flucht tatsächlich zum größten Teil auf Wahrheit beruhen. Neben vielen Kunstschätzen, großen Mengen an Trink- und Esswaren blieb ein Achtzylinder (Spez. Mercedes-Kompressor in Luxus-ausführung) und sogar geheime Akten und Presseinformationen wahllos liegen.*

Das war sicher mein Lieblings-Mercedes! Darin gefahren zu werden, war mir das Höchste! Und Vater lässt ihn dort einfach stehen, ohne an mich zu denken. Heute wäre er sicher eine Million Euro wert. Der jetzige Besitzer möge sich bitte bei mir melden, damit ich noch einmal darin fahren kann.

Zu Recht empörte sich unter *Geheim* Elisabeth Matschewsky, die Wirtschafterin der Richthofens, am 2. Februar 1945: *Mitte Januar kam der Generalgouverneur Dr. Frank und nahm mit seinem Gefolge Quartier im Schloss.*

Die Dienststelle bezog den Nordflügel und die untere Etage des Schlosses. Es wurde hier auch eine eigene Küche zur Verfügung gestellt. Mir fiel besonders auf, dass die überreichlichen Vorräte an Lebensmitteln und Spirituosen vergeudet wurden. Überall lagen Lebensmittel herum, der Koch machte das Frühstück erst um 11 Uhr. Um 9 Uhr schlief der Diener noch. Besonders reichlich muss der Alkoholverbrauch gewesen sein, da überall leere und halbleere Schnapsflaschen in allen Zimmern und Ecken herumlagen.

Selbst die täglichen Gebrauchsgegenstände wie Waschzeug usw. blieben zurück.

Große Mengen Porzellan, viel Silbersachen und Wäsche, die auch liegen gelassen wurden, haben die anschließend hier untergebrachten Flüchtlinge mitgenommen.

Was Mutter und wir Kinder später in diesem Jahr, nachdem wir aus dem Schoberhof rausgeworfen worden waren, dringend als Tauschobjekte für Lebensmittel gebraucht hätten, hat unser Popanz (wie er in Berlin auch genannt wurde) einfach neben meinem Mercedes obendrein zurückgelassen, wie diese Abschrift zeigt: *3 Kisten Bestecke, 14 Schreibmaschinen, 3 Pakete Kunstmappen, 1 Zimmer mit Kunstgegenständen, 1 Liegestuhl.*

Der Herr Generalgouverneur hat seine Verzweiflung in Alkohol ertränkt: kein eigenes Reich mehr! Nur noch Reichsminister ohne Portefeuille! Nur noch den Schoberhof als Rückzugsquartier. Sicher hat er im Suff auch mit seiner vergoldeten Pistole herum geschossen, lallend immer wieder seinen Führer ebenso hochleben lassen wie dessen Wunderwaffen, von denen alle schwärmten. Andererseits muss es in ihm gepocht haben: Jetzt, wo ich kein Generalgouverneur mehr bin, kann ich doch endlich Lilly heiraten!

»Alle heben jetzt ihr Glas, und wir trinken gemeinsam auf die große Liebe meines Lebens, auf meine Lilly!« Alle soffen aufs Wohl und vergaßen mit immer höheren Promillewerten im Blut ihre desolate Lage. Mich erinnert das immer an die letzte Abend-Tafel der Nibelungen auf Krimhilds und Etzels Burg, bevor die allgemeine Metzelei begann.

Doch die Nibelungen waren Ehrenmänner.

Bei aller Völlerei vergaß mein Vater nicht die Kultur. Zum einen besuchte er zwischendurch, halbwegs nüchtern, seinen verehrten Freund Gerhart Hauptmann in dessen Agnetendorf, zum anderen, wie mir Jahrzehnte später sein Chauffeur Schamper berichtete, ließ er des Nachts die kostbarsten Kunstwerke in einem speziellen Lastwagen verstauen, sodass er später in seinem Dienstsitz im Neuhauser Josefstal seinen von ihm so benannten »Andachtsraum« einrichten konnte: Dort hingen dann die zwei Rembrandts, der Raphael und Leonardo da Vincis Dame mit der Ratte.

»RACHE FÜR UNSERE GRAUSAMKEITEN«

Während sich ihr Vater die Zukunft genehm soff, machte seine älteste Tochter eine damals typische Reise durch ein zusammenbrechendes Reich. Am 3. Februar verfasst sie den für mich eindrucksvollsten Brief ihres Lebens, weil er nicht nur einen Blick in ihre – durch den Verlust ihrer großen Liebe, den *Doktor*, wie sie ihn im Brief nennt – verwundete Seele gibt, sondern auch die damaligen Zustände und Menschen glänzend beschreibt:

Meine liebe Mutti!
18 Tage habe ich nun auf der Eisenbahn zugebracht. Für Strecken von 100 km waren wir 3 Nächte und 2 Tage unterwegs. Wir hatten ein Öfchen im Abteil, und die nötigen Kohlen klauten wir uns dazu. Alle Fenster waren kaputt, und wir verbauten die Fensterhöhlen notdürftig mit Matratzen. Während der ganzen Fahrt kamen wir nicht aus den Mänteln, und Waschgelegenheiten konnten nur selten aufgetrieben werden. So wurden wir mit der Zeit die reinsten Mohren. Als wir endlich an unserem Bestimmungsort anlangten und eine ganze Nacht auf den zugigen Bahnsteigen als Gepäckwachen zugebracht hatten, stürzten wir dann sofort in die nächste Fabrik, um uns dort im Waschraum wieder halbwegs zu reinigen. Noch nie bereiteten mir heißes Wasser und Seife und anschließend frische Wäsche solche Freude und riefen in mir ein so wohliges leichtes Gefühl hervor, wie damals. Nach nochmaligen langen Warten konnten wir endlich todmüde unser Quartier beziehen, und nachdem wir unsere Strohsäcke gestopft hatten, schliefen wir – viel, mehr wollten wir schlafen, denn in dieser Nacht kamen unangemeldet Verwundete in unsere Schule, und wieder hieß es packen und zum Bahnhof marschieren. So geht es immer hin und her, und langsam rücken wir immer näher der Heimat. Von Vati erhielt ich einen Brief. Er ist glücklich in Seichau gelandet, und ich war so froh, dass es ihm gut geht. – Ach Mutti, ich bin so unglücklich! Vom Doktor habe ich noch keine Nachricht. Ich weiß gar nichts von ihm. Posen ist eingeschlossen. Die Stimme des Radiomannes ist mir furchtbar: »Die Besatzung Posens verteidigt heldenmütig!« Ach, liebe Mutti, ich bin so traurig, an nichts anderes kann ich mehr denken. Ich hab ihn ja so lieb! Überall hier ist Elend und Flucht – wie überhaupt nirgends etwas Tröstliches zu finden ist. Keine Arbeit haben wir. Immer nur rumsitzen und denken müssen. Ach ich möchte nur noch einmal seine liebe Stimme hören, aber ich weiß ja recht gut, dass auch, wenn ihm nichts passiert, zwischen uns alles aus ist. – Ich kann meine Kameradinnen nicht verstehen, während ich heulen könnte und verzweifle, nicht nur wegen meines persönlichen

Kummers, so sitzen jene und lachen, rennen ins Kino und flirten mit Soldaten. Vielleicht wäre es besser, auch so zu sein wie sie, über einem letzten Rausch noch einmal das Leben in vollen Zügen zu genießen und die Gegenwart zu vergessen. Aber ich kann es nicht. Ich kann auch nicht mehr beten, was kann und darf Gott uns helfen. Eine sehr einstimmige Meinung herrscht hier über die Folgen und Ausmaße des jetzigen Krieges, besonders sehen alle darin die Rache für unsere Grausamkeiten den Juden gegenüber. Man wundert sich sehr. Sie rufen Heil Hitler!, hören gespannt die Hitlerreden, und die meisten von ihnen haben doch einen sehr klaren Blick. Vor einigen Tagen ging das Gerücht, wir würden alle auf Nimmerwiedersehen entlassen werden. Aber es stellte sich dann heraus, dass wir zum größten Teil gar nicht nach Hause fahren können, da die Russen zwischen uns und der Heimat stehen. Ich bin gar nicht weit von Seichau entfernt, aber ich darf nicht zu Vati fahren und möchte es auch nicht sehr gern. Ich könnte nicht mit Vati jetzt über Dinge sprechen, die mich nicht im Geringsten mehr interessieren. Mein einziges Ziel, auf das all meine Gedanken gerichtet sind, ist nur noch, den Doktor und Euch alle noch einmal gesund beisammen zu sehen und eine glückliche Zukunft vor Augen bei Euch sein zu können. Ich bin völlig verlaust und sehr erkältet. Aber das alles ist ja so nebensächlich.
Ich umarme und grüße Dich herzlich
Deine Sigrid

Der für mich erschreckendste Satz ist dieser: *Eine sehr einstimmige Meinung herrscht hier über die Folgen und Ausmaße des jetzigen Krieges, besonders sehen alle darin die Rache für unsere Grausamkeiten den Juden gegenüber.*

Da ist kein: *Und stell Dir vor, Mutti, die sagen hier, wir hätten den Juden was angetan! Weißt Du davon was?*

Nein, die Kenntnis wird vorausgesetzt – weil sie es alle wussten hierzulande! Erst nach der totalen Kapitulation am 8. Mai 1945 setzte die große Verdrängung ein, die bis heute unsere Psyche schlaucht und mich meinen Volksgenossen gegenüber sehr misstrauisch gemacht hat.

Schon einen Tag vor Sigrids Brief ist Hans Frank, aus Bad Aibling von seiner Lilly kommend, in Neuhaus am Schliersee eingetroffen und hat im Josefstal seine neue Dienststelle bezogen. Wo er auch wohnt. Brigitte erfährt es, auch wir Kinder wissen es. Ich kann mich allerdings nicht mehr daran erinnern. Gitti und Michel, 8 und 10 Jahre alt, leiden: Der Vater lebt in zwei Kilometer Entfernung und will uns nicht mal sehen!

Zunächst muss er dort für seine wohnliche Ausstattung sorgen. So schreibt sein Kunstbeauftragter Palézieux an einen Herrn Sylvester Hupfloher in München am 21. Februar 1945: *Ich fordere Sie hiermit auf, folgende in Ihrer Verwaltung befindlichen Gegenstände aus dem Besitz des Herrn Generalgouverneurs jederzeit zur Abholung durch einen von ihm Ermächtigten bereitzuhalten.*
Ein Radioapparat, italienisches Fabrikat
Eine Auto-Pelzdecke, gezeichnet H.F.
Ein Herrenfahrrad mit elektronischer Beleuchtung
Ein Damenfahrrad
Eine holzgeschnitzte Figur (Johannes)
Ein Kruzifix aus Metall
Ein Kraftfahrzeugbrief
Eine Kraftfahrzeugzulassung
Ein Kraftfahrzeugschein und
zwei Schlüssel von dem PKW I Ost 10. Außerdem den Schlüssel zur Reichsautobahn München-Sauerlach, den Sie seinerzeit gegen Quittung erhalten haben.

Das gibt's doch nicht! Einen Schlüssel zur heutigen A 8! Was gäb's heutzutage für endlose Warteschlangen! Vor allem, wenn der vor einem sagt: »Ich hab' meinen Autobahnschlüssel vergessen – kann ich ganz dicht hinter Ihnen mit durchwitschen?«

Am gleichen Tag setzt sich Vater selbst hin und lässt wieder etwas aus einer inneren Kälte raus, das mich noch heute verletzt:

Liebe Mama!
Ich bin nunmehr nach Überwindung kolossaler Schwierigkeiten in Neuhaus bei Schliersee, Josefstalerstraße 12, Haus Bergfrieden, untergekommen und habe mir hier eine kleine Dienststelle errichtet. So ist also nun zurzeit das schöne Generalgouvernement mit allem dahin.
Ich bin fest überzeugt, dass wir den Ansturm der Russen überwinden werden und dass dann bald eine glücklichere Zeit kommt. Drum Kopf hoch und mit Vertrauen weitermarschiert.

Norman wird voraussichtlich in den nächsten Tagen einrücken. Er befindet sich zurzeit mit den anderen Kindern am Schoberhof. Dort herrscht dicke preußische Luft. Ich fahre heute Abend wieder einmal auf einige Tage nach Aibling zur alten Lilly, mit deren Mann ich zurzeit fast besser stehe wie mit ihr selbst. So komisch ist das Leben. Lilly ist ein lieber herziger Mensch und hat mich mit aller Güte und Fürsorge aufgenommen. Sie ist mir im Innersten aufs herzlichste verbunden. Aber Du weißt ja, sie hat es auch mit mir sehr schwer. Aber Rache muss sein, hätte sie mich vor 25 Jahren geheiratet, wäre alles gut, auch für sie.

Mutter bettelt für die gemeinsamen Kinder um einen Besuch, er will die *dicke preußische Luft* partout nicht inhalieren, lebt wieder Mal, wie Mutter ihm schon mehrmals vorgeworfen hatte, nur seinen Trieben. Wobei die sich jetzt mehr auf Lillys Ehemann zu richten scheinen. Der Arme hat sich von ihrem Nazi-Bonzen-Geliebten schon seit zwei Jahren mit seltenen Briefmarken bestechen lassen.

Bis zum 1. März wird er sich dort verlustieren. Bevor er sich nach Bad Aibling begibt, schreibt er am Abreisetag noch seinem Freund Othmar Schrott-Vorst, dem Bildhauer mit besten Kontakten zu den Nazi-Machthabern:

Lieber Othmar!
Ich selbst habe nunmehr nach dem schrecklichen Angriff der Russen gleichsam über Nacht Krakau und Kressendorf verloren. Ich habe nunmehr in Neuhaus bei Schliersee, Josefstalerstraße 12, Haus Bergfrieden, eine Ausweichstelle bezogen, wo ich meine Abschlussarbeiten vollführe. Du würdest, wenn Du einmal hierherkommen solltest, viele alte Bekannte von Krakau und Warschau wiedersehen. Meine Tochter Sigrid ist als Schwester des Roten Kreuzes in einem Kriegslazarett tätig. Norman, der mit 16 Jahren das wehrfähige Alter erreicht hat, wird in den nächsten Tagen einrücken. Den drei kleinen Kindern geht es gut, sie leben am Schoberhof, den Du ja kennst.
Mit freundlichsten Grüßen, in der Hoffnung auf ein baldiges Wiedersehen, zumindest aber auf einen Brief von Dir, bin ich in alter Verbundenheit
stets Dein
Hans

Der Wawel – die Burg in Krakau, Hans Franks Dienstsitz.

Hans Franks Wochenend Schloss Kressendorf mit Hakenkreuzfahne.

Kein »leider« für Sigrid, keines für Norman, dafür hohe Worte für sich selbst. Er *beendet* nicht seine Abschlussarbeiten, nein, er *vollführt* sie.

Mit poetisch gespitzten Lippen reimt er an seinem »Bergfrieden« Schreibtisch zu Sigrids 18. Geburtstag am 17. März 1945:

Frühling 1945
von
Hans Frank

Die Blüten leuchten auch durch diese Zeit
Die Farben strahlen aus der Sonnenewigkeit –
Die Düfte linder Frühlingspracht erquicken Dich und mich
Im Glanze jungen Werdens schmückt unsere Erde sich.
Die Vögel kehren mit neuen Liedern zum frischen Grün
Und singen, was sie lernten an frohen Melodien
Sie zwitschern täglich süßer und bauen sich das Nest
Unmusikalisch knurrt Herr Winter. Hinschmilzt des Eises Rest.
Was soll doch all' das Sprühen und Glühen der Natur?
Erscheint uns Armen aus dieser Not der Rettung Spur?
Ich will es nicht entscheiden. Gott weiß da besser Rat!
Er ist der Herr des Lebens, des Sterbens und aller Tat.
Er mag es füglich wenden, das Grauen seiner Welt
Die mitten in den jungen Tag das schwerste Elend gellt
Und doch. Und ja. Frag doch Dein Herz, oh frag!
Er kommt, er naht, der Gnaden großer Tag!
Ein Frühling soll dann werden, so frisch und neu,
Dass jeder hier auf Erden wie eine Blume sei –
Die tief verwurzelt in dem düstern Erdenschoss
Erlöst und glaubensfroh empor sich richtet schmerzenlos
Oh Mensch! Oh Kind! Die Schreckensnacht: Sie weicht!
Oh Mann! Oh Weib! Des Unheils Grauen: Es bleicht!
Erhebe Dich aus diesem Joch der tiefsten Qual
Wie eine Blüte Gottes demutsfroh zu seinem ewgen Lebensstrahl

Warum hatte er in den ersten beiden Strophen nicht so losgelegt:

Die Toten keuchen auch durch diese Zeit
Geschundne strahlen aus der Sonnenewigkeit –
Die Düfte vieler Öfen erquicken Dich und mich
Im Glanze unsres Mordens drückt unsere Erde sich.
Die Deutschen kehren mit neuen Lügen zum frischen Grün
Und singen, was sie lernten an falschen Melodien
Sie zwitschern täglich übler und bauen sich das Nest
Unmusikalisch knurrt die Wahrheit, Hinschmilzt der Juden Rest.

Und so weiter. Dass ich acht Tage zuvor sechs Jahre alt geworden war, hat ihn nicht mal zu so einem Gedichterl gereizt:

Mein gülden haariges Nikilein,
Das böse Brillentöterschwein,
Es wird nun sechse ganze Jahr,
Was sollte mich das kümmern gar?
Bin ich sein Vater – ich hoff's nicht,
Dafür ist mir sein Hirn zu schlicht,
Nur seine Augen fürchte ich,
Am Ende gar durchschau'n sie mich!

Als Reichsminister bekam er noch immer täglich, wenn auch manchmal verspätet, eine ausländische Zeitung, in der er die Fortschritte der alliierten Armeen auf deutschem Boden verfolgen konnte. Vielleicht stand gerade an diesem Tag Neues über sein verlorenes »Reichsnebenland« drin, vielleicht gar etwas über die Vernichtungslager, für die er politisch verantwortlich gewesen war. Vielleicht war genau das der Anlass für seinen Ausbruch an kurzfristiger Ehrlichkeit gegenüber Lilly in einem Brief vom 28. März 1945: *Dabei denke ich nur an das äußerliche der allgemeinen Situation, an der ich mein nicht wegdeutbares Teil grässlicher Schuld in mich täglich mehr quälender Weise aufsteigen spüre.*

Einmal echt! Einmal sich geöffnet haben!

Dann muss er per Post wieder mal eine Notiz von Brigitte aus dem Schoberhof bekommen haben: *Niki ist schon ganz aufgeregt. Leider hat er ab heute Morgen Halsschmerzen. Auch Norman fühlt sich nicht wohl. Herzlichst Brigitte*
Sollen wir heute heizen, ab wann?

Also kommt er tatsächlich zu uns auf den Schoberhof. Wir müssen begeistert gewesen sein: Endlich ist Vati da! Warum ich aufgeregt war, weiß ich nicht mehr. Aus dem Brief an seinen Freund Karl Schauwecker vom 31. März 1945 geht allerdings hervor, dass es zwischen Brigitte und ihm wieder stürmisch zugegangen sein muss, was für mich aus dem kleinen Hinweis *ruhige Stunde* ersichtlich ist:

Lieber Karl!
Gestern saß ich in einer ruhigen Stunde auf dem Balkon meines Hauses (Schoberhof) in Fischhausen, zu dem ich hier von meiner Geschäftsstelle in Neuhaus, Pension Bergfrieden, einen Marschweg von etwa 25 Minuten habe, und packte eine Schachtel aus mit Fotografien, Briefen, Zeitungsausschnitten, schriftlichen Werken aller Art usw., die mir als Nachlass meines am 15. Januar dieses Jahres friedlich verstorbenen Vaters übermittelt worden war. Darunter fand ich zu meinem ganz besonderen Entzücken fünf Briefe aus Deiner Studentenzeit an mich aus den Jahren 1921/22. Ich habe sie andächtig als Symbole ewigen Jugendringens gelesen, und dieweilen mich ein unwahrscheinlicher Frieden der Natur umgab, kam mein Herz in Bewegung in der Rückschau auf alles, was uns in der Jugendzeit verband. Man ist ganz eigenartig überrascht über das von uns seinerzeit gepflegte Ausmaß der Bedeutung des »Persönlichen« schlechthin. Wie stark war damals der Kräftestrom, der sich ausschließlich um das Werden des Individuums bot.
Ich habe zwar in den Papieren meines Vaters eine Dich im strammen militärischen Gewand zeigende Reiter-Fotografie gefunden: Im Hinblick aber auf die Notwendigkeit der Erhaltung Deines kriegsgeeigneten Ansehens vor Frau und Familie unterlasse ich die Übersendung derselben.

Die unschuldige Vergangenheit lässt ihn träumen – und hoffen, sodass er sogar wieder seinen Witz auspacken kann und Karl verspricht, dessen Reiter-Foto nicht abzuschicken, damit er nicht doch noch zum Volkssturm eingezogen wird. Oft denke ich mich in seine Situation hinein, erfahre in mir selbst – nachempfindend – diese plötzliche Aufwallung im Hirn: Es wird doch noch alles gut!

Am 10. April 1945 wendet er sich schriftlich an Hans Pfitzner, den berühmten Komponisten:

Hochverehrter Meister!
Die Zeitumstände erlauben es mir leider beim besten Willen nicht, Sie an Ihrem Krankenlager zu besuchen, obwohl ich in herzlichster Anteilnahme Ihnen gerade in Ihrer schweren Krankheit besonders nahe bin.
Ich schicke Ihnen heute einige Flaschen Alkohol von dem wenigen, was ich aus Krakau geborgen habe. Möge er Ihnen schmecken, mögen die Flaschen zu Ihrer baldigen Gesundheit, die ich in besonderer Herzlichkeit erwarte, beitragen und möge damit Ihnen die Gewähr gegeben sein, eine neue Reihe glücklicher Schöpfungsjahre zu eröffnen.

Das muss unsere Mutter sehr geärgert haben, denn seitdem die Zeiten selbst für die Königin von Polen rauer geworden sind, trägt sie immer an einem Band um ihre Hüfte alle Schlüssel des Schoberhofs. »Sie war damals sehr geizig«, erzählt mir Jahre später eine ihrer besten Jugendfreundinnen, die wir »Tante Margot« nannten. Wein hergeben und Schnaps für so einen versoffenen Notenschmied, dessen Melodien nicht nachzusingen und nicht so eingängig sind, wie Claire Waldoffs *Sabinchen war ein Frauenzimmer,* das sie hin und wieder ihren drei jüngsten Kindern vorsingt! Wir liebten es, und *Sabinchen* sollte auch heute bei keiner guten Kindererziehung fehlen. Für Hans war das freche Lied sicher zu schamlos. Vielleicht erinnerte ihn sein Inhalt an seine eigenen Diebereien, denn Sabinchens Liebhaber stiehlt von ihrer Herrschaft sechs Silberlöffel, sodass ihre Dienstherrschaft sie entlässt. Vielleicht mochte er das Lied aber auch deshalb nicht, weil ihn das Ende des Lieds zu sehr aufreizt, es dem Dieb mit seiner Brigitte gleichzutun. Denn der tötete Sabinchen, *schnitt ihr ab den Schlund.* Mutter überlebte, Hans tat es nur noch eineinhalb Jahre lang. Noch einmal ließ er seine Beziehungen spielen:

An die
DRK-Helferin Sigrid Frank
(11a) Reichenberg/Sudetengau
Lehrerbildungsanstalt Feldpost-Nr. 124 99

Nach Rücksprache mit Herrn Oberstabsarzt Nobeling habe ich heute Deine Versetzung in das Reserve-Lazarett Schliersee als DRK-Helferin sowohl bei dem zuständigen Generalarzt Beyer als auch bei Generaloberarzt Kittel beantragt. Du kannst hier jederzeit Deinen Dienst antreten. Welche Schritte Deinerseits dort unternommen werden müssen, überlasse ich Dir.

Eine persönliche Anrede hielt er nicht für nötig oder für unangebracht bei einem offiziellen Schreiben.

Nobeling betrieb später seine Praxis in Neuhaus weiter, natürlich ohne seine martialischen Kriegstitel. Sie lag gleich links hinter der Brücke ins Josefstal. Dort half er auch mir, erstellte für mein Internat, in dem ich ab 1951 auf Föhr verzogen wurde, ein Attest gegen das Fischessen, was mich vom grässlichen allfreitäglichen befreite. Der Internatsleiter, Pastor Lohmann, wurde allerdings immer wütender. Zwei Jahre später gab er nichts mehr auf Nobelings sicher durch viele Forschungen gestützte Expertise, wie gefährlich doch Fisch für einen Ministersohn sei und zerriss vor meinen Augen das kostbare Attest.

Inzwischen mag ich Fisch.

Mein Vater aß am liebsten Steak und Salat. Das stärkte offensichtlich seine Lenden, denn aus für mich zwielichtigen Gründen kümmerte er sich plötzlich um die damals in Deutschland bekannte Sopranistin Carina Kutz, lockt sie am 10. April 1945 aus Berlin zu sich:

Sehr geehrtes Fräulein Kutz!
Ich wäre sehr dankbar, wenn ich erfahren könnte, wie es Ihnen geht. Ich bitte Sie, notfalls hierher nach Oberbayern zu kommen, wo ich imstande wäre, Ihnen ein Ausweichquartier zu beschaffen.
Dieser Brief dient Ihnen als Legitimierung bei allen Dienststellen, die ich ersuche, bei Ihrer Reise hierher Ihnen alle Hilfe angedeihen zu lassen.
Mit freundlichsten Grüßen,
Heil Hitler!
Ihr sehr ergebener
gez. Frank

Sie wollte sich ihm nicht ergeben! Auch in diese Volte meines sehr vom Sexus getriebenen Vaters kann ich mich hineinversetzen: Lilly ist in Bad Aibling nur schwer zu erreichen. Was sogar in seinem »Diensttagebuch« festgehalten ist und von den beiden Herausgebern Präg und Jacobmeyer so wiedergegeben wird: *16.3.1945 Frank begibt sich mit der Bahn »und teilweise zu Fuß« nach Aibling.*

Helene Kraffczyk wiederum ist ihm zu langweilig, weil vielleicht zu treu ergeben. Brigitte – oh Gott bewahre! Aber da war doch noch dieses Sopran-Luderchen...

Er hofft auf das Fräulein Kutz, schreibt dennoch scheinheilig an die Mutter seiner Lilly am 10. April 1945:

Hochverehrte Frau Geheimrat!
Frau M. Stock teilte mir mit, dass Sie unserem lieben, alten, hochverehrten Meister Pfitzner eine Flasche Wein gestiftet haben, um seinem dringenden berechtigten Alkoholbedürfnis in seiner schweren Krankheit zu entsprechen. Ich bin wahrhaftig gerührt über dieses angesichts der heutigen Mangellage besonders hoch einzuschätzende Entgegenkommen. Ich erlaube mir, Ihnen anbei in einem kleinen Päckchen die Gabe zurück zu erstellen.
Wie geht es Ihnen wohl immer? Lilly war so gütig, mir ein hübsches Quartier in ihrem Aiblinger Haus zu gewähren, in dem sie mich liebevollst umhegt, sodass ich mich nach den schweren Stunden der Krakauer Räumung glücklich geborgen fühle. Leider zwingen mich die schweren dienstlichen Aufgaben, die auf mir liegen, dazu, diesem großartigen Heim sehr häufig fernzubleiben.
Die deutsche Lage ist ernst, aber durchaus nicht hoffnungslos; noch haben wir viele Pfeile und Köcher.

Von wegen *schwere dienstliche Aufgaben!* Warum muss er sich noch immer dieses Lügengewand anlegen? Kein wirklich noch Mächtiger in Berlin will was von ihm. Das Raubgut ist untergebracht. Er sitzt stinkfaul, angststarr, im »Haus Bergfrieden«. Warum flieht er nicht? Hat er doch einen originalen Pass auf den Namen »Fischer«? Stattdessen schreibt er an May Stock:

Liebe Frau Dr. Stock!
Ich darf Sie bitten, überzeugt zu sein, dass es mir unendlich schwer ist, auf einen Besuch bei dem lieben Meister verzichten zu müssen. Ich habe daher einen kleinen Boten mobil gemacht, der etwas Alkohol an das Krankenlager von Meister Pfitzner bringen soll (fünf Flaschen). Wäre es nicht ein schönes Zeichen großer Menschlichkeit gewesen, wenn Meister Strauss einen Krankenbesuch bei Pfitzner gemacht hätte?

Er merkt, dass, je näher die Amerikaner rücken, sich desto deutlicher frühere Freunde von ihm zurückziehen. Strauss war einer von ihnen. Vater traut sich nicht, selbst den berühmten Komponisten zum Pfitzner Besuch aufzufordern. Obwohl der ihn sogar in ihren Freundestagen mit einem Liedlein bedacht hat, dessen Text mit *Wer kommt herein so frisch und rank, es ist der Freund, Minister Frank ...* beginnt. Immerhin zahlt sich der Ex-Generalgouverneur noch am 28. April 1945 sein gediegenes Gehalt nach und aus, wieder mal unter dem absurden Absender:

KANZLEI
DES GENERALGOUVERNEURS Neuhaus bei Schliersee,
~~Krakau Burg,~~ den 28. April 1945
Fernruf 15 000
Empfangsbestätigung
Bezüge des Herrn Generalgouverneur Reichsminister Dr. Frank für die Monate Februar und März 1945
Insgesamt RM 7 000,–
abzüglich geleistete Vorauszahlung „ 1 000,--
auszuzahlender Restbetrag „ 6 000,--

RM 6 000,-- (sechstausend Reichsmark) erhalten,
Frank

Und es wird noch absurder, muss doch der Herr Generalgouverneur seine Einnahmen noch anders steigern:

Mietvereinbarung
Die Kanzlei des Generalgouverneurs vermietet in dem Fremdenheim Bergfrieden an ihre Gefolgschaftsmitglieder folgende Zimmer an:
Landgerichtsrat Schüler Zimmer Nr. 8

Hans Frank im vollen Wichs des Generalgouverneurs.

Hausintendant Pfaffenroth Zimmer Nr. 5
Zahlstellenleiterin Schröer Zimmer Nr. 9
Sekretärin Kraffczyk Zimmer Nr. 6
Küchenchef Schäfer Zimmer Nr. 3
Zum Preise von monatlich 30.-- RM

Die Mieter sind verpflichtet, in ihren Räumen die Dienstgeschäfte abzuwickeln. Die Dienststelle vergütet ihnen dafür den Mehrbetrag, den sie an den Hausbesitzer zu zahlen hat.
Die Mieter sind verpflichtet, die Räume in gutem Zustand zu erhalten. Sie kommen für außergewöhnliche Schäden, soweit sie durch Vorsatz oder Fahrlässigkeit entstehen, auf.

Einen Saustall wie auf Schloss Seichau haben sie offensichtlich dieses Mal nicht hinterlassen, als sie nach Vaters Verhaftung aus »Haus Bergfrieden« flüchteten.

Zwei Tage nach der Mietvereinbarung verübte Hitler, als hätte er vom schändlichen Niedergang seines alten Kampfgefährten erfahren, Selbstmord. Im Rundfunk wurde gemeldet, dass er im Kampf gefallen sei. Und was macht Hans Frank? Er holt in der aller absurdesten Szene seine Untermieter vors Haus und vereidigt sie auf Admiral Dönitz, den vom Führer eingesetzten Nachfolger. Da hat selbst Koch Schäfer noch die Hand zum Schwur gehoben. Vielleicht haben sie auch alle den Dachauer Eid geschworen, der durch die zwei ausgestreckten Finger der linken Hand hinter dem Rücken ungebremst in die Erde fährt und damit ungültig ist. Gut 900 Kilometer entfernt ließ sich ab der Einsetzung ihres Ehemanns Frau Dönitz bis zu ihrem Tod mit »Frau Reichspräsident« anreden. Jedenfalls wollte sie mit einem englischen Reporter in den Endvierziger Jahren nicht weiterreden, wenn der sie nicht so titulierte. Sie müssen alle eine Meise gehabt haben, vor allem aber keinerlei Empathie mit ihren unschuldigen Opfern.

Admiral und Reichspräsident Karl Dönitz wird im Nürnberger Prozess wegen Verbrechen gegen den Frieden und Kriegsverbrechen zu zehn Jahren Gefängnis in Spandau verurteilt.

DIE LETZTE GEHALTSZAHLUNG

Hans Frank steht Schlimmeres bevor. Also zahlt er drei Tage vor seiner Verhaftung – es ist das letzte Dokument, das mir aus »Haus Bergfrieden« vorliegt – ausgerechnet seiner unterwürfigsten Geliebten und Sekretärin Gehälter nach, haut noch einen ordentlichen Vorschuss drauf:

Neuhaus, den 1. Mai 1945
An die
Kanzlei des Generalgouverneurs
Neuhaus
Da ich von der Dienststelle Ministeramt Reichsminister Dr. Frank infolge der Kriegshandlungen ab 1. April keine Gehaltszahlung mehr erhalten konnte, bitte ich mir das Gehalt von der Kanzlei des Generalgouverneurs in Neuhaus vorschussweise auszuzahlen. Ich bitte um eine Gehaltszahlung für April/Mai/Juni 1945 à 378,29 RM = RM 1134,87
Betrag erhalten
Helene K...
1.5.45

Am 3. Mai, einen Tag vor der Verhaftung ihres geliebten Chefs, diktiert sich Helene selbst die *Empfangsbestätigung* für den Vorschuss und unterschreibt ihn:

RM 1135;-- (eintausendeinhundertfünfunddreißig Reichsmark)
Als vorschussweise Gehaltzahlung für Juli bis einschließlich September 1945 von der Kanzlei des Generalgouverneurs, Dienststelle Neuhaus, zur Verrechnung mit dem Ministeramt Reichsminister Dr. Frank, Berlin, erhalten.

Nun gibt es wirklich nichts mehr zu tun. In diesen letzten Wochen rückten die amerikanischen Truppen immer näher. Der Bericht des Schlierseer Pfarrers Adalbert Obermayr an seine Bistumsoberen vom Oktober 1945 schildert, wie das Schlierseer Tal am 3. und 4. Mai kapitulierte – ohne jede Rücksprache mit dem im Josefstal hinten hockenden Zwangsheimkehrer, dem Generalgouverneur und Reichsminister Dr. Hans Frank! *Merkwürdig,* staunt der Pfarrer, *plötzlich gab es keinen Nazi mehr!*

Nur noch den Frank. Die Schlierseer und Neuhauser sahen ihn wohl als ekelhafte Laus im zerrupften Schafspelz des untergehenden braunen Reiches. Vielleicht dachte Vater darüber nach und war von seiner plötzlichen Bedeutungslosigkeit peinlich berührt. Es war eine pfundige Zeit für Michel und mich! Mutter bestellte sich ein paar Damen, die ich noch heute vor mir sehe, wie sie gemeinsam weiße Tücher der Kapitulation zusammenhefteten. Einige von ihnen erlebten den 5. Mai 1945 als aufregendsten Tag ihres Lebens. Aber das wussten sie erst, als sie gelangweilt starben.

Der beißgenaue Beobachter Pfarrer Obermayr berichtet: *Nachdem die SA-Gruppenschule an der Straße nach Fischhausen von den Nazis und SS-Banditen, die alles liegen und stehen ließen, geräumt war, setzte am Samstag, 5. Mai, dort seitens der einheimischen wie zugezogenen Bevölkerung eine wüste Plünderei ein. Die Gebäudlichkeiten dortselbst waren nur mit dem besten Material und mit erstklassigen Einrichtungs- und Gebrauchsgegenständen ausgestattet. Es sollen 2000 SA-Mäntel (grün und aus bestem Stoff), feinste Wäsche und Leinwand wohlgeordnet und aufbewahrt vorhanden gewesen sein, dazu eine Menge Schreibmaschinen, 1 Rechnungsmaschine im Wert von 18000 M, Radios aller Größen, eingebaute Wasch- und Klosettschüsseln, eine Unzahl Rollschränke und Schreibtische, alles in bester Ausführung und dergleichen! In barbarischer Zerstörungswut wurde zerschlagen oder mehr oder weniger stark demoliert, was man nicht mitnehmen konnte. Mäntel und beste Wäsche wurden im Schmutz zertreten. Mit großen und kleinen Ziehkarren und bespannten Fuhrwerken wurde selbst von besseren und bemittelten Häusern und Familien weggeschafft, was nur wegzubringen war. Es sollen Werte von 2 Millionen Mark gestohlen oder zerstört worden sein, wie der Hausmeister der SA-Schule sagte.*
In einem Raum fand man einen Nazi und ein Weib tot, Schnaps- und Weinflaschen neben dem Bett; sie hatten sich jedenfalls in betrunkenem Zustand das Leben genommen: vermutlich waren sie ihrer religiösen Einstellungen nach »gottgläubig«, d. h. gottlos! Das zartfühlige Raubgesindel zog ihnen die Betten unter dem Leib heraus; tagelang lagen die beiden draußen am Boden, niemand achtete ihrer, bis sie endlich auf dem Gemeindefriedhof in Westenhofen verscharrt wurden.

Jene Gnadenlosigkeit, die ihnen seit 1933 beigebracht oder vom Nazi-Regime wieder ihrem Charakter entlockt und kultiviert worden war, zeigt

Ehepaar Frank mit ihrem jüngsten Sohn Niki, 1941.

sich bei den Schlierseern und Neuhausern am äußerst christlichen Umgang mit den zwei Toten. Erinnern daran mag sich keiner mehr. Nie hat mir einer in späteren Jahren erzählt: »Mei, war dös pfundig, wia mir die HJ-Schul' 'plündert ham! Und wia mir dene zwoa depperten Leich'n s' Bettzeug unter'm Arsch weg'zog'n ham!«

Vater war zu diesem Zeitpunkt schon von Brigitte verraten worden und in Haft.

Ich habe ihn noch aus diesen letzten drei Monaten in zwei Szenen in Erinnerung. Als uns am 12. April 1945 die Nachricht vom Tode des US-Präsidenten Franklin D. Roosevelt erreichte, war Vater gerade auf dem Schoberhof und sprang jubelnd durchs Haus, rauf in den ersten Stock, wieder runter, durch die Halle, in die Bauernstube. Wir lachten, Mutter strahlte. Immer wieder rief er: »Roosevelt ist tot, jetzt gewinnen wir den Krieg! Der Ami-Präsident! Endlich!«

Durch Vaters Wiederholungen prägte sich mir »Roosevelt« als erster Name eines ausländischen Politikers ein. Bis dahin kannte ich nur Hitler. Die Familie hänselte mich gutmütig immer wieder damit, dass ich, als er

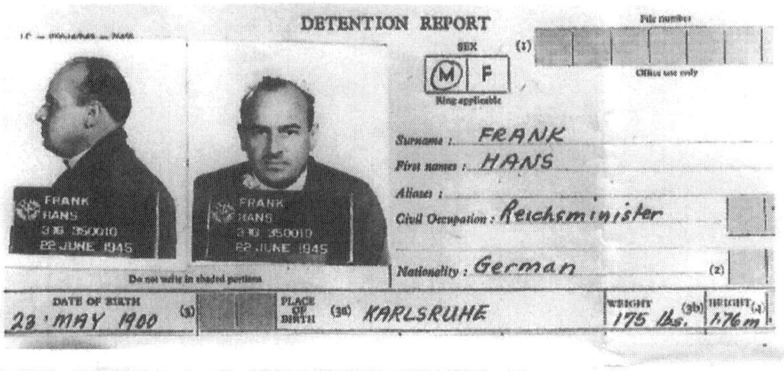

US-Army Erkennungsfoto von Hans Frank, dem »Butcher of Poland«.

im Rundfunk vom Einmarsch in Saloniki sprach, gesagt habe: »Führer spricht von Niki!«

Das zweite Mal, dass ich ihn mit strahlendem Gesicht aus den Monaten vor seiner Verhaftung in Erinnerung habe, war, als er im Schoberhof im Radio plötzlich neue Stimmen vernahm. Die *Freiheitsaktion Bayern* hatte sich Ende April 1945 des *Reichssenders Ismaning* bei München bemächtigt und verbreitete ihre Ansicht von einer demokratischen Zukunft. Ich höre Vater noch wie heute triumphieren: »Das ist doch genau das, was ich immer wollte!«

Unter anderem hatte die FAB am 28. April 1945 das Ende von Militarismus und Nationalsozialismus gefordert, den Aufbau eines Sozialstaates und die allmähliche Wiedereinführung der Presse- und Versammlungsfreiheit. *(Nach Wikipedia)*

Hat mein Vater demnach seine wütenden Reden gegen die Weimarer Demokratie nie ernst gemeint? Hatte Hitler alles falsch verstanden? Hatte er einen echten Demokratieverehrer in wichtige Funktionen geholt?

Ich kann mich nicht erinnern, wie und wann ich von seiner Verhaftung erfahren habe. Sicher war es spätestens am Tag darauf. Mutter wusste, dass es nun dahingehen würde mit ihrem Mann, hatte sie doch seinen Aufenthaltsort den zwei US-Offizieren verraten.

Die Familie erfuhr lange nichts mehr von oder über ihn. Zeitungen gab es im Durcheinander der letzten Kriegswochen nicht mehr.

Erst viel später erfuhr Mutter, dass er nach Tegernsee gebracht und dort von US-Soldaten, die gerade Dachau befreit hatten, als *Butcher of Poland* furchtbar verdroschen worden war.

TRÄNEN BEIM VERHÖR

Am 27. Mai 1945 wurde er im SEVENTH ARMY INTERROGATION CENTER verhört. Die Niederschrift trägt schon einen bezeichnenden Titel:

HANS FRANK CLAIMS INNOCENCE

So, so. Hat er nicht seiner Lilly von der »grässlichen Schuld« geschrieben?

»Source was captured at his estate at NEUHAUS/SCHLIERSEE by American troops. FRANK has attempted suicide twice after his capture. Weakened through loss of blood, he talks only with effort. Source is clever and, knowing the danger of his present situation in the light of his past record, is dramatic and persuasive in trying to vindicate himself. He now condemns the Nazi ideals.«

So, so, in dramatisch überzeugenwollender Weise versucht er sich zu rechtfertigen und verdammt die Ideale der Nazis.

»Source is familiar; through the press, with the accusations made against him as Governor General of Poland. He insists that he wanted only to further Polish interests, but that he always encountered difficulties, and had actually very little to say in the administration of the country.«

So, so, er wollte also nur in seinem Amt als Generalgouverneur die polnischen Interessen vertreten und hatte so gut wie nichts zu sagen. Zur Interessenvertretung gehörte demnach auch sein Satz: »Was nach dem Krieg mit den Polen, Ukrainern und was sonst noch hier rumläuft, geschieht, ist mir gleichgültig. Meinetwegen kann Hackfleisch aus ihnen gemacht werden.«

Für das Schlachthaus Polen macht er Himmler, Göring, Sauckel und den Generaloberst von Blaskowitz verantwortlich. Und mit den KZs und Vernichtungslagern habe er nun gleich wirklich durchaus gar nichts zu tun. Zunächst sagt er, dass er von Auschwitz nur insofern gehört habe, als da »von der Polizei Gefangene hingebracht« würden. Dann verstrickt er sich in Widersprüche, muss zugeben, dass er vom Vernichtungslager Majdanek sehr wohl gehört habe. Als er mit der systematischen Vernichtung von Juden im Generalgouvernement konfrontiert wird, wirft er sich in die Brust: »Als Rechtsanwalt war ich immer gegen die gesetzlose Missachtung und Töten von Menschen. Ich glaube, es hat ein geheimes Gesetz zur Vernichtung der Juden gegeben, dem nur Hitler, Himmler und Heydrich zugestimmt haben.« Schuld an der Judenvernichtung trüge neben den schon Genannten auch Globocnik.

Mit dem Ergebnis der von ihm als Verantwortliche bezeichneten muss mein Vater in seiner Zeit als Generalgouverneur doch sehr zufrieden gewesen sein, sagte er doch in einer Regierungssitzung: »Hier haben wir mit dreieinhalb Millionen Juden begonnen, von ihnen sind nur noch wenige Arbeitskompanien vorhanden, alles andere ist – sagen wir einmal – ausgewandert.«

Was manchem meiner Verwandten schier die Augen aus dem Kopf treibt, ist der Bericht eines Erich Schulze aus Ebenhausen in Englisch an die Amerikaner vom *7. Juni 1945:*

Report Nr. 14

Dr. Hans Frank II, former Governor of Poland, residing in Krakau, now in Allied custody, had a property in Herrsching on the Ammersee near Munich.

Here he was intimate friend with Dr. Julius Schwabe, Swiss citizen, residing at Arlesheim near Basel, who too had a landhouse in Herrsching. I know for sure, that Dr. Hans Frank gave in deposit with Dr. Julius Schwabe big amounts of money in Swiss Franks and other foreign valuta. Dr. Schwabe as Swiss citizen was able to bring or to transfer these sums – estimated more than a million Swiss Franks – to Switzerland.

I could not find out exactly in what name the money is deposited in Switzerland, but I suggest either in the name of Mrs. Frank – a bad and dangerous type – or in the name of Dr. Julius Schwabe, who by himself is Industrial.

Besides money other valuables (jewels, pictures, objects of Art were transferred in the same way.

Diese verfluchten Schweizer Banken haben also unseren Zaster! Und ein Dr. Schwabe besitzt widerrechtlich bis heute unsere widerrechtlichen Kronjuwelen und Kunstschätze!

Wenn's denn stimmt.

Wenn Mutter wirklich die Namensgeberin fürs Konto gewesen wäre, hätten wir sicher anders die Nachkriegszeit verbracht, und die ewig hungrigen Norman und Michel hätte nicht aufseufzen müssen: »Eingesperrt bei Wasser und Brot – wie schön wär das!«

Brigitte ein schlechter Charakter und gefährlich?

Erstes eher nein, zweites ja.

Erstaunliches erfahre ich aus dem nächsten Verhör meines Vaters vom 5. August 1945. Wie Pfitzner nach Alkohol, giert er plötzlich nach Wahrheit:

»Ich war so dumm all' diese Jahre. Wissen Sie, wir haben eine solche Schuld, we are so guilty!«, fügt er noch auf Englisch an. Wobei merkwürdig ist, dass er von »wir« spricht. »Schauen Sie, ich habe den Film von den Konzentrationslagern gesehen, den hat man mir gezeigt. Ich habe gesehen, wie man mit diesen Menschen umgegangen ist.«

Zu diesem Zeitpunkt sind die Top-Nazis schon im luxemburgischen Mondorf interniert. Als Abendveranstaltung ist ihnen anscheinend jener Film vor die schuldigen Augen gekommen, der später auch im Nürnberger Gerichtssaal vorgeführt wird. Oder hatte er als *Butcher of Poland* eine ganz private Sonder-Gala-Aufführung erlebt, wofür das »ich habe gesehen« spräche?

Dann beschimpft er die dafür üblichen Verdächtigen und will aus seinem Herzen partout keine Mördergrube machen: »Also für mich war das ja eine furchtbare Qual diese ganzen Jahre. Aber der Führer hat mich ja degradiert, der hat mich ja rausgeschmissen. 1942 hat er mich einfach weggeschafft. Ich bin meiner ganzen Ämter in der Partei verlustig gegangen, weil ich ja immer protestierte gegen diese Art. Wir konnten ja gar nichts machen – Ich bin in den Keller geschmissen worden, ich bin geschlagen worden. Meine Papiere wurden mir abgenommen in Augsburg. Wir haben es ja auch getan, es ist überall schlimm! Was mich am meisten berührt« – *(weeps)*

Er weint. Was darauf hindeuten würde, dass er wirklich seine Fassade beseitigt und echt wird. Doch, was er oben sagt, ist auch wieder gelogen. Zwar wurde er nach seinen vier Reden, die er im Sommer 1942 an den Universitäten von Wien, München, Heidelberg und Berlin gehalten hatte, seines Amtes als Reichsleiter enthoben, musste seine »Akademie für Deutsches Recht« hergeben, hatte im Reich Redeverbot – aber behielt seinen Posten als Generalgouverneur! Dass er wirklich einen kurzen Gefängnisaufenthalt nebst Schlägen erlebte, scheint mir unwahrscheinlich, denn das hätte Mutter, die ihre Ohren überall hatte, sicher erfahren, vielleicht sogar von Hans selbst, um dadurch die Scheidung zu beschleunigen. Auf jeden Fall war Hitler über diese Reden mitten im Krieg, die eine unabhängige Justiz und die Unschuldsvermutung für jeden forderte, stocksauer. Nebenbei bemerkt: Mein Vater wollte nur seinem Ärger über Himmler Luft machen, der ihm dauernd in seine Regierung im Reichsnebenland hineinpfuschte. Eine wirkliche demokratische Justiz war nicht in seinem Sinn: Hitler sollte weiterhin oberster Gerichtsherr bleiben.

Bevor er wieder zu weinen beginnt, bricht ein Redeschwall aus ihm heraus: »Für mich ist das eine seelische Angelegenheit, ich bin ja katholisch erzogen. Ich bin so maßlos empört. Sehen Sie, ich war jetzt fünf Jahre auf meinem verkleinerten Posten drüben in Krakau, der undenklich schwierig war, weil die SS dort Sondervollmachten hatte und diese furchtbaren Gewalttaten verübt hat. Und ich musste nun immer und ewig gegen diese Leute den Kampf führen, um das Schlimmste zu verhüten. Ich habe den Kampf geführt gegen Widerstandsbewegungen und Juden.« *(Weeps)*

Frage: »Warum betrachten Sie sich als Kriegsverbrecher?«

Frank: »Ich betrachte mich deswegen als belastet, ganz offen gesagt, weil ich Hitler nicht erschossen habe. Ich – wir hätten den Mut haben müssen, den Mann zu beseitigen. Schauen Sie, der Hitler hatte die Kraft über die Menschen. Und der Einzige, mit dem er immer nie zusammenkommen wollte, war ich, weil er mich gefürchtet hat – weil ich ein Mann der ›Matthäus Passion‹ war. Ich hoffte den Führer auf einen guten Weg zu bringen.«

Nachdem er sich kurz zuvor zumindest als »belastet« bezeichnet hatte, fällt er nach einigen weiteren Frage wieder in seine Abwehrhaltung: »Die militärischen Kommandanten waren ganz unabhängig von mir. Stellen Sie sich mal vor, neben mir waren in Polen 1) die Vertreter

Göring in der Wirtschaft, auf die ich keinen Einfluss hatte 2) die Vertreter Himmler; was die Polizei, die Juden und Konzentrationslager anbelangt, hatte ich keinen Einfluss.«

Frage: »Was haben Sie denn gemacht?«

Die nun folgende Antwort meines Vaters muss man sich auf der Zunge zergehen lassen: »Ich habe die Post gehabt, die Eisenbahn, die Kultur, die Theater, die innere Verwaltung und durfte als Repräsentant auf der Burg sitzen und wurde in der ganzen Welt der Polen-Mörder genannt, weil ich den furchtbaren Titel ›Generalgouverneur‹ hatte.«

Der Titelträger wider Willen gibt seiner Ehefrau am 6. August ein erstes Lebenszeichen. Seit seiner Verhaftung am 4. Mai 1945 hatten wir nichts mehr von ihm gehört:

Meine herzliebe Brigitte!
Meine herzlichsten Gedanken sind Tag und Nacht bei Dir, mein liebes Weibelen und unseren lieben Kindern. Mir geht es vollkommen gut. Wie aber geht es Euch? Ich harre sehnlichst Eures Briefes. Bitte schreibt mir! In unbruchbarem Gottvertrauen lebe ich und weiß Euch alle im Gebet mit mir vereint. Prüfungen, die uns das Schicksal auferlegt, sind ernste Mahnungen für vielfache Fehler, aber der Allmächtige sieht in die Tiefe und kennt alle Wahrheit. Ich hoffe, dass Du, liebe Brigitte und alle Kinder auch gesund seid und stelle mir unser Zusammensein in unserem alten Schoberhof als hohe Krönung aller Hoffnungen vor. Du, liebe, gute Frau, Sigrid, Norman, Gitti, Michael und Nicki mit mir wieder zusammen: Mein Gott: Lass es noch einmal werden! Grüße alle Bekannten! Du aber und die Kinder seid auf das innigste geküsst von Deinem Hans, Eurem Vati

Die immer wieder aufblitzende Hoffnung des vormals nur für Bahn und Post im Generalgouvernement Zuständigen auf ein gutes Ende blitzt erstmals hier auf.

Wenn er in der Mondorfer Zeit nicht mit seiner Bibel über die Hotelterrasse schreitet, sitzt er in seinem Zimmer und schreibt in diesem August 1945 seine *Kinder- und Jugendzeit* auf. Auch das eine Flucht in die Unschuld, heraus aus der Wirklichkeit einer Gefangenschaft, deren Ausgang sehr ungewiss ist:

Von Nichtverwandten haben mir aus der Jugendzeit her durch ihren Tod besonderen Schmerz bereitet: Mimi Lersch. Sie starb im Alter von noch nicht ganz 14 Jahren im Jahre 1912. Wäre sie am Leben geblieben, wäre sie (in Pfeil dazwischen eingefügt das Wort:) *vielleicht meine Frau geworden. Es war schlechterdings das tiefstinnerste Liebeserleben in kindlicher Reinheit, märchenhaftem Glanz und doch menschlich wahrster Unerschütterlichkeit. Damals vermeinte ich, diesen Verlust der schönen Prinzessin aus Gotteshand, die unser himmlischer Vater leider so früh wieder zu sich nahm, nicht überleben zu können. Durch ihren Tod verfiel ich in schwere Trauer, und bis zum letzten Tag meiner Freiheit galt ihr Bild mir wie ein leuchtender Talisman. Am Tage meines Abschieds küsste ich es zum letzten Male. Mimi, meine Mimi – bald vielleicht sehen wir uns wieder: Was aus Deinem Spielpartner geworden ist – Ich werde ganz klein vor Dir sein, denke ich der Reinheiten, die ich verloren habe. Du, meine Mimi: Du leuchtest mir in meinem letzten Atemzug! Mögst Du, guter Engel Mimi, mir hold bleiben im Jenseits, wenn ich jetzt zu Dir komme. Dein kleiner Hans ist wieder ganz klein.*

WIEDERENTDECKUNG DER FAMILIE

Seinen Kuss auf Mimis Kinderbild drückte er an jenem letzten Besuchstag im Schoberhof, als er Mutter um 5000 Reichsmark bereicherte. Da hatte er sich oben in sein Arbeitszimmer verdrückt. Vielleicht hat er dort auch noch den offenen Kamin abgebusselt, auf den er doch tatsächlich großflächig herausgehoben seine Initialen *HF* draufmörteln hat lassen. Drumherum den deutschen Reichsadler.

Jetzt allerdings war er zum weinenden Suppenhuhn degradiert. Als solches veränderte er auch seinen Ton gegenüber Brigitte. Schon in der Anrede am 17. August 1945:

Meine herzliebe Brigitte!
Ich habe leider noch keine Nachricht von Euch erhalten und sorge mich daher außerordentlich über Dein und unserer lieben Kinder Schicksal. Mein Dasein fließt gleichmäßig dahin. Ich bin gesund. Ich habe an meinem Geburtstag Eure lieben Wünsche und Gebete geradezu seelisch verspürt. Bitte frage doch nach, ob Du mir eine Photographie von Euch allen

Gemütliches Beisammensein auf dem Schoberhof, ganz links Kinderschwester Hilde, vorn Niki, rechts von ihm Hans Frank, daneben Eherau Brigitte und Otto Wächter, Gouverneur von Galizien.

schicken kannst. Habt keine Angst um mich: Wir sind alle in Gottes Hand! Er wiegt die Herzen! Was machen Sigrid und Norman, Gitti, Michel und Niki? Unser Kleiner kommt jetzt in die Schule: Wie traurig, dass ich diesen Tag nicht bei ihm sein kann. Meine besten Wünsche: Gottes Segen geleite ihn! Ich schreibe zurzeit die Geschichte meines Lebens. Möge der Herr ein gnädiges Ende der Prüfungen geben!
Ewig, Dein Hans

Mutter muss gestaunt haben! Musste ihr Hans erst verhaftet werden, um seine Liebe zu Weib und Kindern wieder zu entdecken?

Auch seine Älteste beschenkt er am 2. September 1945 mit neuer Herzlichkeit:

Meine liebe Sigrid!
Neulich träumte ich so schön von Euch und sah Euch alle noch auf unserem lieben alten Schoberhof zusammen. Gott möge es geben, dass man Euch die Heimat lässt! Mir geht es gut. Voll gläubigsten Vertrauens blicke ich in die Zukunft. Ich weiß, dass Du nun der Mutti als unsere älteste Tochter in allem beistehst und Deine treue Hingabe ganz der Aufgabe gilt, auch Deinen kleinen Geschwistern die beste Kameradin zu sein. Das Leben hat uns jetzt in seine besondere harte Prüfung genommen, und gerade dieser Umstand, Euch jetzt nicht helfen zu können, bereitet mir schwerste Qual. Aber in unserem alten Glauben steckt Weihe und Kraft – und so, meine liebe Sigrid, bitte ich auch Dich, immer ein frommes gutes Mädchen zu bleiben, auf dass die Eltern stolz sind. Das weiß ich aber von dir und so grüße und küsse ich Dich heute besonders, Dein Vati

Er schreibt zunächst ins Leere, bekommt keinen der Briefe ausgehändigt, die ihm Brigitte umgehend schickt. Ärgerte sich der Zensor über den Inhalt? Am gleichen Tag wie an Sigrid schreibt er wieder an Brigitte, dieses Mal baut der Gefangene die in Freiheit Lebenden auf:

Liebe Brigitte!
Meine Gedanken weilen in gläubiger Ruhe bei den ewigen Werten des Lebens, und dabei seid Ihr alle, die Ihr mir jetzt zurzeit getrennt seid, in herzlicher Verbundenheit nahe. Was immer auch jetzt Dein Leben mit Sorgen durchzieht: Es kommen auch wieder glücklichere Zeiten. In Gedanken sind sie oft schon da. Mir geht es gut. Herzlichst grüße und küsse ich Dich und die Kinder.
Dein Hans

Das kann ich nachvollziehen: Nachdem er mit Sauckel oder Göring, Dönitz oder Speer den Abend im Hotel vertändelt hat, sitzt er wieder allein in seinem Zimmer, und aus der Einsamkeit blüht eine verzweifelte Hoffnung auf. Nach Sigrid kommt nun am 9. September 1945 Norman dran:

Mein lieber Sohn Norman!
Ich sehe Euch alle immer noch so zusammen, wie ich Euch zuletzt am Schoberhof noch sah – ein Bild, das ich wie heilig in meinem Herzen trage. Die arme vielgeplagte Mutti wird Dich jetzt dringender denn je um sich brauchen, und ich bin einigermaßen beruhigt, dass Du ihr wohl besonders in der schrecklichen Zeit, die über uns gekommen ist, treu und aufopfernd tapfer zur Seite stehst, denn Du warst nur immer ein guter, lieber, frischer Bub – und so wirst Du Dich, je mehr Du Dich der Männlichkeit in Deinem Alter näherst, auch gerade darin bewähren, im entsetzlichen Zusammenbruch unserer Geschichte die familiäre Urgemeinschaft Deines Elternhauses als heilige Aufgabe in der Tat anzusehen! Eure schwere Jugend hat Euch das Schicksal und das völlige Versagen meiner Generation auferlegt. Beginnt das Neue Leben mit Demut und weihevoller Güte! Herzlichste Grüße und Küsse an alle.
Ich küsse Dich – ewig Dein Vati

Hätte er nach seiner Flucht aus Krakau auf dem Schoberhof mit uns gewohnt, wären ihm viel mehr Bilder im Hirn geblieben! Besonders ärgert mich der Satz, mit dem er sich in eine Reihe mit uns stellt: *besonders in der schrecklichen Zeit, die über uns gekommen ist.* Er hatte offensichtlich nie etwas damit zu tun, dass diese *schreckliche Zeit* über uns gekommen ist.

Zumindest hat diese *schreckliche Zeit* dafür gesorgt, dass er seiner Gattin nah und näher zu rücken scheint. Zugleich kommt er immer öfter mit der katholischen Kirche an, wenn er Brigitte, gleichfalls am 9. September 1945, schreibt:

Meine herzliebste Brigitte!
In innigster Liebe denke ich an Dich und unsere lieben Kinder und harre in Gottvertrauen der Entwicklung des Schicksals. Auf Dir lastet nun die furchtbare Last der Zeit im Dienste unserer Familie ganz allein: Es ist die härteste Prüfung unseres Lebens über uns gekommen, und mit tiefen letzten Tönen pocht das Schicksal im Gewissen und Herzen. Bleibe stark und tapfer wie Du es ja immer warst, wahre den Glauben der heiligen Kirche – und dann wirst Du mit den Kindern alles überstehen!

Brigitte und Hans Frank im ersten Jahr ihrer Ehe 1925.

Sieben Tage später verdreht er sehnsüchtig die Wahrheit ihrer kaputten Ehe ins Überirdische:

Meine liebe Brigitte!
Ich sende Dir heute einen herzlichen Sonntagsgruß! Wenn ich so unser ganzes Leben immer wieder an mir vorbeiziehen lasse, danke ich dem Schicksal, dass es mir in Dir, meine geliebte Brigitte, eine so liebe, aufopfernde, klare und gesegnete Frau geschenkt hat, und dass Du all' die vielen Jahre mir in all' meinen Schwierigkeiten so treu und verständnisvoll zur Seite ausharrtest. Ich danke Dir in tiefer Ergriffenheit dafür, möchte Deine Hand nehmen, um mit Dir noch einmal in unseren alten Dom zu München zu schreiten wie damals an unserem Hochzeitstag! – Das Leid, das nun Gott der Herr über uns alle so schwer verhängt hat, soll uns läutern, seines Segens würdig machen. Deshalb wollen wir es in Demut tragen und seiner Gnade vertrauen! – Ich bin gesund, arbeite manches Schriftliche und lebe im Geist innigst bei Euch allen, bei Dir, meiner guten lieben

Frau und bei unseren süßen Kindern. Du, liebe Brigitte und unsere »Fünf«, seid innigst gegrüßt und geküsst von Eurem Vati, Hans

Anscheinend hat Oberst Andrus, der Gefängniskommandant von Nürnberg, seine Gefangenen angeschnauzt: »Heute ist Sonntag, heute wird an die Familie zu Hause geschrieben! Und ja keine schmierigen Schuldeingeständnisse mehr, gell, Hans Frank?«

Jedenfalls schreibt der nicht nur an seine Brigitte, sondern danach auch an Michel:

Mein liebes Söhnchen Michel! Heute will ich Dir einen herzlichen Kartengruß schicken. Immer denke ich an Euch, und dabei fällt mir auch mein guter, lustiger Michel immer wieder ein, den ich so lieb habe und den mit den Anderen bald wieder zu sehen mein innigster Wunsch ist. Wie geht es Dir, mein süßes Bübchen? Bist Du brav und folgst Du der Mutti? Wie geht es in der Schule? Herzlichst umarme ich Dich, Du guter Bub. Innig Dein Vati

Michel mit Mutter Brigitte um 1942.

Das *süße Bübchen* hatte etwas ganz anderes, vor allem nichts *Braves* im Sinn. Vermutlich aus unendlichem Schmerz ob des fehlenden Vatis, der zuvor erlebten Widrigkeiten in der Familie, riss er kurz vorm Schnapperwirt von hinten Mutters Leiterwagen, den ich mit den Füßen an der Deichsel steuerte, rechts rum, sodass ich unter das Pferdegespann eines Bauern raste. Noch heute wölben sich über mir die riesigen Beine der Haflinger, und ich höre ihr erschrockenes Aufwiehern. Ich krabbelte unverletzt raus, Michel stand unschuldig tuend an der anderen Straßenseite, während der Bauer mit den schönsten bayerischen Flüchen den Leiterwagen hervorzog und ihn im hohen Bogen neben Michel in den Straßengraben warf.

Michel schwor, es sei keine Absicht gewesen. Heute kann ich seine Untat verstehen: Dieser psychische Druck auf seiner Seele, aufgebaut durch die ewige Abwesenheit des über alles geliebten »Vatis«, erst recht nach seiner Verhaftung, dazu die plötzlich äußerst karge Ernährung, Zurücksetzungen durch vormals enge Freunde und deren Familien und vor allem dieser doofe, zu Hause alles schweigend beobachtende Niki, den er wie rasend im Leiterwagen die leicht bergab führende Straße zum Schliersee hin anschob, da musste doch ein Ausweg sein aus der inneren Seelennot. Also, da reiß ich jetzt doch mal den Leiterwagen rum...

Auch ich werde an diesem Sonntag von Vater bedacht:

Mein liebes Bübchen Niki!
Du gehst wohl schon in die Schule, und da möchte ich Dir meine herzlichsten Grüße und Wünsche schicken! Ich denke viel und herzlichst an Dich, der Du so ein braver, guter und kluger Bub bist. Möge der Himmel so wie Deinen Geschwistern auch Deinen Lebensweg in Gnaden behüten, möge er auch Deine Arbeit segnen und Dich zu einem tüchtigen braven Mann, der auch seiner lb. Mutti immer beisteht, aufwachsen lassen.
Herzinnigst küsse ich Dich, lieber Niki! Dein Vati

Natürlich weiß ich seinen Stempel *klug* für mich richtig zu interpretieren: Was einem letztlich suspekt ist, wird in die Kategorie »klug« verfrachtet. Auch beim Brief an seine Frau hat er dieses Wörtchen verwendet. Eine Metapher für: »An die komm ich nicht ran! Die sind mir unheimlich.«

»EINE SEELE VOLL ZUVERSICHT«

Ich habe keine Erinnerungen mehr an seine Briefe an mich, obwohl sie mir immer vorgelesen wurden. Wenn allerdings aus irgendwelchen Gründen Mutter nicht anwesend war, übernahm Norman diese Aufgabe und machte sich ein Vergnügen daraus, Michel und mir gänzlich andere Vati-Sätze vorzulesen. Zum Beispiel hätte Vaters Brief an mich bei Norman vermutlich so gelautet:

Mein liebes Rotzbübchen Niki!
Du bist, wie ich höre, der faulste Strick in der Schule, popelst ständig und hast, wie mir Norman schrieb, ständig schmutzige Fingernägel! Ich denke deshalb viel und schmerzlichst an Dich Oberpopler, der Du so ein dürrer, Äpfel klauender Mistbub bist …

Dann hab ich natürlich gelacht und um die richtige Version gebettelt.

Mutter schreibt ihrem Hans am 17. September 1945 einen weiteren Durchhaltebrief, der zugleich auch die letzten Stunden auf unserem geliebten Schoberhof beschreibt. Ich kann die befreiten Zwangsarbeiter rings um Iwan gut verstehen: Ein Rachedurst, der allerdings auch die ihnen bekannten Gebote rings ums Stehlen trocken schluckte:

Mein lieber, geliebter Hans!
Meine Seele ist so voller Zuversicht und Glauben, dass Du wieder zu uns kommen wirst, dass ich mir wünsche, auch Dich werde dieser Glauben stärken. Je mehr mich alle Menschen in dieser schwersten Zeit enttäuschten, umso stärker ist mein Glaube und mein Vertrauen in den Herrgott. Mein Leben ist nur noch ein Gebet für Dich. Ich war glücklich, als ich hörte, dass Du geistlichen Beistand verlangst. Fühlst Du, mein lieber Hans, dass ich Dir nahe bin? Am 22. August mussten wir den Schoberhof verlassen, und unter Mühe konnte ich etwas Geschirr mitnehmen, nicht einmal Betten bekamen wir, so dass wir erst alle auf der Erde lagen im leeren Haus von Kleinheisterkamp. Gute Menschen haben uns einige Matratzen geliehen. Du würdest mich kaum wiedererkennen mit meinen 95 Pfund. Selbst die Skier sind beschlagnahmt, und Winterbekleidung besitzen wir, d. h. Sigrid, Norman und ich, gar keine, denn polnische Fremdarbeiter haben bei uns 7., 8. und 9. Mai alles geplündert, Kleidung, Wäsche, Schmuck. Wir liefen um unser Leben. Und überall stand man vor verschlossenen Türen. Menschen, die wir zu unseren Freunden rechneten, verschlossen ängstlich die Türen. Obwohl sie bis zur letzten Stunde vor der Besatzung unsere Freunde waren. Nun hoffe ich, aus dem Schoberhof wenigstens einige lebensnotwendige Sachen wie Betten zu bekommen.
Das Personal verließ uns natürlich. Iwan war ein großer Rädelsführer und führte Polen und Russen zum Plündern. Norman geht täglich in den Wald Holz schlagen, von der Gemeinde aus. Wenn er auch ganz abgerissen ist,

sieht er doch wie ein Lord aus. Oft weine ich ihm nach, wenn ich ihn mit seiner Säge über der Schulter abziehen sehe am frühen Morgen.
Er ist sehr mit Dir verbunden, Hans, und leidet sehr unter Deinem Schicksal. Einen unerschütterlichen Glauben hat er an ein gutes Ende all dieses Schreckens. Er hofft so auf einen gerechten Richter u. Deine Verteidigung. Sigrid war in Miesbach beim CIC beschäftigt. Landsleute haben es fertiggebracht zu intrigieren. Fast jeder einzelne Amerikaner war nett zu uns. Sigrid bekam sogar Heiratsanträge. Sigrid kam wegen ihres guten Englisch und ihrer netten aufrechten Art zu dieser beneidenswerten Stellung. Man schätzte sie dort sehr. Heute ist Nikis Schulanfang. Soweit wir konnten, erfreuten wir ihn mit einem Kuchen und einigen von Amerikanern geschenkten Orangen. Er war selig.
Täglich sprechen wir von Dir, und Du bist immer mitten unter uns. Wollen wir in dem Bewusstsein der Zusammengehörigkeit alles Schwere auf uns nehmen, mein lieber Hans. Von den Menschen haben wir wohl z. Zt. nicht viel zu hoffen. Eine Welt ging für uns alle in Trümmer, aber, mein geliebter Hans, glaube mir, eine schönere wird uns erstehen. Und das wird unsere Welt.
Dein
Weibelen

Und seitwärts:

Wir alle lieben Dich und küssen Dich, mein lieber, lieber Hans! Bleibe stark!

Weiß der Himmel, wie die Post arbeitet oder Oberst Andrus fies Briefe zurück hält: Noch immer hat Hans Frank keine Nachricht von seiner Familie, als er ihr – wieder an einem Sonntag – am 24. September, über vier Monate nach seiner Verhaftung, schreibt:

Meine liebe Brigitte!
Ich will Dir heute wieder in herzlichstem Gedenken meine Sonntagsgrüße schicken, Dir sagen, dass es mir gut geht und dass ich Euch in inniger Liebe verbunden bleiben werde bis zum letzten Atemzug. Ob und wann wir uns wiedersehen werden, steht allein in Gottes Hand und ich bin voll Vertrauen auf ihn. – Ich habe leider noch keinerlei Nachricht von Euch, weiß nichts von Eurem Schicksal – das wichtiger ist als das meine – und kann auch das nur in Geduld ertragen. In diesen Monaten der Qual, deren Ende

sich nicht absehen lässt bei dem Hass der Menschen gegeneinander – hierin sind alle gleich! – bin ich zutiefst wieder zu mir selbst gekommen! – Wenn ich wüsste, wie es Euch geht, dann könnte ich sogar lächeln über das furchtbar sinnlose Treiben der Menschen auf dieser Erde.

Am gleichen Tag schreibt er auch wieder an Norman. Auch hier kommt seine momentane Verzweiflung durch:

Mein lieber Normi!
Ich schreibe Euch zwar immer, bin aber ohne jedes Wissen über Euer Schicksal. Ob wir uns jemals wiedersehen, hängt allein von Gott ab. Sollte das Schlimmste geschehen, dann wirst Du als mein ältester Sohn in deutscher Manneswürde der Mutti und die lb. Sigrid in der treuen Sorge für unsere Kleinen aufopfernd beistehen: Das weiß ich! Hilflos ist nur der Glaubenslose. Beachte wohl, dass mir in meiner jetzigen Verlassenheit nur dieser Glaube hilft. Herzlichst umarme ich Dich und grüße alle!
Ewig Dein Vati

Jetzt setzt sich auch mein Bruder Michel hin und wird sicher vom Zensor verdächtigt, in seiner eigenwilligen Rechtschreibung geheime Nachrichten zwecks Befreiung des geliebten Vatis zu senden, wie: *Lieber Vati, die stille Hilfe steht schon bereit. Gudrun Himmler wird Dich mit einigen Kameraden ihres Vaters in einer Woche per Fallschirm befreien.*

Stimmt aber nicht, denn Michel krakelt aus ehrlichem Herzen:

Lieber Vati wie get es dir
Wir Wonen chetst bei Härddlein die Frauscherwehir ist so eine alte tatschen.
Sie schreit chete menute waß anderes, einmal wen ich vür die Mutti etwas Holzhole und einmal wen ich ihre mulige schaufel aus irenn Schupfen holl. Da hat sie so einen hörner Schliten mit dem duhen der Niki und ich immer mit spilen dann ruft uns die Mutti zum essen und wen sie sich sat gevresen hat dan kommt ein schnaufentes nashorn daher dan klopft sie an und sturmt herein, das ist ein unferschemtes Weib.
Vielle güse dein Michel

Endlich, am 1. Oktober 1945, kann Hans Frank erleichtert schreiben, nachdem ihm Briefe seiner Lieben daheim ausgehändigt worden waren:

Meine liebe Brigitte!
Heute weiß ich von Dir und unseren lieben Kindern, und wenn ich an Euch alle denke, ist ein inneres Zittern in mir, wie wenn ein wilder Bergstrom sich in die Tiefe stürzt. Am 8. hast Du Deinen Namenstag, und so möchte ich Dir heute meine herzlichsten Wünsche zu diesem Ehrenfest Deiner Namenspatronin senden. Bleibe mir und den Kindern, Du lieber guter tapferer Mensch und verständnisvoll verstehender aufopfernder Kamerad, erhalten. Indem ich Dir so vieles abzubitten habe, greife ich mit sehnsuchtsvollen Armen zu Dir über die leere graue Weite hinweg, die das Schicksal jetzt zwischen uns gelegt hat. Bleibe gesund und bestehe den Kampf! Gott ist mit Dir! – Wie das Leid scharfsichtig gestaltet und Eindrücke schärft, so verklärt und erleuchtet es.
Herzlichst umarme ich Dich und unsere lieben Kinder in unermesslicher Liebe. Dein Hans

Vater antwortet auf Mutters Schoberhof-Rauswurf-Brief am 22. Oktober 1945:

Meine herzliebste Brigitte!
Endlich kann ich mir nun ein Bild machen, wie Ihr jetzt leben müsst. Was aber kann ich nun für Euch tun? Nichts als in furchtbarster Erschütterung für Euch beten. Ein entsetzliches Schicksal hat uns geschlagen – und doch bin ich glücklich, Euch wenigstens noch am Leben zu wissen. Möge Gott der Allmächtige doch auch einmal sich wieder uns gnädig zeigen: Denn das haben wir nicht verdient, was jetzt auf völlig unschuldige Menschen von ihm herabgesandt wird: Auf Dich und die lieben Kinder. Ich liebe Euch in verzehrender Sehnsucht und greife mit Armen durch die Weite nach Euch! Ihr, mein Alles, mein Alles! Hans-Vati

»Betreff: Konversion des H. Hans Frank war am 30. Oktober 1945 getauft worden«, beglaubigt in holprigem Deutsch die katholische Kirche zu Nürnberg. Das hatte Father Sixtus O'Connor in der Gefängniskapelle mit Weihwasser und Öltupfern besorgt.

Wieder drin! In der Religion, dieser Verdrängung des Endlichen. Aufgewachsen war er als Alt-Katholik und sicher ausgetreten, um als Nazi Karriere zu machen, wobei mir dieses Datum nicht bekannt ist. Schon in seinen Briefen aus Krakau hatte allerdings das Wörtchen »Gott« an

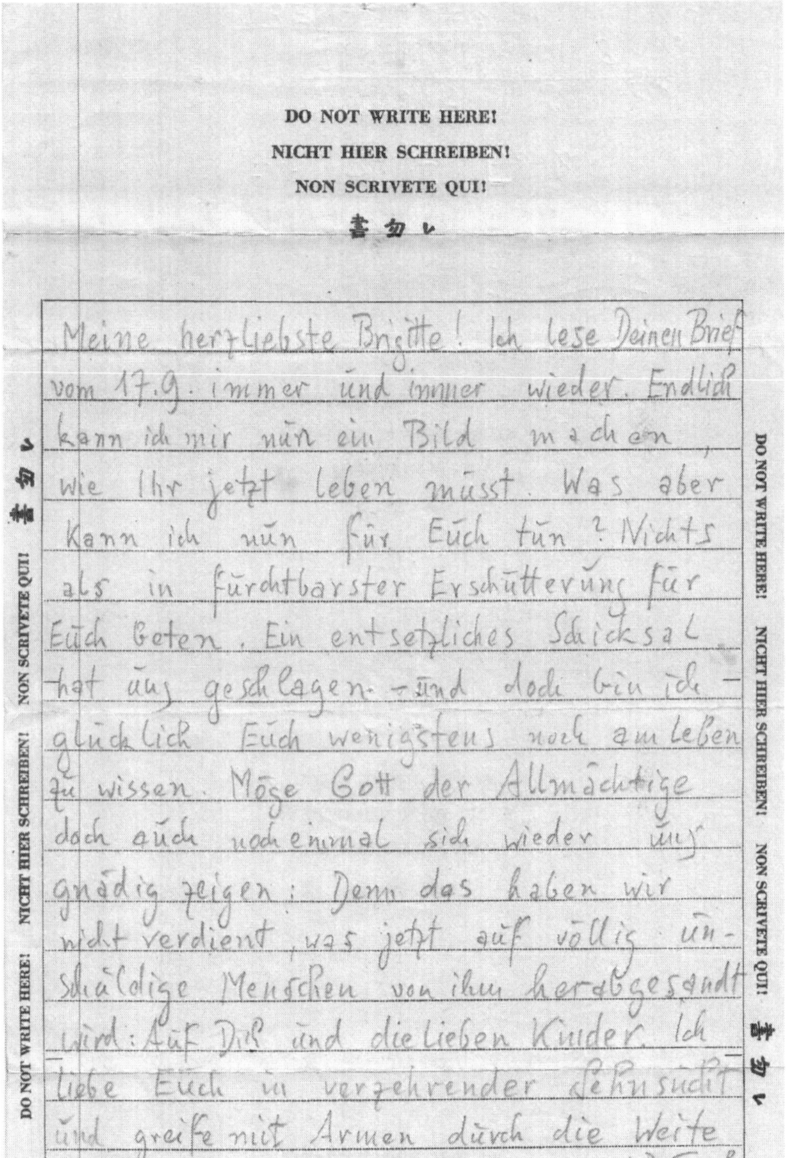

DO NOT WRITE HERE!
NICHT HIER SCHREIBEN!
NON SCRIVETE QUI!
書勿レ

Meine herzliebste Brigitte! Ich lese Deinen Brief vom 17.9. immer und immer wieder. Endlich kann ich mir nun ein Bild machen, wie Ihr jetzt leben müsst. Was aber kann ich nun für Euch tun? Nichts als in furchtbarster Erschütterung für Euch beten. Ein entsetzliches Schicksal hat uns geschlagen – und doch bin ich glücklich Euch wenigstens noch am Leben zu wissen. Möge Gott der Allmächtige doch auch nocheinmal sich wieder uns gnädig zeigen: Denn das haben wir nicht verdient, was jetzt auf völlig unschuldige Menschen von ihm herabgesandt wird: Auf Dich und die lieben Kinder. Ich liebe Euch in verzehrender Sehnsucht und greife mit Armen durch die Weite

»Ein entsetzliches Schicksal hat uns geschlagen« – Hans an Brigitte Frank, 22. Oktober 1945, auf Gefängnis-Briefbogen.

Häufigkeit zugenommen. Textbestimmend wurde es nach seiner Verhaftung. Und jetzt, nach seiner Taufe in die Kirche der Alleinseligmacher, wurde es allgegenwärtig. Vielleicht haben Michel und ich schon allein deswegen mit gutem kindlichem Gespür für das Unechte jenes »Vaterunser« auswendig gelernt, das uns der Knecht vom Rixner Bauern vorgebetet hat: »Vater unser, der du bist, der die oiden Weiber frisst, nimm a Stückerl Brot dazua, Herrgottza, hast non et gnua?« Vielleicht mochte ich auch deswegen Vaters Briefe nicht, die uns Mutter meist vorlas. Die Liebesschwüre ließ sie aus. Als Kind hat man ein gutes Gespür für Falsches. Und für mich klangen seine Briefe irgendwie verlogen. Ausgesprochen habe ich das nie. Unbehaglich hörte ich Monate lang zu.

Hätte er uns doch seine Gedichte zugeschickt. Zum Beispiel dieses, das er wohl im Oktober 1945, schon im Nürnberger Gefängnis weilend, reimt:

Ende des Spiels

O Herr!
Nun sind wir ganz allein
Nur Du – und ich!
So war es, als ich kam –
So ist es, da ich geh!
Nun lass' mich zu Dir ein
O Du! Erhöre mich!
Ich bringe Leid und Scham –
Zurück in Deine Höh'! –
Es zittert mir die Seele –
Sie will zu Dir –
Sie weiß, dass ich mich quäle,
Gebrochen ganz in mir.
Mein Spiel ist aus
Ich geh' nach Haus'
Geb' diese Rolle zurück

Von irdischem Glück –
Die Du mir aufgetragen
Zu spielen und zu sagen.
Ich gab meine letzte Kraft
Hab' das Befohlne geschafft
Den Beifall ich dadurch hab'
Jetzt sehn' ich mich nach dem Grab.
O Herr!
Deine Erde ist wund
Im Himmel werd ich gesund
Das schwere Amt ist vergangen
Wir keine Gnade errangen
Die Werke ohne Zahl
Nur Leid und Qual –
Nur Leid und Qual.
HFr.

Ich las sein Gedicht zum ersten Mal vor über 40 Jahren. Was mir auch beim zweiten Lesen übel aufstößt: Warum schreibt er sein *HFr* drunter? Es spielt wohl seine Eitelkeit mit: Alles, was ich schreibe, ist erhaltenswert! Ist zu publizieren und zu bewundern. Der Inhalt ist ein Jammern ohne jedes echte Schuldbewusstsein, genau wie seine Briefe aus dem Gefängnis, die uns vorgelesen werden.

Mutter war nie feig. Also fährt sie, weil wir seit der Verhaftung nichts mehr vom Ehemann und Vater gehört hatten, wutentbrannt nach Nürnberg, holt sich listig im »Grand Hotel«, wo sich alle Justiz- und Pressevertreter zu treffen pflegen, irgendeinen Berechtigungsschein und übt unerschrocken ab 30. Oktober 1945 innerhalb des Justizpalasts mit dünnen Lippen Druck aus, um endlich ihren Hans sehen zu können. Zwar kann sie ihren Mann nicht persönlich treffen, aber immerhin den Gerichtspsychologen Major Kelley, dann auch seinen Geistlichen Father O'Connor und den deutschen Arzt. Die hasten, Brigitte fürchtend, brav mit Nachrichtenzetteln zwischen Zelle und Justiz-Foyer hin und her. Vater kritzelt seiner Frau am 31. Oktober 1945:

Meine liebste Brigitte!
Eben bekam ich durch die Liebenswürdigkeit Major Kelly's die mich erfreuende Nachricht Deiner Anwesenheit und danke Dir innig für die ganz große Freude, die Du mir damit gemacht hast. Auch dass es Euch allen den schweren Zeitumständen entsprechend einigermaßen geht, beglückt mich. Leider können wir uns nicht sehen – und so müssen wir die Entwicklung des Schicksals abwarten. Es ist ein besonderes Ereignis. Gestern gerade bin ich katholisch geworden, Messe habe ich gehört und die Kommunion erhalten. Und heute kommst Du! Innigst umarme ich Dich und die Kinder.
Ewig Dein Hans

Einen Tag später erhält er einen Brief seiner Frau, den sie ihm schon Wochen zuvor ohne Datum geschrieben hatte. Handschriftlich fügt er unten an: *Erhalten bei Brigittes Besuch (bei dem ich sie leider nicht sprechen durfte. Unsagbarer Schmerz!) am 1. XI. 1945.*

Am Donnerstag, dem 1. November sitzt Hans weiter in seiner Zelle am klapprigen Tisch. Der ist deswegen so leicht gebaut, damit der Häftling nicht auf ihn steigen konnte, um sich zu erhängen. Da er schon zwei Selbstmordversuche hinter sich hatte, ließ er es hinfort bleiben, aber dichtete nun tagesbezogen:

Allerheiligen 1945

Oh Herr! Mit meinem Kreuz am
Rücken
Folg' ich dem heiligen Schmerze nach –
Die Früchte fielen und die
Flur liegt brach
Mein Golgatha: Im Nebel liegts
Vor meinen Blicken...
Die graue Grubenstraße
Geht's entlang –
Die Totenmale endlos ragen
Die Trauerglocken düster klagen

Müd', stockend, dumpf
Und bang...
Du ziehst oh Schmerzenskönig
Mir voran –
In Deine Leidensspur
Bin ich getreten
Alles an Hoffen und Gebeten
Liegt hinter mir und ist getan.
Die Krone Deines Sieges
Leuchtet auch mir
In Demut sei das Opfer
Dargebracht –
Und nach der langen
Schweren Nacht
Folg' ich zum ewgen Morgen Dir!

Nein, ich habe nichts gegen dieses Gedicht, frage mich nur immer bei seinen poetischen Ergüssen: Ist das Lügenmaul da echt?

Auch sein ältester Sohn Norman hat später gedichtet und die Ergebnisse von einer seiner damaligen Geliebten abschreiben lassen. Ich entdeckte sie nach seinem Tod. Er war sein Leben lang nie wirklich glücklich gewesen. Vielleicht war auch bei ihm die Poesie ein Ausweg. Sagte er mir doch einmal: »Was soll das Leben noch, wo man mir eh das Kostbarste schon in der Jugend genommen hat.« Das Kostbarste war eben sein Vati. Das ist schon in seinem Brief an ihn vom 3. November 1945 deutlich zu merken:

Mein lieber Vati!
Eben ist Dr. Seidl, Dein Verteidiger, zu uns gekommen und hat uns liebe Grüße und gute Nachrichten von Dir gebracht. Deine lieben Briefe und Karten haben wir vor 3 Tagen erhalten, es waren die ersten, sehnlichst erwarteten Nachrichten von Dir. Damit wurde uns ein kleiner Teil der Sorgen um Dich genommen. Auch wir blicken voll Vertrauen in die Zukunft und sehen uns alle wieder zusammen. Jetzt, da wir endlich wieder Verbindung zu Dir haben, werden wir versuchen, Dich immer auf dem Laufenden zu

halten. Wir leben hier sehr nett. Ich glaube, es würde Dir auch gefallen. Weißt Du, so eine ganz kleine, gemütliche Wohnung und nur die Familie ist doch das Schönste. Nur Du bist eben zurzeit abwesend. Aber so stark ist unser Glauben an Deine Rückkehr, dass wir Dich im Geist schon immer bei uns fühlen. Besonders die Kleinen können es nicht fassen, dass Du vielleicht noch länger von uns weg sein wirst. Jeden Tag sprechen sie von Dir. Wenn ich oft versuche, Deine Stellung einzunehmen und sie schelte, so sagen sie wie aus einem Munde: »Ach, du willst der Vati sein und kannst es gar nicht, du Angeber, du blöder!« Nun, und damit bin ich natürlich erledigt und sehne mich nach dem Tage, wo Du mich wieder ablösen kommst. Ja, Vater sein ist doch schwerer, als ich gedacht habe! Vor allem vor unseren hellwachen drei Kleinen.
Ich küsse Dich, mein lieber Vati.
Herzlichst, Dein Norman

Noch immer verfügt Brigitte über ihr eigenes Briefpapier mit dem Aufdruck »Privatsekretariat« und darunter »Brigitte Frank«. Auf dem schreibt sie ihm Wochen vor ihrem vergeblichen Versuch eines Besuchs:

Mein lieber, guter Hans!
Von Tag zu Tag hoffen wir sehnlichst, von Dir irgendeine Botschaft zu erhalten. So wissen wir nur das, was die Zeitungen bringen und was im Radio gesagt wird. Auch dies erfahren wir erst aus zweiter Hand, da wir kein Radio mehr besitzen. Aber solange wir uns alle haben, wollen wir alles Schwere, was über uns kam und noch kommen sollte, als von Gott gesandt, hinnehmen. Nur er kann und wird uns allen helfen. Unsere Schuld bestand wohl darin, dass wir Gutes unterließen. Ich weiß am allerbesten, dass alles, was nach 42 geschah, nur eine Folge Deiner innerlichen Zerrissenheit war. Ich weiß auch am besten, wie sehr Du unter diesem System gelitten hast und doch immer wieder versuchtest, die Ideale zu retten, für die Du ja kämpftest. Aber Du standst allein da. Wer konnte damals gegen den Strom schwimmen? Nur der, der Selbstmord üben wollte. Was die menschliche Gerechtigkeit anbelangt, so hoffe ich auf die Menschen im In- und Ausland, die Deinen Kampf, der ja nicht mehr als heimlich anzusehen war, verstanden und damals Deinen Mut bewundert haben. Mögen sie auch heute den Mut haben, dies zu bekennen. – Leider haben wir, was persönlichen Mut der lieben Mitmenschen anbelangt, die trübsten Erfahrungen

nun machen müssen. Du würdest es wohl kaum für möglich halten, wie ich es heute trotz aller täglichen Beweise noch nicht zu fassen vermag: Alle, die bis zur Besetzung »treue Freunde« unseres Hauses waren, für die wir mehr als zu viel taten, kennen uns heute nicht mehr, schauen nicht ein einziges Mal nach, wie es uns geht und fürchten sich, ihre Positionen zu verlieren, wenn sie menschlich sein und mal nach einer armen Mutter und ihren 5 Kindern schauen würden. Wohl wissen wir, dass uns niemand helfen konnte und kann, und wir sehen müssen, wie wir ganz auf uns gestellt uns durchbringen werden, aber ein gutes Wort und die Gewissheit der Freundschaft hätten so wohlgetan.
Wenn Du meinen Brief erhalten haben solltest, wirst Du ersehen haben, dass wir am 22. August unseren lieben Schoberhof verlassen mussten. Mitnehmen durften wir nichts. Wir haben zwei sehr kleine Stübchen und eine Küche im Hause von Hertleins bekommen. Auch dies hat einen großen Kampf gekostet. Aber wir leben hier in der schönen Natur, und wenn der Winter nicht gar zu hart wird, wollen wir glücklich sein. Immer sind wir alle mit Dir verbunden. Du lebst immer mitten unter uns, kein Tag vergeht, ja kaum eine Stunde, wo wir nicht von Dir sprechen. Du musst das auch fühlen, und alle guten Gedanken werden Dir weiterhin Kraft geben – Kraft und Gesundheit – Reinheit und Stärke, dass Dir der liebe Gott auch in den kommenden schweren Stunden weitergeben wird. Ich will alles versuchen, Dich bald wiederzusehen. Vielleicht gelingt es mir. Alle sind wir immer bei Dir, Du bist nie allein, lieber Hans, glaube an das Gute in Dir, an uns alle und fest an den Herrgott und Deinen Schutzpatron, den hl. Michael.
So nehme ich Dein liebes Gesicht in meine Hände und bin mit Deinen Fünfen ganz bei Dir, mein lieber, lieber Hans!
Immer Deine Brigitte
Möglicherweise muss der Brief erst gelesen werden, so wähle ich diesmal die Maschinenschrift.

Das wurde er in der Tat. Zu gerne hätte ich die Meinung der Zensoren über den Frank'schen Briefschwall hin und zurück erfahren! Sicher waren sie mit Gittis Briefen am glücklichsten. Keines der fünf Kinder konnte so witzig und zugleich so herzerweichend schreiben. Auch legte Gitti immer wieder wunderbare bunte Malereien bei. Auf einer war in einer Landschaft das Hakenkreuz gezeichnet, und sie schreibt darunter: *Das wollen wir nicht mehr haben!*

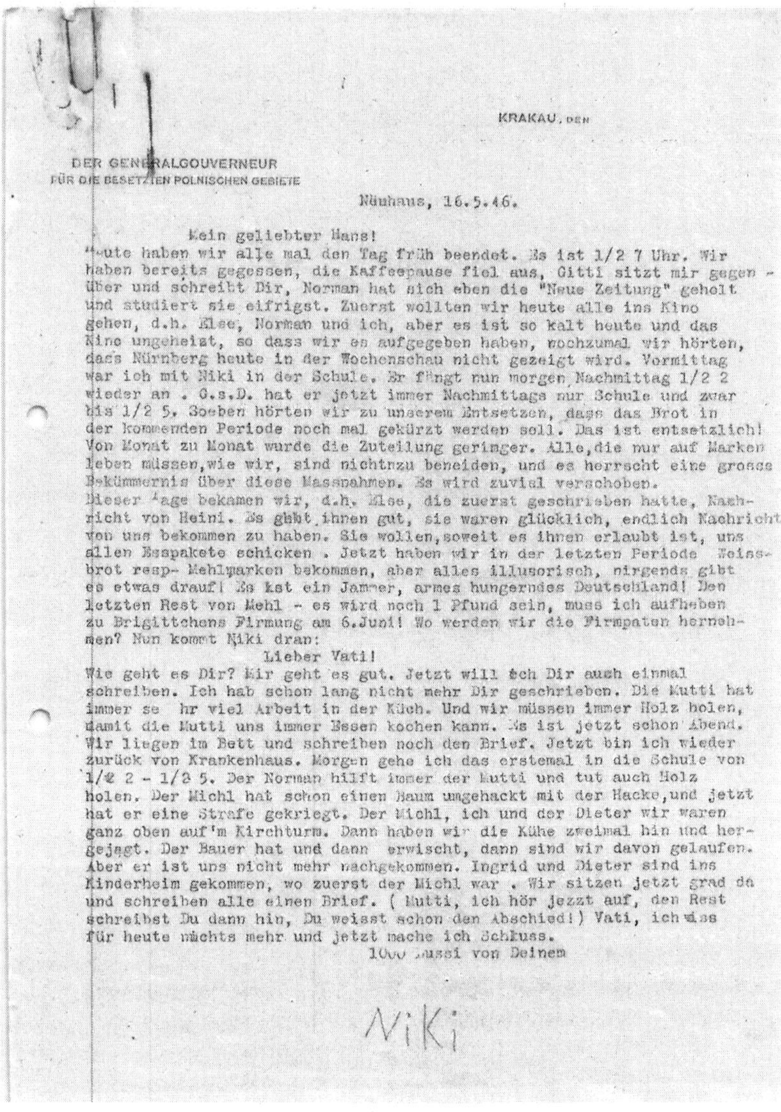

KRAKAU, DEN

DER GENERALGOUVERNEUR
FÜR DIE BESETZTEN POLNISCHEN GEBIETE

Nühaus, 16.5.46.

Mein geliebter Hans!
Heute haben wir alle mal den Tag früh beendet. Es ist 1/2 7 Uhr. Wir haben bereits gegessen, die Kaffeepause fiel aus, Gitti sitzt mir gegen - über und schreibt Dir, Norman hat sich eben die "Neue Zeitung" geholt und studiert sie eifrigst. Zuerst wollten wir heute alle ins Kino gehen, d.h. Else, Norman und ich, aber es ist so kalt heute und das Kino ungeheizt, so dass wir es aufgegeben haben, nochzumal wir hörten, dass Nürnberg heute in der Wochenschau nicht gezeigt wird. Vormittag war ich mit Niki in der Schule. Er fängt nun morgen Nachmittag 1/2 2 wieder an . G.s.D. hat er jetzt immer Nachmittags nur Schule und zwar bis 1/2 5. Soeben hörten wir zu unserem Entsetzen, dass das Brot in der kommenden Periode noch mal gekürzt werden soll. Das ist entsetzlich! Von Monat zu Monat wurde die Zuteilung geringer. Alle,die nur auf Marken leben müssen,wie wir, sind nichtnzu beneiden, und es herrscht eine grosse Bekümmernis über diese Massnahmen. Es wird zuviel verschoben.
Dieser Tage bekamen wir, d.h. Else, die zuerst geschrieben hatte, Nachricht von Heini. Es geht ihnen gut, sie waren glücklich, endlich Nachricht von uns bekommen zu haben. Sie wollen,soweit es ihnen erlaubt ist, uns allen Esspakete schicken . Jetzt haben wir in der letzten Periode Weissbrot resp- Mehlmarken bekommen, aber alles illusorisch, nirgends gibt es etwas drauf! Es ist ein Jammer, armes hungerndes Deutschland! Den letzten Rest von Mehl - es wird noch 1 Pfund sein, muss ich aufheben zu Brigittchens Firmung am 6.Juni! Wo werden wir die Firmpaten hernehmen? Nun kommt Niki dran:

Lieber Vati!
Wie geht es Dir? Mir geht es gut. Jetzt will ich Dir auch einmal schreiben. Ich hab schon lang nicht mehr Dir geschrieben. Die Mutti hat immer se hr viel Arbeit in der Küch. Und wir müssen immer Holz holen, damit die Mutti uns immer Essen kochen kann. Es ist jetzt schon Abend. Wir liegen im Bett und schreiben noch den Brief. Jetzt bin ich wieder zurück von Krankenhaus. Morgen gehe ich das erstemal in die Schule von 1/2 2 - 1/2 5. Der Norman hilft immer der Mutti und tut auch Holz holen. Der Michl hat schon einen Baum umgehackt mit der Hacke,und jetzt hat er eine Strafe gekriegt. Der Michl, ich und der Dieter wir waren ganz oben auf'm Kirchturm. Dann haben wir die Kühe zweimal hin und hergejagt. Der Bauer hat und dann erwischt, dann sind wir davon gelaufen. Aber er ist uns nicht mehr nachgekommen. Ingrid und Dieter sind ins Kinderheim gekommen, wo zuerst der Michl war . Wir sitzen jetzt grad da und schreiben alle einen Brief. (Mutti, ich hör jezzt auf, den Rest schreibst Du dann hin, Du weisst schon den Abschied!) Vati, ich wiss für heute nichts mehr und jetzt mache ich Schluss.

1000 Bussi von Deinem

Niki

Brigitte und Niki an Hans Frank, 16. Mai 1946. Wollte Mutter ihrem Mann höhnisch seinen Absturz hinreiben – per offiziellem Briefkopf aus vergangener Hoch-Zeit?

Mein lieber Vati!, schreibt sie nach unserem Rauswurf aus dem Schoberhof. *Wie geht es Dir? Hoffentlich gut. Uns geht es auch gut. Nun haben wir endlich Nachricht von Dir erhalten. Wir wohnen jetzt in der Dürnbachstraße. Und das neueste: Die Sigrid hat geheiratet mit dem Hansi Seitz. Die Hochzeit war einfach prima! Da hättest Du dabei sein müssen. Am Nachmittag haben wir Kaffee getrunken und Kuchen gegessen und am Abend ham sie dann noch getanzt. Bei uns ist jetzt sehr schönes Wetter. Und der Tommy hat schon so oft gerauft und hat furchtbar viel Läuse. Der Niki geht jetzt in die Schule und hat gestern das erste Mal Tatzen gekriegt. Ich komme nun bald in die Oberschule nach Miesbach. Der Michel ist ein großer Lausbub geworden und hat schon sehr viel Wurscht und Käse geklaut. Der Norman muss jetzt immer viel Holz holen, er liegt zwar lieber im Bett aber es hilft ihm auch nicht viel. Wir haben jetzt die Betten übereinander, da können wir immer pfundig rumtoben.*
Viele Grüße und 100000000 Bussi
Deine dich liebende Gitti!

Danach folgt mein fehlerfreier Brief, weil ich ihn Mutter in die Schreibmaschine diktieren darf:

Mein lieber Vati!
Wie geht es Dir? Kriegst Du immer auch was Gutes zum Essen? Ich geh schon in die Schule und hab gestern Tatzen gekriegt, weil ich die Aufgabe so schlecht gemacht habe. Die Sigrid schimpft immer, wenn wir im Bett so ratschen und sagt, dass wir bis um 11 Uhr schlafen müssten. Der Norman schläft unterm Michel und hat ihm die Latten rausgetan, da ist der Michel durchgefallen.
Viele Grüße und Küsse
Dein Niki!

»HOVENTLICH KOMST DU BALT WIETER«

Auch Gittis nächster Brief gibt mir einen wunderbaren Einblick in die schönen Seiten unseres damaligen Lebens. Was wir damals nicht wussten: Gitti wird den Tod ihres geliebten Vatis nie überwinden. In ihr Ju-

Gittis Malerei für Vati, von einem US-Offizier an Hans Frank übergeben.

gendtagebuch schreibt sie als Jugendliche: *Ich will nicht älter werden als Vati.* Sie wird sich daran halten.

Mein lieber Vati!
Wie geht es Dir? Uns geht es allen sehr gut. Gestern Abend ist die Mutti von Nürnberg wiedergekommen, und hat uns jeden eine Schachtel Buntstifte mitgebracht. Da hab ich Dir auch gleich ein Bild gemalt. Bei uns ist heute schon wieder schönes Wetter, da gehen wir nach Josefstal zum Alpenhof zum Essen. Der Norman reibt gerade fleißig Kartoffeln weil es bei uns heute Mittag rohe Kartoffelknödel gibt. Ich freu mich schon furchtbar drauf. Die Tante Else und die Oma wohnen jetzt beim Rixner Bauer. Aber die Bäuerin ist so geizig, dass sie nicht einmal zur Kirchweih eine Schuxen hergeschenkt hat. Bei Kirchweih waren wir auch beim »hutschen« das war prima. Der Niki ist ein furchtbarer Streber, genau wie ich, der rennt immer mit Tafel und Griffel rum. Wenn um 8 Uhr seine Schule anfängt dann rennt er um 6 Uhr schon los damit er ja nicht zu spät kommt. Der Tommy hat schon eine Frau und die heißt Urschi. Und sie kriegen sicher bald Junge. Viele, viele Grüße und 1000000 Bussi
Von Deiner Gitti!

Michel, damals acht Jahre alt, darf offensichtlich nicht mehr in Mutters Schreibmaschine diktieren, ist aber im dritten Schuljahr noch nicht ganz durch die Diktatur von Rechtschreibung und Grammatik unterjocht. Auch er kann Vaters Tod nie wirklich verarbeiten. Er wird zum Freund des gleichfalls jede Schuld des Vaters leugnenden Rudolf-Heß-Sohnes und Mitglied der NPD. Den Tod des Vaters wird Michel mit Milch bekämpfen. Aus dem unglaublich sportlichen schlanken besten Steinwerfer des Schlierseer Tals wird ein unglaublich fetter Humpen mit einem riesigen Bauch, auf dem ein zweiter drauf sitzt und leicht wackelt. Auf dem wiederum thront noch ein kleines Bäuchlein, das bei jeder Bewegung heftig zittert. Manchmal wölbt sich eben die Verdrängung nach außen. Anfang November 1945 kritzelt er, noch dürr wie ein Stecken, mit dem wir immer die Ameisenhaufen aufwühlten:

Liber vat wie ket es dier. mir ket es kut. Hoventlich komst du balt wieter. Wie ket es dir. Wan komst du witer. Hoventlich werten die brozese nicht so schlim werden. krikst du vil zu esen. Ich danke dir vür den schönen priv. der nicki ket schon in die schule. Er schreipt schon mutter und mimi. Im hov ist maus. Ich bete chetem abent für dich. dast wieter komst.. hoventlich lasen dich die amerikaner wieter aus. Liper vati ich mus chezt esen. Dein Michel

Mutter brachte ihrem Hans im gleichen Monat ohne Datum die Widrigkeiten des Alltags einer abgestürzten Nazi-Top-Familie nahe:

Gestern war kein schöner Tag. Ich hatte mich sehr über Norman aufgeregt. Immer das Gleiche: Ich habe ihn gebeten, unseren sogenannten Teppich auszuklopfen und habe ihn schon vor die Haustür gelegt, damit er ihn ja macht. 3 Tage ließ er ihn liegen. Immer wieder mahnte ich vergeblich. Und jetzt ist er weg. Wahrscheinlich haben ihn die Amerikaner als Autodecke mitgenommen. Du kannst Dir denken, wie mich das aufregt, wenn man so schon nichts hat. Es ist die schöne Schafswolldecke, die Du oben in Deinem Zimmer hattest. Die grau mit weiß. Deshalb gehe ich auch hier nicht weg, bevor Norman untergebracht ist. Hier lassen sie mir noch das Letzte heraustragen. Und sie haben ja eine große Gleichgültigkeit gegen alles. Nur wollen sie jede Bequemlichkeit. Und der Boden ist hier so fußkalt, dass der Teppich da ein notwendiger Schutz ist. Deshalb musste die Decke auch als Teppich dienen. Wenn sie sich erstmal selbst etwas erwerben müssten!

Normans Gleichgültigkeit kam aus seiner Verzweiflung. Als Sohn eines Angeklagten im Nürnberger Hauptkriegsverbrecher Prozess wollte ihn keine höhere Schule nehmen, nicht mal eine staatliche. 18 Jahre war er nun alt. Auch er lernte unsere Mutter erst so richtig nach Kriegsende kennen. Sie hat wirklich mit ungeheurer Willensanstrengung unser Überleben gesichert. Das ließ sie aber auch raushängen: Sie schrie viel herum im Haushalt, sie schlug uns, verteidigte uns allerdings immer nach außen. Wie ich, liebte auch Norman sie verzweifelt.

Keiner der drei amerikanischen Psychologen, die während des Prozesses die Angeklagten regelmäßig besuchten, mochte diesen in Gemüt und Verstand unsteten ehemaligen Reichsminister und Generalgouverneur. Bei allen dreien, Studium hin oder her, ist die Abneigung deutlich zu lesen.

So urteilt Major Kelley nach einem Zellenbesuch über Hans Frank: »Je näher die Verhandlung rückte, desto religiöser gebärdete sich Frank. Er gab die Größe der deutschen Verbrechen zu und sagte: ›Alle meine Untaten habe ich aus Begeisterung für Hitler begangen.‹ In seinen eigenen Augen war Frank offenkundig eine große tragische Gestalt, ein Stellvertreter Gottes, der seine Seele verkauft hatte und jetzt im Begriff war, sie mit seinem Leben zurückzulösen. Die Todesgewissheit wurde für ihn zur Stütze seiner Selbsterhöhung. Andererseits war er der festen Überzeugung, dass er durch das Eingeständnis seiner Schuld und die Hingabe seines Lebens die Anerkennung der Welt erringen konnte.«

Eine glänzende Beurteilung. Er war nun mal ein eitler Fatzke. Als ob er noch immer wie in Mondorf so mit der Bibel rumlief, auf dass ihn nur ja jeder sehen konnte. Vater war aufgegangen, dass es wirklich um seinen Kopf ging. Von seiner Kelley gegenüber angedeuteten *Todesgewissheit* wusste Brigitte nichts, oder gab zumindest vor, nichts zu wissen. Dabei war sie der realistischste Mensch, den ich je kennen gelernt habe. Nach ihrem vergeblichen Besuch in Nürnberg hofft sie am 5. November 1945 – nach meiner Einschätzung wider besseres Wissen. Sie tut es, um ihren Hans zu stärken:

Bekommen
am 12. XI. (durch Seidl)
Mein lieber, lieber Hans!

Ach, mein Herz ist jetzt erst still geworden, da ich Dir so nahe war, von Dir zum ersten Mal direkt von lieben Menschen hörte und Deine so guten Briefe in Händen halte. Alles ging so schicksalhaft, so wirklich von Gott geschickt – die ganze Reise. Ich muss es Dir erzählen: Vergangenen Donnerstag war ich per Rad beim Einkaufen, da bittet mich eine mir unbekannte Dame, abzusteigen. Sie stellt sich vor und teilt mir mit, dass sie nach Nürnberg fahre und ob ich für Dich vielleicht einen Brief mitgeben möchte, sie sei Engländerin und glaubt, den Brief befördern zu können. Montag Früh 5 Uhr führe sie hier weg und Sonntag Früh 9 Uhr wolle sie zu mir kommen, den Brief in Empfang zu nehmen. Sie hätte so Mitleid mit uns und möchte gerne etwas für uns tun. Samstagabend saßen wir zu Vieren, Sigrid, Hansi, Norman und ich und beratschlagten und kamen auf den Gedanken, ob es ginge, dass ich mitfahre, vorausgesetzt, sie tut es. Man weiß ja heute nie, wie die Menschen sich stellen, sobald es an die Öffentlichkeit geht. Die Engländerin war sofort bereit, mich mitzunehmen. Um 23 Uhr am Montagabend kamen wir in Nürnberg an und durften die Straße wegen Polizeisperre nicht mehr betreten. So verbrachten wir eine schreckliche Nacht unter freiem Himmel in der zerstörten Bahnhofshalle, wo es sehr kalt war. Ich habe dieses Opfer gern gebracht und in der Nacht viel gebetet. Nachmittags fuhr ich zum Justizpalast, um dir wenigstens räumlich nahe zu sein. Ach, mein lieber Hans, Du müsstest es gefühlt haben, wie ich ½ Stunde vor dem Gebäude stand, dir so nahe und doch so ohnmächtig. Ich ging dann ins Grand-Hotel, wo ich den Rat befolgte zu versuchen, in den Justizpalast hineinzukommen. Und die Tore öffneten sich, und nach einigen Minuten schon stand ich vor Deinem so sympathischen Arzt. Ich war so glücklich, Hans! Zum ersten Mal hörte ich nun von Dir direkt. Bis jetzt mussten wir uns nur darauf beschränken, was die Zeitung brachte oder das Radio, was wir auch erst wieder aus zweiter Hand erfuhren. Fast ½ Jahr war vergangen. Ich war oft so verzweifelt. Tag und Nacht quälte ich mich, und nun hatte der liebe Gott wirklich mein Gebet erhört. Es war alles wie ein Wunder. Immer wieder betete ich zu Hause, in der kleinen Florianskapelle und in Birkenstein, Du mögest doch den Weg zu Gott wiederfinden, hatte ich doch durch mein Leid selbst erfahren, dass man nur dort sich selbst, die Ruhe und den Frieden wiederfindet, und nun ward mein Gebet so schnell schon erhört. Wie viel Gutes hörte ich in dieser Beziehung über Dich, was mich unendlich beglückte. Vielleicht kannst Du

Dich erinnern, dass ich Dir auch mal schrieb: »Ich möchte dieses Leid gar nicht missen, da es mich um so viel reicher machte«, und Du hast Recht, nur durch Leid wird ein armes, schwaches Menschenkind erst zu Gott geführt. Aber dass wir dahin geführt werden, ist eine große Gnade, die Du ja heut auch ermessen kannst. Und ist man erst mal soweit und dabei demütig, dann, lieber Hans, wird man direkt geführt und erlebt wirklich Wunder. Es war in Kressendorf 1942, als ich so unsagbar litt, dass ich es nicht mehr zu tragen vermochte. Und eines Nachts, als es mich zu erdrücken schien, sagte ich: »Mein Gott, ich kann nicht mehr, nimm Du es mir ab.« Und ich konnte wirklich sofort einschlafen, und am nächsten Morgen beim Erwachen war es so, als wäre mir wirklich alles Leid abgenommen worden. Ich freue mich so sehr, Dir nun täglich schreiben zu können, und möchte Dich dann, in der Annahme, es interessiert Dich, an unserem täglichen Leben teilhaben lassen. Jetzt muss ich noch nach Schliersee zum Registrieren und Einkäufe für morgen machen. Norman fragte zwar ängstlich, wann ich zurückkäme und sagte: »Hoffentlich setzt Du uns nicht wieder Sigrids Kochkünsten aus. Sie ist Spezialist für kalte Brote!«

Brigitte schreibt tatsächlich bis zum Tod ihres Hans nahezu täglich an ihn. Von diesem Berg an Briefen machte sie sogar – alte Angewohnheit einer früheren Sekretärin – mit Kohlepapier eine Kopie. Doch die meisten sind nach der Hinrichtung an die Familie zurückgeschickt worden. Als unsere Mutter starb, bat ich die vier Geschwister nur um all das, was beschrieben ist und alle Fotos. Sie waren einverstanden. Als ob ich schon als 20-Jähriger geahnt hätte…

In diesem Buch kann ich nur einen kleinen Teil der Briefe vorlegen, habe aber die meisten, auch die der Kinder, Verwandten und Freunde aus jener Zeit noch einmal abschreiben lassen. »Gott« kommt darin 550-mal vor, »göttlich« 16-mal, »gnädig« 99-mal, »heiliger Geist« nur 2-mal, was ihn ärgern dürfte, zumal »Schicksal« 148-mal vorkommt. Allein daraus lässt sich schon die Tendenz zur Nichtanerkennung jedweder schuldhaften Selbstbeteiligung erkennen.

Bevor unsere Mutter – inzwischen wieder bettelarm – jeden Nachmittag fein angezogen mit der Straßenbahn zum Münchener Hauptbahnhof fuhr, um ankommende Fernreisende anzubetteln, bei ihr für 5 Mark zu übernachten, hatte sie als erste – und bisher einzige – Ehefrau aller Nürnberger Angeklagten im August 1958 ein kleines Bändchen im

Eigenverlag herausgegeben: »Hans Frank – Briefe aus Nürnberg«. Der Erfolg war gleich null. Im März darauf starb sie, in jeder Hinsicht total am Ende. Norman, der mein Vormund wurde, und ich übernahmen ihre Schulden und Vaters gedruckte Briefe – sie harren noch nach über 60 Jahre des Verkaufs. Denn wegwerfen konnte ich nie etwas, nicht mal die Ergüsse unseres verlogenen Vaters, zu dessen »Briefe aus Nürnberg« Mutter in ihrem kurzen Vorwort nur Einfältiges gelingt: *Sie zeigen einen Menschen, der auch in der Grenzsituation das blieb, was er immer sein wollte: ein Mensch.* Nebbich!

»SCHMALHANS KÜCHENMEISTER«

Jetzt aber, am 7. November 1945, schreibt Brigitte ihrem *Mensch* Hans: *Fast 2 Std. war ich bei Dr. Seidl, der mir auch seine l. Verteidigungsschrift zeigte, die ich gut, sachlich und so wahrheitsgetreu fand, dass man sich ihr wohl auch nicht verschließen kann. Der Anwalt gefiel auch den Kindern gut. Norman war so glücklich, zu hören, wie er von Dir sprach und sagte zu den drei Kleinen: »Ihr könnt stolz auf Euren Vater sein!« Die Kinder können sich alle noch nicht umstellen, die Kleinen nicht, und die Großen erst recht nicht. Sigrid ist ein Mensch, der sehr für das bequeme Leben ist, sehr faul und gleich unerträglich reagiert, wenn man ihr mal was sagt. Na, ja, nun ist sie ja verheiratet, und ich habe ihr nichts mehr zu sagen, ich tu's auch nicht. Es wäre ja alles viel leichter, wenn wir eine Wohnung hätten, die einigermaßen den Bedürfnissen, und seien es die bescheidensten, entsprechen würde. Aber so hat man zum Lebensnotwendigsten nichts. Unser gemietetes Mobiliar besteht im Schlafzimmer aus einem kleinen Schrank, der geteilt ist, einer alten Kommode und 4 Matratzen, zu denen wir uns 4 Luftschutzbetten geborgt haben, jedes Mal 2 übereinander. Der Korridor ist so eng, dass aber auch gar nichts drinstehen kann. Die Küche ist alt, verbraucht und sehr hässlich mit einem kleinen schlechten Herd. Alles ist uns nur widerwillig und sehr begrenzt gegeben worden. In der Küche essen wir auch. Mit ein paar Tüchern will ich sie mir jetzt ein bisschen verbessern. Die Toilette funktioniert nicht und ist gar nicht zu benützen. Das kleine Wohnzimmerchen habe ich mir mit Decken u. Wandbehängen ein bisschen gemütlich gemacht. Auch da stehen nur 2 Matratzen und ein Kleider-*

Gitti, Brigitte und Norman während des Prozesses im Herbst 1946 vor dem Porträt des Angeklagten aus seiner Zeit als Generalgouverneur.

schrank und 1 Kiste, die als Tisch dienen muss. Aber Dein Bild und die der Kinder hängen an der Wand, und so atmet es doch etwas Persönliches. Die Speisekammer dient als Schuh- u. Holzkammer, denn die armseligen Vorräte füllen sie nicht. Jetzt in der letzten Woche der Periode ist Schmalhans Küchenmeister, und die Kinder sagen dauernd, sie hätten einen fürchterlichen Hunger. Wenn sie auch mal nach den Mahlzeiten satt werden, so hält das nie bis zur nächsten vor, und ich muss den Schlüssel zur Speisekammer abziehen, denn Michel und Norman haben schon mehrmals verbotenerweise Raubzüge unternommen. Die Essens- und Anziehfrage ist die größte Sorge des täglichen Lebens. Es gehört eben heute wirklich viel Kunst zum Kochen, und Du kannst versichert sein, dass ich da erfinderisch bin. Heute drehte ich z. B. etwas Wurst durch die Maschine und verlängerte diesen Brei mit Mehl u. Brot und Gewürz, und die Kinder waren begeistert. Mittag gab es beim Fleischer Wurstbrühe und ich machte einen Mohrrüben-Eintopf, der ihnen auch sehr gemundet hat, abends die Reste

und hinterher ein bisschen Grießpudding, natürlich ohne Zucker, denn den bekommen wir schon seit Monaten nicht mehr. Aber G.s.D. sind wir alle gesund und werden auch alles überstehen. Ja, Hans, nun habe ich Dir auch noch was vorgeklagt, was ich wirklich nicht tun sollte. Aber wenn ich Dich bitten darf, schreibe den Kindern nur immer mal wieder, dass sie auch mithelfen müssen. Wenn Norman mal von 10 bis ½ 12 Holz holt oder hackt, meint er auch, er hätte Enormes geleistet, und in der übrigen Zeit lässt er sich bedienen, und man muss ihm alles nachräumen. Freilich ist es auch zu verstehen, dass sie sich nicht so rasch umstellen können und noch nicht den Ernst der Zeit erkannt haben.
In Sehnsucht und Liebe küsse ich Dich!
Ewig Deine Brigitte

Natürlich war es für uns Fünf schwer, uns umzustellen. Wie sagte doch Norman Jahrzehnte später so richtig: »Weißt Du, warum wir so ein Überlegenheitsgefühl haben? Weil wir einst Dienerschaft hatten.«

Ich sehe ihn noch vor mir, wie er auf dem Schoberhof nach der Plünderung ohne Rücksicht auf die anderen Hungrigen von einem großen Laib Brot ringsum die Rinde abgeknabbert hat. Michel hat es später immer nur teilweise gemacht.

Ohne Datum berichtet Brigitte weiter ins Gefängnis: *Jetzt sitze ich auf der Terrasse, die zu benutzen uns vom Hauswirt zwar verboten ist – aber nachdem ja Herr Krones Mieter der Terrasse ist, sehe ich nicht ein, warum auch uns nicht mal ein Sonnenstrahl bescheinen soll. Gestern erst wieder wurde es abermals untersagt! Die Menschen haben Sorgen hier! Sie gönnen uns keinen Sonnenstrahl! Niki lässt Dir sagen, er sei jetzt Gärtner geworden, er hat sich ein kleines Beet angelegt und eben Erbsen gesteckt. Jetzt sind aber die Eimer-Kinder heruntergekommen und er tollt mit ihnen herum. Eben habe ich ihm einen Klaps gegeben. Er will mit Eimers mitgehen, Milch holen. Ich sage ihm, wir haben auch noch keine, er soll sie für uns auch mitbringen. Das will er aber nicht, und als ich ihm diese Pflicht auseinandersetze, sagt er nur: »Ach Twatsch!« Da hat er aber eine gehabt! Ich muss jetzt gleich nach Schliersee, da soll es etwas Marmelade geben!*

Mutters Watschen waren erträglich. Weniger ihr Teppichklopfer. Psychische Schäden haben Michel und ich durch das Säuberungsgerät nicht abbekommen. Die kamen allein vom Vater.

Niki vor Schloss Kressendorf um 1942.

Mutter schlug auch als Königin von Polen gerne zu, wie Mirek Czeslaw der Journalistin Nina Kracherowa 1987 erzählt. Herr Czeslaw arbeitete in unserem vom Grafen Potocki geraubten Wochenendschloss Kressendorf bei Krakau als Heizer und Gärtner: »Ich hab den Frank fast täglich gesehen. Gewöhnlich trug er Uniform, sah aber auch in Zivil sehr gut aus. Wir sprachen unter uns: Warum hat dieser schöne Mann diese Frau geheiratet? Die hat der Teufel mit einer Hexe gemacht. Sie schimpfte mit den Kindern, mit den Fräuleins, mit den Dienstboten. Dann fuhr sie nach Krakau und ›organisierte‹. Ihr Auto hatte so einen Wimpel. Oft fuhr sie selbst. Einmal ging es schief, und sie landete im Teich, wo die Schwäne waren. Die Gärtner wurden starr vor Entsetzen. Sie laufen, um Frau Generalgouverneur aus dem Schlamm zu ziehen. Dafür, dass sie sie dabei berührten, schlug sie einigen ins Gesicht. So war sie.« Ja, so war sie auch. Wer seine Kinder schlägt, schlägt bei Bedarf auch Gärtner. Nur in Spurenelementen erinnere ich mich an die Szene in Kressendorf, die er dann auch noch Nina schildert. Damals schaute ich ihm gern bei seiner Arbeit zu. Manchmal formte er für mich aus Lehm Figuren oder ließ es mich selber machen. Ich soll ihm das Leben gerettet haben, nachdem er beim

Säubern eines hohen Kachelofens mit seinem schmutzigen Ruß-Kübel von der Leiter auf ein bezogenes Bett gefallen war. Dieses unerhörte Verbrechen gegen deutsche Sauberkeit wurde von einer ebenso deutschen Bediensteten entdeckt und gemeldet. Mirek ahnte, dass er genauso erschossen werden würde wie jener Gärtner, der Tage zuvor einen Baum so unglücklich gefällt hatte, dass er auf die SS-Wachstube gefallen war. »Sofort führten sie mich ab«, erzählt Mirek, »da kommt der kleine Niki, er will mich nicht hergeben, weint, schreit, hält mich an den Knien fest. Man konnte doch wohl dem Sohn des Herrn Generalgouverneurs keine Trübsal bereiten! Will er seinen Lehm-Polen nicht hergeben, so mag er seinen Willen haben. Aber geschlagen haben sie mich dann doch. Das Kind hat um mich gekämpft, wie es konnte.« Merkwürdig: Um Mirek habe ich geheult und geschrien, um meinen Vater nie. Am geschichtsträchtigen Tag für Deutschland, dem 9. November, berichtet Brigitte im Jahr 1945 ihrem Hans weiter vom Kargen in der Idylle ohne Zuschlag-Potential. Ich habe keine Erinnerung mehr an all diese Mahlzeiten: *Gestern Abend gab es Petersilienkartoffeln und heute Mittag eine eingebrannte Grießsuppe, natürlich ganz ohne Fett und Kartoffeln in der Schale und Petersiliensoße. Obwohl auch darin nicht ein bisschen Fett war, hat es den Kindern sehr gut geschmeckt. Dann ging alles zu Bett, auch ich legte mich 1 Std. hin. Nachmittag stopfte ich und wusch Norman drei Oberhemden, die er besitzt, 1 eigenes und 2 geschenkte. Um ½ 3 tranken wir bereits Kaffee und aßen um 6 Uhr zu Abend. Da die Mahlzeiten nicht vorhalten, kommt man weiter, wenn man den Tag so einteilt, weil die Kinder dann zeitig ins Bett kommen und nicht noch mal Appetit haben – abends gab es sogar Hackbraten mit Salzkartoffeln, auch den ganz ohne Fett. Er bestand allerdings ungelogen aus ¾ Kartoffeln und ¼ Fleisch. Ich wusste mir heute keinen Rat und hatte die Kinder um Brot und Fleisch betteln geschickt, hatte ein Briefchen dazu geschrieben und ganz glücklich kam Gitti mit etwas Blut- und Leberwurst und 1 Pfd. Hackfleisch – die zweite Hälfte wird morgen Mittag gegessen. Sogar Knochen und Hundefutter brachte sie noch mit und Michel 1 Dreipfundbrot, 1 Pfund Mehl und Zwiebeln. Das war bei uns allen eine große Freude. Nun sind wir bis Montag, wo die neuen Lebensmittelmarken herauskommen, wieder gerettet. Norman war heute Abend mal wieder Sadist und hat den drei Kleinen erzählt, was sie früher im Frieden immer gegessen hätten, vom Marzipanbrot, Scho-*

koladenosterhasen bis zum Gänsebraten. – Sigrid kam am Nachmittag auch mal kurz herüber und holte sich mein Fahrrad, da sie nach Schliersee zum Registrieren musste zum CIC. Ohne den Stempel bekommt man keine Lebensmittelkarten. Norman hat nur philosophiert, gelesen und – nein, nicht das ich lüge, vormittags Kartoffeln geschält! Er ist halt auch noch ein richtiges Kind. Es hat ja auch was Gutes an sich seine Veranlagung, vor lauter Träumen über eine rosige Zukunft, merkt er nicht so die schreckliche Gegenwart. Ich werde aber nie sein direkt zerstörtes, blasses Gesicht vergessen bei der Plünderung im Schoberhof durch die ausländischen Arbeiter. Denke mal, Hans, schrieb ich es Dir schon, unser guter Tomy ist vom Tag der Plünderung an vollkommen verändert, traurig und treu, wie wohl nie ein Mensch sein kann. Er spürt direkt, dass wir Trauriges erleben, und so leidet er wirklich mit uns. Gut geht es heute keinem Menschen in Deutschland, und Du weißt ja selbst, dass das alles nicht so wichtig ist, wenn man sich selbst und seinen Herrgott gefunden hat. Den Kindern geht's gut, das ist die Hauptsache, sie sind lustig und guter Dinge, Sigrid und Norman bauen Zukunftsschlösser, und wir beide, Hans, wir werden auch diese letzte Prüfung bestehen und werden später gewiss diese schwere Zeit nicht mal missen wollen. Ach, lieber Hans, vielleicht gibt es doch noch eine Möglichkeit, dass wir unsere kirchliche Trauung nachholen können. Sprich doch mal mit Pater Sixtus darüber, vorausgesetzt, dass es auch Dein Wunsch sein sollte. Ich wäre unendlich glücklich darüber.

DIE BROTLOSE KUNST DES BETTELNS

Der ebenso aufmerksame wie bisher hingerissene Leser wird sofort bemerkt haben, dass bei dem Erfolg der drei zum Betteln geschickten Kleinen mein Name fehlt. Zu Recht. Denn dieser Bettelgang brennt bis heute. Nichts hab ich heimgebracht. Meine total verdruckste und mich dadurch unsympathisch, vermutlich sogar hochmütig erscheinen lassende Art, Muttis Zettelchen an Haustüren und auf Bauernhöfen hinzuhalten und dabei etwas von »Hunger« zu stottern, war mein für mich fürchterlichstes Kindheitserlebnis. In Sydney besuchte ich vor ein paar Jahren das jüdische Kindermuseum. Ich sah dort wieder einmal die schauerlichsten Fotos von Kindern meines damaligen Bettelalters, die wirklich elend dran waren. In einem der Räume tropft es aus einem Hahn in ein schönes Becken: Jeder Tropfen eine Kinderträne.

Ich hab' dort zu weinen angefangen und bekam zugleich wieder eine solche Wut, was wir Deutschen, was vor allem mein eigener Vater, angerichtet hatten.

Als unser Vater Brigittes Brief gelesen hatte, äußerte er sich laut Gilbert in der Mittagspause am 23. November 1945: »Frank erzählte, seine Frau habe ihm geschrieben, dass sie die Kinder losschicken musste, um nach Brot zu betteln. Plötzlich wandte er sich an Rosenberg: ›Sagen Sie mir, Rosenberg, war diese ganze Zerstörung und dies Elend nötig? War das überhaupt der Sinn dieser ganzen Rassenpolitik?‹«

Für mich erschließt sich der Zusammenhang zwischen unserem Bettlerauftritt und der Nazi-Rassenpolitik nicht. Ist es nicht wieder ein Abschieben jedweder Schuld auf andere? Hat er nicht selbst mit entsetzlichen Sätzen diese Rassenpolitik in die Tat umgesetzt? Wäre es nicht ehrlich gewesen, zu Rosenberg zu sagen: »Es ist furchtbar, was wir angerichtet haben«?

Vielleicht hatte er auch schon Michels Brief an ihn gelesen, in dem er, als sei betteln das Normalste, berichtet:

Mein lieber Vati Wie geht es Dir. Wir haben jetzt gerate Abend gegessen. Die Mutti schreibt auch gerade an dich. Wir kommen in 14 Tagen in ein Kinderheim. Ich freue mich schon drauf es soll nemlich schon sehr fiel opst dord geben. Die gute Oma ist Tott. Wir haben jetzt grose Ferjen! Wir sind schon ganze Amerikaner, ich kann schon ganz schön Englisch reden. Ich hab fon meinem Amerikaschen freunt schon Orangschen und Schokolade gegrigt. Wir haten einmal kein Brot mehr und dann bin Ich nach Fischbachau gefahren und hab gehamstert.
Jetzt grüst Dich dein Michel.

Kurz nach meiner Bettelei ergab ich mich wieder katholischer Frömmigkeit, wie Mutter an Hans ohne Datum schreibt: *Abends war ich mit Niki im Abendgottesdienst. Es war ein rührendes Bild. Er saß ganz allein auf den Kinderbänken beim Hochaltar. Wie ein kleines Engelchen mit gefalteten Händen die ganze Zeit über. Michael beobachtete ich heute Früh. Er war auch sehr brav. Gitti sitzt jetzt schon bei den älteren Mädchen und sieht selbst immer wie ein Engelchen aus. Heute, ich wusste mir keinen Rat mehr, das Brot war alle, und wir haben noch eine ganze Woche vor uns, habe ich was organisiert von denen, die noch was haben. Man gibt eben das Letzte, um nicht hungern zu müssen. Aber glücklich saßen wir heute alle ums Brot herum, und jeder hat mal essen können, soviel er wollte.*

Mutter muss neben der großen Handtasche mit dem in Polen geraubtem Schmuck, den sie nicht zu benutzen wagte, noch anderes halbwegs Wertvolles besessen haben, mit dem sie zu den Juden ins ehemalige HJ-Heim zwischen Schliersee und Neuhaus geradelt ist, um etwas zu *organisieren*. Dass es Juden waren, die jene Ghettos und KZs überlebt hatten, für die ja ihr Ehemann politisch verantwortlich gewesen war, hat sie ihm natürlich nicht geschrieben. Dennoch blieb ihr Schmuck-Tauschhandel die Jahre über nicht unbemerkt, wie ein anonymer Brief aus dem Jahr 1947 an die Spruchkammer aufzeigt: *Warum kann die Frau an jüdische Händler aus Schliersee, München, Garmisch, u. Ebenhausen ihren Schmuck verkaufen und vertauschen? Warum kann die Frau wertvolle Koffer und Pakete in Sicherheit zu Verwandten und Bekannten bringen? Und wer sagt: Schmuck und Pelz gestohlen? Und ist es nicht ein Paralogismus: Der Mann gehängt wegen der Judenverfolgung, und die Frau verkauft einem Juden die Uhr des Mannes, noch ehe der Mann tot ist. Zeigt doch der Jude die Uhr herum mit den nötigen Kommentaren. Und warum kann die Frau seit fast 2 Jahren so ein sorgloses Leben führen? Warum interessiert sich ein hoher geistlicher Würdenträger für die »arme trauernde Witwe«? Warum konnten die ehemaligen Angestellten 300 Paar Schuhe bei ihr zählen. Und warum gab sie ihren Angestellten so schlechtes Essen? Und so eine nichtswürdige Behandlung? Warum erlaubte sich diese Frau, die selbst aus einfachen Verhältnissen stammte, so ein Verhalten? Warum wurde von ihr als der Frau eines »deutschen Diplomaten« gesprochen, die »nur kauft«? Wo bleibt das Volksvermögen? Woher nahm sich diese Frau das Recht zu solchem Tun. Lassen Sie sich ihre Koffer und Schatullen zeigen, aber glauben Sie: die Frau hat Nichts, man hat ihr Alles gestohlen! Was hier geschrieben, hat sich vor aller Augen abgespielt.* Nein, nicht *vor aller Augen!* Dieser Anonymus muss ganz in unserer Nähe gelebt haben. Ich tippe mal auf unseren Brigitte hassenden Vermieter, ihren eigenen Schwiegersohn Hansi oder Lilli, die Schwester ihres gehängten Gatten.

Der Prozess rückt näher. Das merkt auch Brigitte am 10. November 1945. Hans bekommt ihren Brief genau am Tag des Beginns, was er handschriftlich, wie üblich so quittiert: *Erh.20.XI.* Will heißen, dass all die Briefe hin und her doch einige Zeit beim Zensor herumliegen. Sofern die beiden Ehepartner ihre Briefe nicht Anwalt Seidl mitgeben oder Brigitte und die Kinder sie ihm per Post schicken, zwecks Übergabe. Da waren die Amerikaner luschig, ließen wohl tatsächlich Anwalt und Mandant unbeaufsichtigt beratschlagen, wie man wohl um diese verdammte drohende Todesstrafe herumkäme.

Mein lieber Hans!
Immer schneller steuern wir auf den 20. November hin! Ach, der Herrgott möge geben, dass Du einen gerechten Richter findest! Den größten Kummer hat mir heute Norman gemacht. Gestern war seine einzige Arbeit, Kartoffeln zu schälen und heute Früh die Lebensmittelkarten holen. Als er dann nochmals bis zur Judith Essig holen sollte, erklärte er auf mein wiederholtes Ersuchen, er denke nicht daran, saß dann bis zum Mittagessen mit seinem Buch in der Hand da, worauf ich ihn bat, Holz zu schneiden, auch das tat er nicht. Ich drohte damit, dass er dann auch kein Mittagessen bekäme, woraufhin er sich Geld nahm und seine Marken, die er noch vom Abholen bei sich hatte und zum Essen gegangen ist. Es ist jetzt 10 Uhr abends. Er kam noch nicht zurück. Ich habe mich entsetzlich aufgeregt über diese Unart. Ich war um ½ 6 schon aufgestanden, denn immer habe ich schon Feuer gemacht, und das Frühstück steht auf dem Tisch, wenn sie aus ihrem kalten Schlafzimmer kommen, damit sie es nur ja schön warm und gemütlich haben. Hans, ich arbeite wirklich wie eine Magd, denn es ist ja nicht so, dass man alle dazu notwendigen Voraussetzungen hat, sondern sich mit dem Primitivsten abfinden muss. Es fehlt hier doch überall am Notwendigsten. Das kann nur der begreifen, der damit fertig werden muss und noch alle Mahlzeiten auf den Tisch bringen und die Kleidung der Kinder usw. zu besorgen hat. Das letzte Stückchen Holz ist nun verfeuert, und morgen ist Sonntag. Da werde ich noch Holz hacken müssen, wenn wir es warm haben wollen und Essen kochen. Sei nicht böse Hans, aber ich bin wirklich verzweifelt. Niemals würde man sich einen solchen Ton gegen mich erlauben, wenn Du da wärst. Es gibt eben Jahre, wo es ohne die väterliche Autorität nicht geht. Ich bin da nicht die Einzige, die

das mitzumachen hat. Hier wirkt es sich vielleicht am schlimmsten aus, weil sie schon zu lange allein waren. Die Engländerin, die wirklich ein rührend guter Mensch ist, brachte heute in der Früh dem Norman von einem gefallenen Verwandten 3 schöne Hemden, 2 Unterhemden, 1 Paar Socken und 1 Paar Handschuhe. Wir haben uns alle sehr darüber gefreut. Wenn er nur nicht so schlampig wäre. Seit Wochen ist seine Schuhsohle ab, die schlappt nach, und immer wieder bitte ich ihn, zum Schuster nach Schliersee hereinzufahren. Lieber Hans, ich hoffe, dass Du Dich nicht darüber aufregst, aber im Interesse der Kinder in erster Linie wäre es doch sehr gut, wenn Du es ihnen mal ans Herz legtest, wie sie sich zu verhalten haben. Ich habe keine Macht mehr über sie. Aber ich weiß, dass sie es vielleicht in nicht zu ferner Zeit einsehen werden, wie lieblos sie oft sein können, und dass sie es auch sicher bereuen werden. Ich spreche immer von beiden, denn leider war Sigrid ebenso.

Ja, wir Fünf waren unserer Mutter gegenüber lieblos. Unbewusst war es unsere Rache an ihr. Bis zum Ende des Krieges kannten wir sie nicht. Hilde war für uns drei Kleinen die Bezugsperson. Sie erzählte mir später, dass eines Tages unsere Mutter mit Chauffeur und ihrem Mercedes am Schoberhof vorgefahren war und ihr strahlend sagte: »Hilde, Sie haben heute den ganzen Tag frei! Ich will mich nur um meine Kinder kümmern.« Hilde machte sich fröhlich zum Ausgehen fertig, als schon das Haustelefon klingelte: »Hilde! Nein, das geht nicht! Sie müssen hierbleiben. Die Kinder machen mich zu nervös!« Und weg fuhr sie wieder.

Sigrid und Norman lebten in jener Zeit unbehelligt von wirklicher Familienwärme. Dazu kam die zerrüttete Ehe der Eltern. Wir Fünf haben unsere Mutter, als wir erwachsener wurden, durch Gefühlskälte dafür bestraft.

Zum Faschingsbeginn am 11. November 1945 schreibt die immer mehr abmagernde und sich für uns aufopfernde Brigitte:

Wieder ein Sonntag ohne Dich, mein lieber, lieber Hans!
Was wirst Du heute gemacht haben, Hans? Sicher arbeitest Du viel an der Verteidigung. Mein Gott, könnte ich doch mal zu Dir kommen, es ertrüge sich dann alles wieder viel leichter. So ein Sonntag, an dem man doch nicht so viel arbeitet, fährt einen zurück in köstliche Erinnerungen, und da ist einem dann die Gegenwart unwirklich. Lieber Hans, Du bist mir oft so nah,

Michel, Kinderschwester Hilde, Niki und Gitti, Schloss Kressendorf, um 1941.

ich sehe und fühle Dich, wenn Du mich mit lieben Blicken anschaust. Alles, was dazwischen lag, ist abgefallen. Manchmal meine ich, es zerreißt mir das Herz, wenn ich z. B. Beethoven höre (III. Satz C Moll) wie soeben. Wie wird Dir die Musik abgehen!
Nun aber steht der Winter vor der Tür und es sieht schon anders aus. Hansi hatte alles versprochen, aus was sich Sigrid alles machen lassen könne, und wie man gleich nach der Heirat an die Garderobe heranginge, und nun geht es dauernd um deine Kamelhaardecke, die wir noch haben und aus der ich mir einen Wintermantel machen lassen möchte, da ich nur einen eleganten besitze, mit dem ich aber nicht einkaufen und überhaupt viel mich sehen lassen kann.
Es ist wohl immer des Menschen Schicksal, sein Maß auszuleiden. Auf Heller und Pfennig muss wohl jede Schuld bezahlt werden. Aber ich hoffe zu Gott um Gnade, denn Hans, auch die guten Taten folgen uns ja nach. Und wie vielen Menschen hast du Gutes erwiesen. Du wolltest doch immer für Alle das Beste. Aber Du hast so Recht, Gott schaut in die Herzen, und er wird's schon recht machen. Auf seine Gnade hoffen und vertrauen, ist alles, was wir können und beten, beten.

Sicher ist bei diesem Brief der Zensor gleich zu Lordrichter Lawrence gelaufen und hat ihm strahlend gesagt: »Euer Ehren, wir haben den Hans Frank ganz falsch eingeschätzt! Der hat ja drüben in Polen den Menschen nur Gutes getan!«

Ich bin mir sicher, dass Mutter es mit dieser und manch anderer Briefstelle zumindest versuchte, per Zensor Einfluss zu nehmen.

Auch Hans schreibt seinen Faschingsbrief, der allerdings kein einziges »Jackson Helau« oder »Kriegsverbrecher Alaaf« enthält, sondern nur seine, wenn man sie immer wieder liest, öde daherkommende Mitleidssuada: *Heute erhielt ich Eure so lieben Briefe, die Ihr mir durch den Verteidiger geschickt habt. Ich kann es gar nicht ausdrücken, welch ein großes Erleben es für mich bedeutet, immer und immer wieder Eure lieben Worte zu lesen und die Zeichnungen unserer süßen Kinderlein mir anzusehen. Ich lebe ja nur noch in Gedanken an Euch alle und versenke mich in all das Herrliche, was wir in unserer Familie zusammen an Lebensglück erfahren haben. Dich, meine liebe Brigitte, die Du jetzt ein so furchtbar schweres Leben und so unsagbaren Kummer erleben musst, umarme ich in beson-*

derer Innigkeit und bitte Dich, mir zu verzeihen für all das Schwere, was durch mich in Dein Leben kam. Ich bin Dein. Du musst leben! Herzlichst
Euer Vati Hans

Anschließend ermahnt er noch auf Brigittes Wunsch hin Norman mit seinem ach so klugen, intensiven, dem ältesten Sohn sicher ins Gewissen brennenden väterlichen Rat: *Mein lieber Norman! Ich danke Dir sehr für Deinen lieben Brief. Ich bin sehr glücklich, von Euch endlich einmal etwas erhalten zu haben. Bitte hilf ja der lieben Mutti in ihrer so entsetzlich schweren Arbeit. Das ist jetzt für Dich Deine Lebensaufgabe! Alles hat demgegenüber zurückzustehen. Mir geht es gut. In herzlicher Liebe bin ich Tag und Nacht bei Euch!*
Innigst Dein Vati

Das gegenseitige Verpetzen nimmt Fahrt auf. Auch Gitti, sicher von ihrer Mutter aufgehetzt, macht in ihrem Brief am 14. November 1945 mit:

Mein lieber Vati!
Wie geht es Dir? Hoffentlich gut! Die Mutti sitzt gerade am Boden und hackt mit einem Hammer und einem Messer das Holz und der Norman sitzt drüben beim Hansi und bei der Sigrid und ratscht. So faul ist der.

Und was macht das einsitzende Oberhaupt der Familie? Das geht, trotz enger Zelle, laut Gilbert am 15. November 1945 seinen Höhenweg, ungestört vom Holzhacken oder Herumratschen: »Frank äußerte, dass er sich geistig befreit fühle wie nie zuvor im Leben. Besonders die Träume entführen ihn weit über die Grenzen seiner Zelle hinaus – sie zeigen ihm weite Ausblicke auf unbegrenzte Meere, hohe Gebirge und den Himmel, und er erwacht mit einem ungewöhnlichen Gefühl seelischer und körperlicher Erleichterung. (Kürzlich träumte er von Hitler, was ihn dann nur darin bestärkte, seine Mitschuld zu bekennen.)«

SEHNSUCHT NACH NÄHE

Während Hans von Gilbert begutachtet wird, schreibt ihm Brigitte und vermittelt wieder einen Einblick nicht nur in unser damaliges Leben, sondern in das der meisten damals lebenden, oft ausgebombten Men-

schen: *Die Kleinen waren alle drei heute Nachmittag in Schliersee. Es sollte dort Marmelade geben, und sie gingen um 2 hier weg und kamen auch wirklich mit 2 Pfund an, auf Marken natürlich. Als ich dann etwas später als sie heimkam, fielen sie gleich alle über mich her, was für einen fürchterlichen Hunger sie hätten, obwohl sie gleich beim Heimkommen ihre Brote vorgefunden hatten. Die hatte ich schon vor meinem Weggehen um 4 gerichtet. Nun hieß es, schnell Feuer anmachen. Dann gab's Brühkartoffeln und hinterher Marmeladenbrote. Darauf stürzten sie sich dann – ich übrigens auch; denn man glaubt nicht, wie sehr man sich nach Süßigkeit sehnt, wenn man monatelang keinen Zucker mehr hatte. Es ist nicht einmal gute Marmelade, so richtig gefärbte Kriegsmarmelade, aber immerhin, sie schmeckt süß, und das ist die Hauptsache. – Jetzt schlafen sie alle drei; denn sie waren recht müde heute. Gitti liegt in der Küche auf dem Küchentisch, den ich mit Stühlen verlängerte und eine Matratze drauflegte. Seit gestern liegt sie da, da es dort wenigstens warm ist. Niki hat eine Wärmflasche, d. h. eine Tonflasche – Wärmflaschen sind dafür im Schoberhof, wo wir ja nicht die Kleinigkeit herausbekommen, und Michel hat mein kleines elektrisches Heizkissen. Mein lieber, lieber Hans, wie sehr wünschte ich, in diesen Tagen bei Dir sein zu können. Aber, was bleibt uns armen Menschen übrig, als weiter an das Gute und vor allem an die Gnade Gottes zu glauben. Und so weiß ich auch, dass Du mein lieber, mein innig geliebter Hans, ganz ruhig und voll Gottvertrauen sein wirst, wenn Du vor Deinen menschlichen Richter hintreten wirst. Möge der göttliche Richter auch ihn erleuchten. Dies ist mein Gebet Tag und Nacht.*
Ich hörte, Frau Göring, Frau Himmler und Frau v. Ribbentrop sind als Zeugen bei der Verhandlung. Warum kann ich nicht bei Dir sein? Mir ist's, als könnte ich Dir helfen und Kraft geben, wenn ich Dir auch örtlich nahe bin, Dich sehen kann. Doch, es wird ja alles so kommen, wie Gott es will.
Ich küsse Dich innig und bin ganz bei Dir – immer!
Deine Brigitte

Am 16. November 1945 hofft sie wieder bei Unterschlagung sämtlicher Gegenbeweise auf Freiheit für ihren Hans, den sie bei Erfolg auch krallend festhalten würde: *Ja, lieber Hans, wir können nur auf Gott vertrauen und hoffen, dass er die Menschen, die jetzt über Leben und Tod zu entscheiden haben, erleuchten möge. Möchten die Menschen doch endlich aus dem grausigen Schicksal des Einzelnen wie der Völker lernen, dass*

Böses immer gleich wieder mit Bösem vergolten wird, aber auch ebenso das Gute mit dem Guten. Das Gesetz der Rückwirkung ist noch niemals so rasch erfolgt wie in dieser uranischen Zeit, und Du wirst sehen, dass noch vieles kommen wird, und wer heute in dieser so einfachen Rechnung noch nicht die Zeichen des göttlichen Wirkens spürt, ist blind und taub. Zu ihnen resp. ihren Handlungen kann man nur sagen: »Herr, vergib ihnen, denn sie wissen nicht was sie tun!«

Ihr letzter Satz gilt natürlich dieser in ihren Augen unmöglichen Tatsache, dass ihr Mann überhaupt angeklagt wurde. Was die *uranische Zeit* betrifft, so hat mir eine gute Freundin und Anhängerin der Astrologie Genaueres über selbige mitgeteilt: »Soziale Erneuerung. Das Besondere im Normalen. Überwindung und Sprengung von Grenzen. Aufhebung gesellschaftlicher Zwänge. Der freie Geist durchbricht die Materie. Kultivierung von Ideen. Neue Möglichkeiten für die Allgemeinheit. Wahrwerden von Utopien. Gesellschaftlicher Idealismus. Umbruch. Sozialromantik. Romantik. Auflehnung gegen enge Normen, Unfreiheit, Sklaverei, Autorität und Moral. Etablieren von Wahrheit. Neue Standards. Mehr Freiheit in Kunst und Ästhetik. Neigung, bestehende Situationen mit anderen Augen zu sehen. Viele neue Erkenntnisse. Freundschaftlicher Austausch von Ideen. Geistiger Besitz. Besitz von Wahrheit. Offenes Miteinander. Wirtschaftliche Reformen. Gravierende Erfindungen und Entdeckungen. Realisieren von Ideen. Himmel auf Erden. Surrealismus. Geistige Genüsse.«

Vater hielt nichts davon. Dabei hätte er bei diesem Text sicher wieder wie bei der »Aktion freies Bayern« ausgerufen: »Das ist doch genau das, was ich immer wollte!« Doch jetzt sitzt er in der Zelle und liest am 16. November 1945 den Brief seiner Mutter, mit der er die ganze Einkerkerung über Lügen austauscht. Wir mochten diese Oma nicht. Merkten wohl, wie sehr sie unsere Mutter verabscheute. Als ich sie und Hans' Schwester Lilli mal in der Münchener Borstei besuchte und Wahrheiten über Sohn und Bruder erfahren wollte, blockten beide ab: »Hans war ein grundgütiger Mensch, sehr fromm und immer um das Wohl der anderen besorgt.«

Mein herzlieber Sohn!
Jeder Gedanke ist bei Dir! Jedem Gebet schließe ich Dich ein. Schwer ist unser Schicksal. Warum darf ich die schwere Bürde nicht auf mich neh-

men? Wie reich war mein Leben beglückt von so viel Kindesliebe. Wie danke ich Dir für all Deine Sorge und Liebe, die Du mir geschenkt hast. In Innigsten Dein Gedenken lebe und, sterbe ich. Es segnet Dich in unsagbarem Leid, doch mit großem Gottvertrauen, Deine getr. Mutter

»Getreue« hätte sie schon ausschreiben zu können! Auch Brigitte hat ihre Gedanken am Sonntag, dem 18. November 1945, bei ihm:

Mein geliebter Hans!
Michel sagte heute, er wünsche sich jetzt einen Zauberstab, dann würde er sich in einen Brief verwandeln und zu Dir kommen, und wenn er bei Dir ist, würde er sich wieder in den Michel verwandeln. Hans, gibt es denn keine Möglichkeit, Dich zu sehen und zu sprechen? Nur noch wenige Tage sind es bis zum Beginn des Prozesses. Ich höre noch Deine Worte – es waren so ziemlich die letzten die Du vor Deinem Weggehen sprachst: »Ich hoffe, einen gerechten Richter zu finden.« Ja, lieber Hans, das wollen wir alle hoffen und glauben. Behalte immer Dein Gottvertrauen. Wir wollens auch und so stellen wir uns alle unter seinen Schutz. Er meint es ja immer am besten mit uns. Ich betrachte eben Niki, der vor mir so friedlich mit zartroten Bäckchen schlummert, wie ein Engelsbild. So gute edle Kinder! Wir können wirklich stolz sein.

Das *Engelsbild* hat kaum Erinnerungen an die sich aufbauende Spannung, als der Prozess begann. Nur, dass dauernd über den abwesenden Vater gesprochen wurde. Irgendwie ging mir das auf den ranzig gewordenen Keks. Vielleicht war aber auch das eine Verdrängung: Immer pfuscht mir der Kerl aus der Ferne in mein tägliches Leben rein! Der schreibt an seine Frau, offensichtlich bärenstark am 18. November 1945:

Meine liebe Brigitte!
Gerade in den Tagen des nun beginnenden Prozesses, der die schwerste Prüfung meines Lebens ist, wird mich das Gottvertrauen und das Wissen um Dich und die Kinder stolz geleiten. Ich gehe völlig ungebrochen und glühend stark in diese Schlusskämpfe für unser Land. Ich denke und handle als Soldat! Und Du musst und wirst tapfer sein wie eine Soldaten-Frau! Herzinnigst küsse ich Dich, mein Weibelen. Ewig Dein Hans

Auch sein Anwalt Dr. Seidl meldet sich am 22. November 1945 mit vorsichtigem Optimismus bei Brigitte:

Sehr verehrte gnädige Frau.
Vorgestern hat nun der Prozess begonnen. Ihrem Mann geht es gesundheitlich gut. Er befindet sich auch seelisch in einer Verfassung, die zu keinerlei Befürchtungen Anlass gibt. –
Bis jetzt hat sich noch nichts Besonderes ereignet. Die ersten beiden Tage vergingen mit der Eröffnungsrede des amerikanischen Generalstaatsanwalts und dem Verlesen der sehr umfangreichen Anklageschrift. Es folgte sodann die Vernehmung der Angeklagten zu der Frage, ob sie sich »schuldig« bekennen wollten. Die Frage wurde, wie sie aus den Zeitungen ersehen haben werden, von allen Angeklagten verneint.
Über den Verlauf des Prozesses werden Sie ja durch den Rundfunk und die Zeitungen wenigstens ungefähr auf dem Laufenden gehalten werden. Die Erfahrung hat jedoch schon jetzt gezeigt, dass die Berichterstattung sehr unzuverlässig und tendenziös ist. Es wird sich daher empfehlen, irgendwelchen alarmierenden Nachrichten nicht ohne weiteres Glauben zu schenken.

Hier wird schon die Rechtslastigkeit des späteren CSU-Fraktionschefs im Bayerischen Landtag sichtbar. Sicher gab es hie und da tendenziöse Artikel, wie den gegen unsere Mutter in der »Süddeutschen Zeitung«, doch insgesamt wurde sehr fair berichtet. Dazu gehörte eben auch das Schildern der Verbrechen, die den Angeklagten zur Last gelegt wurden. Von denen wussten allerdings schon die meisten deutschen Leser, verdrängten es aber tunlichst.

So auch Brigitte am 25. November 1945:

Mein lieber Hans!
Unser Leben dreht sich dabei in erster Linie um die Prozessführung, und wir verfolgen alles und legen uns natürlich das kleinste Anzeichen zum Segen für uns aus. Dann wieder überfallen mich die grausigsten Vorstellungen Deiner Gefangenschaft, und was es für Dich bedeutet, das Wort »gefangen«. Schon allein die Vorstellung martert mich. Ach, mein lieber Hans, möge Dich der liebe Herrgott weiter stärken, alles ertragen zu können. Heute Nachmittag hörten wir, – Norman, die Kleinen und ich – eine herrliche Konzertübertragung, ein Violinkonzert v. Mozart, eine Sympho-

nie von Schubert und Beethoven. Natürlich sind es alles bekannte Melodien, und ich sitze dann im Geiste mit Dir im Konzertsaal – zumeist natürlich in Krakau, und ich fühle Dich direkt neben mir. Dann aber kommt das entsetzliche Erwachen und ich weine und weine. Heute merke ich zum ersten Mal, dass ich vor lauter Schmerz und Kummer ganz hässlich geworden bin. Wirklich, ich habe gar nicht darauf geachtet. Und nun rede ich mir zu, schon um dessentwillen den Schmerz nicht mehr so Raum zu geben, weil Du mich ja so dürr und vergrämt aussehend, gar nicht mehr magst. In der letzten Zeitung vom dortigen Verhandlungssaal war wieder ein Bild von Dir. Schmaler bist Du geworden, Hans.
Die beiden Jungens hatten mir in die Hand versprochen, brav zu sein. Michel hatte überall meinen Schrankschlüssel gesucht, natürlich auch gefunden, aufgesperrt und eine Schere herausgenommen und daraufhin dann den Schlüssel verschlampt, und Niki hat Streichhölzer gesucht und Feuer gemacht. Ich habe sie aber beide diesmal sehr tüchtig verhauen. Niki, der heute Nachmittag immer wieder noch ein Brot haben wollte, weil ich gerade ein frisches angeschnitten hatte, sagte, als ich es ihm verweigern musste: »Aber Mutti, wenn jetzt plötzlich der Vati käme, gel, da würdest Du doch gleich das ganze Brot ihm geben, und da dürften wir abends ganz lange aufbleiben.« Natürlich wollte der kleine Diplomat mich in eine Falle führen, denn er wollte mir beibringen, dass es einen Fall gibt, wo ich doch das Brot hergäbe.
Heute Abend hörten wir durchs Radio, dass Du Dr. Bühler und Polen als Zeugen erbittest, dass du drüben das Beste anstrebtest und mit dem SS-Anordnungen nichts zu tun hattest. Ja, Hans, dafür gibt es genug Zeugen, da denke ich auch gerade an General Grünwald, der ja am besten Deinen Kampf gegen Himmler kannte, dessen Opfer er dann auch wurde, der ihn ins KZ brachte. Es ist mir ja heute noch nicht klar, dass er Dich nicht noch hereingebracht hat, denn bis zu Deinem Schwager hat er sich ja herangewagt. Er, der gute Marjan musste geopfert werden! Und gerade dieser Mann entzieht sich so leicht der Verantwortung. Für heute, mein guter, mein geliebter Hans, sage ich Dir Gute Nacht. Behüt Dich Gott!
Es küsst Dich Deine Brigitte

Marian, Ehemann von Brigittes Schwester Else, war, auf Mutters Drängen, plötzlich Generalbevollmächtigter der Textilbranche im General-

gouvernement geworden. In der Tat wollte Himmler seinen Feind Hans Frank entfernen, doch Hitler schützte den alten Kampfgefährten gegen das ständige Mosern von Albert Speer, Bormann und eben Himmler. Also machte er sich an den engeren Kreis um Hans Frank ran, ließ erst Karl Lasch erschießen, danach Marjan wegen Korruption verhaften, in Breslau zu fünf Jahren Zuchthaus verurteilen, die er im Arbeitshaus Vaihingen abbüßte, woselbst er elend verreckte. Marjan war herzkrank gewesen, Mein Vater hat weder für ihn noch für Lasch einen seiner klaviergeübten Finger gekrümmt. Nie ist er in seinen Briefen an Mutter auf solche Wahrheiten eingegangen, obwohl er das Wort *Reue* erwähnt. An seine *herzliebe Brigitte* schreibt er am 25. November 1945:
Es ist nicht zu schildern, was alles jetzt an Sehnsucht, Reue und Glauben in mir Tag und Nacht lebendig ist. Möge diese Qual nur bald enden! Mein großer Trost ist, dass Ihr lebt und dass, die Gnade Gottes sich auch in Zukunft Euer erbarmen wird. Und dass Du meine liebe Brigitte so stark und groß den Dir bestimmten Weg gehst. Ich liebe Dich bis zu meinem letzten Atemzug, der ein heißes Gebet für Dich, mein Weibelen und unsere Kinder sein wird. – Über die aktuellen Vorgänge wird Dich der Verteidiger unterrichten. – Herzlichst umarme ich Dich und unsere Süßen.
Ewig Dein Hans – Euer Vati

Das klingt, als habe er das Todesurteil schon empfangen. Am gleichen Tag ergreift ihn wieder das Schicksal im Brief an seine Mutter: *Wie geht es den beiden Lillys – von denen ich keinerlei Nachricht habe? Das Schicksal ist hart, das uns getroffen hat. Aber Gott lebt.*

SOHNES STOLZ AUF DEN MASSENMÖRDER

Vor allem, dass sich seine große Liebe Lilly nicht mehr rührt, muss schmerzen. Während er sich nach Lilly sehnt, weniger nach seiner ewig nervenkranken Schwester, schreibt ihm an diesem Tag auch Norman, dessen Haltung zum Vater im Verlauf des Prozesses bis zu dessen Hinrichtung immer intensiver und wütender wird, was das urteilende internationale Militärgericht betrifft.

Mein lieber Vati!
Uns geht es gut! Dies schreibe ich Dir als erstes, weil ich all Deinen schönen Briefen entnehmen konnte, dass Dir unser Schicksal die größten Sorgen bereitet. Die Zeiten sind schwer, aber noch lange nicht zum Verzweifeln. Wir werden es schon schaffen! Wir verfolgen nun täglich die Berichte über den Prozessablauf. Ich kann Dir gar nicht sagen, wie sehr ich mich über Deine Haltung gefreut habe. Lass Dir sagen, wie stolz ich auf meinen Vater bin! Ich danke Gott, dass er mir so einen Vater gegeben hat, und ich werde versuchen, ihm annähernd gleichzukommen! So kindisch mir das auch im Augenblick vorkommt, aber es sind nun einmal meine Gefühle, und die muss ich Dir sagen. Ich meine, dass Du genauso wenig Trost brauchst wie wir. Wir alle hoffen und glauben an die große, wahre Gerechtigkeit, falls es so eine überhaupt auf Erden gibt.
Sei vielmals gegrüßt von Deinem
Sohn Norman.

Worauf ist Norman stolz? Etwa, dass sich unser Vater zu Beginn des Prozesses den Richtern gegenüber als »nicht schuldig« bekannt hat? Es muss so sein, denn mehr war über Hans Frank noch nicht zu hören. Auch Norman hat die gehenkten und erschossenen Geiseln auf Krakaus Straßen oder auf Überlandfahrten gesehen.

Einen Tag nach Normans Brief schiebt Hans Frank dem US-Psychologen einen Zettel zu, und ich frage mich beklommen: Wieso macht er so etwas? Dadurch wird doch sein Geschriebenes umgehend zur gefallsüchtigen, eitlen Tat: »Am späten Nachmittag gab Frank mir einen Zettel, auf dem er die ›apokalyptische Vision‹ beschrieb, die ihm in der Anklagebank erschienen war, als er der Verlesung des letzten Dokumentes zuhörte. Er war mit ›Hitler am 22. August 1939‹ überschrieben und lautete: ›*Wir sitzen dem Gericht gegenüber. Und schweigend flutet der endlose Zug der Toten vorbei. Ohne Unterbrechung. Bleich und farblos, ohne Laut fließt der Strom des Elends im trüben gelblich-grauen Licht der Ewigkeit dahin. Sie alle, alle wogen weiter ohne Pause, in trüben Dunst gehüllt, getrieben von den Flammen der Menschheitsqual – hierhin – dorthin – hierhin – weiter und weiter, und es ist kein Ende zu sehen. Die Menschen, die in diesem Kriege dem Leben entrissen wurden, sind die grausigste Beute des Todes, der voller Hass und Zerstörungslust wütet – Jung und Alt, Wachsen und Gedeihen, Stolz und Demut... Dort gehen sie – Polen, Juden, Deutsche, Russen, Amerikaner, Italiener – alle Nationen, sie bluten und schwinden dahin. Und eine Stimme schreit: Dieser Krieg muss sein, denn nur solange ich lebe, kann er kommen! Oh, was habt ihr leiden müssen, bis es vorbei war, Allmächtiger Gott!‹«*

Was will er damit erreichen? Gilbert deutsche Visionskunst nahebringen? Mir scheint, er will durch die Mischung der Nationen der Getöteten eine Minimalisierung der deutschen Verantwortung für das Leid aller erreichen. Was für ein Quatsch.

In echter Apokalypse versucht derweil seine Frau, das Leben der Familie zu erhalten. Am 26. November 1945 schreibt sie:

Mein lieber, guter Hans!
Was wirst Du heute alles durchstanden haben. Ich hörte durchs Radio einen Bericht und war tief ergriffen. Vielleicht war es heute eine Gedankenübertragung: Es war heute Vormittag in mir eine Verzweiflung, wie ich so stark noch nie hatte. Ich weinte und weinte und konnte mich trotz des rührenden Zuspruchs der Kleinen nicht beruhigen. Und nun hörte ich heute Nachmittag, dass um 10 Uhr der Beginn der Prozesse war. Dies war auch bei mir die starke Depression. Es kam so eine große Verlassenheit über mich, dass ich nur rufen konnte: Mein Gott, mein Gott, warum hast Du mich verlassen. Ich habe allerdings bald darauf bereut, dass ich so wenig tapfer war, besonders eingedenk Deiner Bitte an mich, immer stark zu bleiben. Eben spielt man im Radio aus der Oper Bajazzo. Ja, lache, Bajazzo! Ach, Hans, wieviel kann ein Mensch doch erleiden! Es ist mir oft wirklich, als ging ich durch ein Inferno. Jeden Morgen erfasst mich aufs Neue das Grauen. Erst wenn ich lange und inbrünstig gebetet habe, kommt etwas Ruhe über mich und ich habe die Kraft, das Tagewerk wieder zu beginnen. Es bringt ja auch jeder Tag etwas Erschreckendes. Doch wenn ich an Dein Leid denke, schäme ich mich, dass Du es noch fertigbringst, mich zu trösten. Doch wird es mir immer klarer, dass mein Schicksal mit dem Deinen stärker verknüpft ist, als wir vielleicht beide wussten. Du bist eben für mein Leben das Licht und die Wärme.
Der liebe Gott möge Dich weiter behüten, mein lieber, lieber Hans, und Dich uns wieder zurückgeben! Dies ist mein ewiges Gebet.
Gute, gute Nacht, mein Lieb!

Immer und ewig bin ich Dein
Brigitte

Ein paar Tage später muss es Brigitte einen Schock versetzt haben, nachdem sie Dr. Seidls Brief vom 28. November erhalten und gelesen hatte:

Sehr geehrte Frau Frank.
Ich bin nunmehr in der Lage, Ihnen einige Einzelheiten über das bisherige Schicksal Ihres Mannes seit seiner Verhaftung mitzuteilen:
Wie Sie wissen, ist Ihr Mann am 4.5.45 in den Abendstunden von 2 amerikanischen Offizieren abgeholt worden. Er wurde zunächst nach Tegernsee gebracht und dort einem ersten Verhör unterzogen. Die damit verbundenen Aufregungen und insbesondere die Tatsache, dass Ihr Mann sich von Ihnen und den Kindern nicht mehr verabschieden konnte, hatten zur Folge, dass Ihr Mann offenbar die Nerven verloren hat. Er machte in Tegernsee einen Selbstmordversuch dadurch, dass er sich die Pulsadern der linken Hand aufschnitt. Er wäre wahrscheinlich verblutet, wenn nicht im letzten Augenblick noch jemand dazu gekommen wäre. Ihr Mann wurde daraufhin in einem Lazarett in Tegernsee operiert. Am nächsten Tag (5.5.45) wurde er mit einem Sanitätsauto in ein amerikanisches Feldlazarett bei Augsburg gebracht. Dort blieb er nur eine Nacht. Am folgenden Tag wurde er in ein politisches Untersuchungslager bei Augsburg überführt. Dort fand die zweite Vernehmung statt. Dabei machte Ihr Mann den zweiten Selbstmordversuch, und zwar dadurch, dass er sich einen Schnitt in den Hals und einen in die linke Armbeuge beibrachte. Es folgte eine zweite Operation, nach welcher er in das Reservelazarett beim Nymphenburger Schloss in München überführt wurde. Dort wurde er außerordentlich gut behandelt. Nach 14-tägigem Aufenthalt kam er am 21.5.45 mit einem Sonderflugzeug nach Mondorf in Luxemburg. Wie Sie wissen werden, handelte es sich bei diesem neuen Aufenthaltsort um ein Hotel, in dem Ihr Mann zusammen mit ca. 50 anderen prominenten Führern des Dritten Reiches untergebracht war. In Mondorf machte die Gesundung sehr gute Fortschritte, da die Behandlung eine ganz ausgezeichnete war. In Mondorf blieb er bis Anfang August. Am 10.8.45 wurde er mit einer Reihe anderer Gefangener nach Nürnberg gebracht, wo er in einer Einzelzelle untergebracht ist. Die Verpflegung und Behandlung hier ist, wie ich Ihnen schon mitteilte, sehr gut. Ihr Mann kann aufstehen,

wann er will. Er kann nach Belieben lesen oder schreiben. Der verantwortliche Sicherheitsoffizier wird von Ihrem Mann als ein gerechter Offizier geschildert. In Tegernsee sind Ihrem Mann die gesamten Privatsachen abgenommen worden. Inzwischen hat er wieder einen gutsitzenden Anzug bekommen. Der Gesundheitszustand Ihres Mannes ist ausgezeichnet. Auch seine seelische Verfassung ist derart, dass weder Sie noch Ihre Kinder sich irgendwelche Sorgen darüber zu machen brauchen. Was ich Ihnen hier mitgeteilt habe, ist eine Schilderung, die mir Ihr Mann selbst gegeben hat. Er bittet Sie ferner, der Frau Staatsminister Meissner folgendes mitteilen zu wollen: Staatsminister Meissner ist am 10.5.45 in Flensburg verhaftet worden. Er wurde, da man ihn für den SS-Obergruppenführer Meissner hielt und man seinen Versicherungen keinen Glauben schenkte, zunächst ziemlich schlecht behandelt. Vor allem scheint die Verpflegung zu wünschen übrig gelassen zu haben. Nachdem sich der Irrtum aufgeklärt hatte, wurde M. ebenfalls nach Mondorf gebracht, wo er mit Ihrem Mann zusammen in einem Zimmer untergebracht wurde und sich ziemlich schnell erholte.

Meissner hatte seine Karriere schon beim ersten Präsidenten der Weimarer Republik begonnen und sie über Hindenburg bis zu Hitler fortgesetzt. Dort wurde er aber alsbald durch Bormann zur Seite geschoben. Obwohl befreundet, freuten sich Brigitte und Hans diebisch, dass Meissner im Gegensatz zu Reichsminister Frank nur Staatsminister war. Vor allem seine Frau litt darunter. Vermutlich, weil es sie Brigitte auch hin und wieder spüren ließ. Dann hat es ihr Mann doch noch zum Reichsminister gebracht, sodass ihre Freundschaft auf gleich hoher Position weiter bestand, bis Vater dem Reichsminister-Titel noch den Generalgouverneur dranhängen konnte. Da waren die Franks den Meissners wieder über! Meissner hat übrigens nach dem Krieg die wohl langweiligsten und alles verhüllenden Memoiren geschrieben, die je aus dem Kreis um Hitler erschienen sind. Dabei hätte er sicher viel Intimes aus der Reichskanzlei erzählen können. Stattdessen ist sein Buch eine einzige Wichtigtuerei.

Gitti, die wie ihre zwei jüngeren Geschwister mit den eitlen Meissners nichts im Sinn hatte, schreibt am 28. November 1945:

Lieber Vati!
Ich hab dir eine große Neuigkeit zu berichten. Ich komm nämlich Morgen in die Oberschule. heute hab ich schon das Zeugnis gekriekt. Das Zeugnis lautet:
Deutsch: mündlich 2, schriftlich 1. Heimatkunde 2. Musik 2, Zeichnen und Werken 2. Rechnen und Raumlehr: 2. Schrift 1. Führung: sehr gut.
Morgen geht es dann um viertel nach 6 mit dem Schulomnibus nach Miesbach. Wir haben von 8 bis halb 2 Schule. Ich freu mich eigentlich gar nicht drauf.
Der Lehrling vom Stickel hat sich vorgestern erhängt. Warum er das getan hat weiß ich auch nicht. Heute Nacht ist wieder Schnee gefallen. Wie wir heute in die Schule gegangen sind und einen Schritt vorwärts getan haben, sind wir gleich zwei wieder zurück gerutscht. Heut war ich mit Michel und Niki beim Friseur und haben uns die Köpfe gewaschen und wie dann das Freulein uns die Haare geföhnt hat, ist es uns immer durch den ganzen Körper gezuckt.
Fortsetzung folgt:
Gestern habe ich einen Adventskranz gemacht. Er sieht zwar aus wie ein Ei, aber sonst ist er ganz schön. Ich hab jetzt eine neue Freundin und die heißt Brigitte Bergner. Der ihr Vater ist Oberkoch und kocht bei den Amerikanern. Wenn ich dann bei ihnen zu Besuch bin, krieg ich immer Schokolade. Deswegen nehm ich ja die Brigitte als Freundin, sonst ist sie nämlich ne olle Zimperliese die immer gleich heult wenn man sie auslacht. Jetzt war ich gerade so ins Schreiben vertieft, dass ich ganz vergessen hatte, dich zu fragen wie es Dir eigentlich geht! Hoffentlich besser, als sie immer durchs Radio sagen.
Es grüßt dich herzlich deine Gitti!

GÖRING WIRD ABGEHÄNGT

Der 29. November 1945 wird für die Anklagebank zu einem Erlebnis. Obwohl sie alle über die entsetzlichen Gräuel in den deutschen KZ Bescheid wussten, war die direkte Konfrontation mit einem Film darüber doch an die Nazi-Nerven gehend.

Gilbert, der während der Vorführung im Gerichtssaal die Angeklagten beobachtet, notiert:

»Frank murmelt ›Grausig!‹« und: »Frank kaut an Nägeln …«

Andere Beobachter bekunden, dass Frank am Ende des Films, dem eine Pause folgte, von der Wache von seinem Sitzplatz geholt werden musste, weil er stockstarr weiter vor sich hin stierte, mit Tränen in den Augen.

Wenn's denn nicht eine ekelhafte Selbstinszenierung war.

Am Abend besucht ihn Gilbert mit seinem Kollegen in der Zelle: »Frank war außerordentlich bedrückt und erregt. Sobald wir den Film erwähnten, begann er vor Scham und Zorn zu weinen: ›Wenn man bedenkt, dass wir wie Könige lebten und an diese Bestie glaubten! – Lassen Sie sich von niemand erzählen, dass sie nichts gewusst hätten!‹

Wir fragten, ob er irgendetwas zum Schlafen brauche. Er schüttelte den Kopf: ›Nein danke. Falls ich nicht schlafe, kann ich beten.‹«

Ich kann es bis heute nicht fassen: Wieso sagt er nicht: »Lassen Sie sich von niemand erzählen, dass <u>wir</u> nichts gewusst hätten«? Dieses elende Wegschieben jeder Mitschuld, wenn's ins Konkrete geht! Dazu gehört natürlich auch »Bestie« Hitler, an die er, ach der Arme, geglaubt habe!

Am Wochenende darauf besucht ihn Gilbert wieder in seiner Zelle und erlebt einen Hans Frank, von dem ich mitnichten behaupten würde, dass er wirklich einen normalen Orientierungssinn gehabt hat: »Frank war tief in Gedanken versunken, freute sich aber über den Besuch. Er erwähnte die ›Vision‹, die er schnell aufgeschrieben und mir neulich im Gerichtssaal gegeben hatte. ›Und wissen Sie, was darauf folgte?‹ fragte er in einer Art mystischer Ekstase. ›Es war zu schrecklich, um es aufzuschreiben. Weil dann Hitler in der Vision erschien – mitten im Gerichtssaal – und sagte: ‚Ihr habt mir Treue bis zum Tod geschworen – kommt!' Ist das nicht fantastisch?‹

Er beschrieb das alles mit so viel dramatischer Inbrunst und Überzeugung, dass ich fast eine Halluzination vermutete.

›Sie meinen, Sie dachten im Gerichtssaal darüber nach?‹ testete ich ihn.

›Ja – das war das Bild, das mir an dem Tag einfiel, und es war so überwältigend, dass ich es aufschrieb. Ich dachte, es würde Sie in psychologischer Hinsicht interessieren.‹ (Die Art seiner Reaktion zerstreute jeden Zweifel an einem normalen Orientierungssinn.)

Wir unterhielten uns dann über die allgemeine Reaktion auf die Verhandlungen. ›Wissen Sie‹, sagte er, ›sie begreifen immer noch nicht, was vor sich geht. Nehmen Sie zum Beispiel Göring. Neulich wollten wir gerade unseren täglichen Spaziergang machen, da blieb er stehen, schaute mich an und wartete, dass ich um ihn herumginge, um meinen mir angemessenen Platz links von ihm einzunehmen, weil er der ältere Offizier ist. Können Sie sich das vorstellen – sogar jetzt, in diesem Gefängnis? Ich kümmere mich einfach nicht mehr um ihn.‹«

Bei Göring buckelt er nicht mehr, bei Gilbert schon mit seiner schleimigen Feststellung, dass den seine Vision doch psychologisch interessieren würde.

Statt in tiefen Gedanken, schreibt er in tiefer Zuneigung am 2. Dezember seiner großen Liebe:

Liebe Lilly!
Mein Leben ist nur noch der Gang zur Pietà! – Holdes Wesen – gestört hab ich die goldene Ruhe Dir oft, und der geheimeren tiefen Schmerzen des Lebens hast Du viele gelernt durch mich! Oh vergiss es, vergib! Gleich dem Gewölke dort vor dem friedlichen Mond, geh ich dahin – und Du ruhst und glänzest in Deiner Schöne wieder, Du süßes Licht! Ewig, ewig! Dein Hans.

Von dieser Brunst zeugt kein Brief aus dem Gefängnis an seine Brigitte, die ihm nie und nimmer *holdes Wesen* war. Obwohl auch Lilly auf dem einzigen Foto, das ich von ihr besitze, in ihrer Schwerknochigkeit Brigitte zu gleichen scheint. Entweder vor oder nach seinem Brief an Lilly tiriliert er an seine Frau:

Meine herzliebe Brigitte!
Ich danke Dir für alle Deine so lieben Briefe, die mir ein so eindrucksvolles Bild Deiner schweren Tage und Dienste geben. Immer düsterer wird die Nacht, durch die ich die entsetzliche Last meines Kreuzes zu schleppen habe. Aber Gott gibt mir Kraft und Glauben! Bleib Du nur stark und gesund – das ist jetzt und künftig das Entscheidende. Denn Du musst leben und Dir und unseren Kindern eine neue Zukunft bauen. Ernst kehrt der Schiffer heim zu dem Stillen-Strom von Inseln fern her – wenn er vollendet hat –

So käme auch ich zur Heimat – hätt' ich Güter so viele wie Leid geerntet! – Ihr teuren Ufer, die mich erzogen einst, Stillt ihr der Liebe Leiden, versprecht Ihr mir, Ihr Wälder meiner Jugend, wenn ich komme, die Ruhe noch einmal wieder? Oh Hoffnung – Wo bist Du? Wenig lebt' ich, doch atmet kalt mein Abend schon – und bald gesanglos, stille, den Schatten gleich!
Herzlichst Ewig Dein Hans

Da gibt's kein angeschmachtetes »holdes Wesen«, nur leicht falsch aus beachtenswertem Gedächtnis niedergeschriebene Strophen von Hölderlin Gedichten »Die Heimat« und »An die Hoffnung«. Hätte ich nie gekonnt! Doch Mutter durchschaute schweigend diese Flucht ihres Hans in die Poesie und ließ ihren Tränen freien Lauf, wie sie Hans am 5. Dezember 1945 schreibt:

Mein Hans, mein innigstgeliebter!
Ehe ich heute meine Augen für einen neuen kommenden grauen Tag öffnete, betete ich um die Gnade, doch von Dir zu hören, und als ich vormittags in der hässlichen kalten Küche stand und Kinderwäsche wusch, zog es mich direkt an die Tür. Durch die Glasscheibe sah ich dann Deine, mir so namenlos wertvolle Post draußen liegen. Niki, der als Erster aus der Schule gekommen war – alle drei kommen und gehen zu verschiedenen Zeiten – saß am Küchentisch und machte seine Aufgaben. »Ach, der gute Vati!« sagte er, als ich ihm erzählte, ich hätte Post von Dir. Als ich dann beim Lesen immer wieder mit der Schürze mir meine Augen wischte, schaute er so verständig mit seinen lieben Augen zu mir und sagte nur immer: »Mutti, weine doch nicht, Vati kommt ja ganz bestimmt bald wieder.« Ach, mein lieber Hans, ohne Dich gibt es für mich kein Glück und keine Freude mehr. Du musst *leben. Wir alle hier in unserem Elend leben nur noch, weil wir wissen, dass Du wiederkommst. Und will es der liebe Gott, dass wir länger getrennt sind und noch viel durchmachen müssten, so habe ich doch die Gewissheit, dass es für uns alle wieder einen neuen Anfang gibt.*

Mutters Hinweis auf die eventuell *längere* Trennung zeigt mir, dass sie schon kurz nach Beginn des Prozesses die Chancen ihres Mannes abwägt: Vielleicht wird's ja nur 'ne Haftstrafe.

Ein halbes Jahr lang las ich mich durch Hunderte von Briefen für dieses Buch. Am widerwärtigsten wurden mir die unserer Oma Frank an ihren Sohn Hans. Dass sie Brigitte nicht leiden konnte: geschenkt! Dass sie Hans' große Liebe lieber als Mutti des Generalgouvernements und ihre eigentliche Schwiegertochter ansah: geschenkt! Doch dass sie sich in ihren Briefen als überaus fürsorgliche Mutter darstellt, ist ebenso zum Kotzen wie die verlogenen Briefe ihres Sohnes an sie, schildert er doch Gilbert erstmals ehrlich die Wirklichkeit seiner Kindheit: »Ich fragte ihn noch einmal zu seiner Familie. Sein Gesicht verdüsterte sich, dann sagte er leichthin: ›Meine Mutter lebt noch, wie Sie wissen. Ich habe hier oft an sie gedacht. Sie ist eine wunderbare Frau. Wenn ich den Kampfgeist meiner Mutter nicht hätte, wäre ich wie mein Vater, ein unentschlossener Mann, der es nie weit gebracht hat. Mutter aber war anders. Sie war eine prächtige Frau. Mutter und Vater kamen nie gut miteinander aus. Sie blieben verheiratet, bis ich zehn Jahre alt war, dann zog Mutter aus und ging zu ihrer Familie zurück. Dadurch war meine Kindheit natürlich recht unglücklich.‹«

Trotzdem musste man nicht zum Massenmörder werden. Oma schmalzt ihn am 6. Dezember 1945 an:

Mein herzlieber einziger Sohn!
Heute ist Sankt Nikolaus! Erinnerst Du Dich der glücklichen Zeit! Von Aibling weiß ich nur, dass Lilly zu Hause ist, ich habe geschrieben, aber keine Antwort bekommen bis heute. Wie schwer ist es für mich so zusehen zu müssen, wie Ihr leidet und nicht helfen zu können. Wie glücklich war unser Leben, gelt, mein Hansimuckerl, wie liebten u. verehrten wir uns, weißt Du noch, wenn wir in unserm Eckerl so zufrieden beisammen waren. Wie sorgtest Du um mich in so ritterlicher Weise, hab tausend Dank dafür. Demütig neige ich mein Haupt mit tiefem Weh im Herzen über unser Schicksal. – Ich segne Dich in großem Gottvertrauen in inniger Liebe.
Deine ewig getreue Mutter
Oder zu Weihnachten 1945: *Wie hart ist das Leben, weil wir geglaubt haben, müssen wir so schwer leiden.*
Oder zu Ostern 1946: *So viel Hass und Menschenentwertung wird wohl die Erde noch nicht erlebt haben, wo wird das hinführen? Mein Einziger, wie liebe ich Dich, seit 2 Jahren habe ich Dich nicht mehr gesehn, noch im-*

mer fühle ich Deinen Abschiedskuss auf meinen Lippen. Was haben wir alles erlebt in der Zeit, besonders Du, wie gerne möchte ich Dir zur Seite stehn, wie hilflos bin ich in meiner großen Sorge um Dich. Aber noch leben wir und müssen hoffen, nach jedem Kampf kommt Friede. Auch ich gedenke der vergangenen Zeit, wie friedlich wir lebten, wie Du Dich auf Ostern freutest, weißt Du es noch? Die Palmkatzerl und Schneeglöckchen verschönten unser Stübchen, gelt, das war eine herrliche Zeit, mein lieber Hansimuckerl! Die Erinnerung kann uns niemand nehmen.

Oder am 31. März 1946: *Wie viel Liebe strahlt aus Deinen Briefen, um Dein Leid zu vergessen, fühle ich mit Dir, warum müssen wir so viel leiden? Haben wir wirklich so viel gefehlt? Dann wollen wir auch unsere Strafe tragen, stolz, mit hocherhobenem Kopf, demütigen tun wir uns nur vor Gott! Wenigstens bist Du vor dem Gemeinen gefeiht, dann sollen sie die Steine auf uns werfen, es fällt 100fach wieder zurück. Der alte Gott lebt noch, er kann das himmelschreiende Unrecht hingehen lassen. Nur durch Kleinmut sind wir ins Verderben ohne Ende gekommen. Und der liebe Gott hat die Welt so schön erschaffen, aber bei den Menschen muss er was vergessen haben, da war er halt schon müde, hat ihm mehr Hass und Überhebung als Liebe und Güte eingehaucht. Aber er wird es schon wieder gut machen. Wie denke ich an unser Vorostern, weißt Du noch, wenn der Osterhas was verloren hat, wie glücklich waren wir in unserer so bescheidenen Freude, gelt, mein Hansimuckerl, wie liebten wir uns!*

Wobei mir, ich geb's ja zu, die Stelle mit dem schon müden Gott beim Erschaffen der Menschen gefällt.

Oder am 24. September 1946: *Alles kommt von Gott und geht wieder zu Gott, die Menschen können mir nichts mehr anhaben. Wie erfühle ich mit Dir alles, was Dich bewegt in Deinem großen Leide. Lange Wege durften wir gemeinsam gehen im innigen Einvernehmen und großem Glück. Wie danke ich Dir aus tiefstem Herzen für all das Glück und den Sonnenschein, den Du immer, auch für Deinen Vater und Geschwister ausstrahltest.*

Sein Vater hatte in Hans' großer Zeit solche Angst vor seinem Sohn, dass er, wie mir seine zweite Frau Paula später berichtete, einmal in den staubigen Straßengraben sprang und sich versteckte, als der Herr Reichsminister im Mercedes über die staubige Landstraße angeröhrt kam. Es ist, als ob nicht nur der Inhaftierte, sondern alle mit ihm Verbundenen die ganz große Vernebelungsgranate zünden: Keiner ist ehrlich.

AUS HONIGLATSCHEN IN MILITÄRSTIEFEL

Hans schmalzt natürlich zurück. So am 15. Dezember 1945: *Zu Weihnachten sende ich Dir in herzlichster Liebe, Dankbarkeit und Verehrung meine Glück- und Segenswünsche. Über allem Leid der Erde leuchtet das ewige Licht Gottes und erfüllt das Herz der Kummergebeugten mit dem unvergänglichen Gnadenstrahl seiner Erlösung. Ich denke an unsere früheren Weihnachten. Ewig Dein Hans*

Dann zu Weihachten 1945: *Ich habe eben mein Weihnachten gefeiert. Ganz für mich und auf meinem Tisch uws. auch Deine liebe Karte und den lieben Gruß unserer armen Lilli aufgestellt. Ich danke Dir in Ergebenheit für all' Deine Liebe und Güte. Ich flehe zu Gott, dass er uns wieder zusammenführt.*

Seine Mutter ist eben keine Psychologin à la Goldensohn, also schwärmt er lügenhaft am 4. Februar 1946: *Ich bin gerührt über die Kraft Deiner Haltung und die Unbrechbarkeit Deines reinen hohen Glaubens. Möge Dir Gott diese Stärke und Dich selbst gesund erhalten – dies ist mein Gebet für Dich, der Du in meiner Seele wie ein milder Engel weilst. Sind doch die Gedanken an meine Kindheit und Jugend jetzt die leuchtenden Perlen meiner Erinnerungen. Du warst immer gut und lichtfroh zu mir – es ist das mir von Dir gegebene Wesen, das mich in dieser schweren und letzten Prüfung meines Lebens hält!*

Am 20. März 1946 steigt er aus den Honiglatschen in die Militärstiefel:

Mir geht es gut: Wie eben einem Soldaten in einer letzten schweren Fortstellung, der sich mit aller Kraft gegen die furchtbar drohende Übermacht der Feinde und des Geschicks zu wehren hat. Du gute, herrliche Mutter! Deine drei Kreuzlein möchte ich gerne öfters spüren. In meinen letzten Gedanken wirst Du mir wie eine ewige Leuchte zum Hohen des Lebens strahlen.

Der junge, noch unschuldige Hans Frank, 20 Jahre alt.

Mit Argwohn ist anzumerken, wie er das wohl schaffen wird, denn die Liste derer füllt sich, denen er verspricht, in seinen letzten Lebenssekunden an sie zu denken.

Am 24. März 1946 macht er aus Herz und Zelle wieder ein verlogenes Idyll: *Heute ist ein so herrlicher Frühlingssonntag: Die Vögel singen in den alten Bäumen vor meinem Fenster und meine herzlichsten Gedanken schwingen sich empor und eilen voll Sehnsucht und Liebe zu Dir, die Du mir das Leben gegeben und immer so lieb und treu gesegnet und erhoben hast. Die Glocken tönen so feierlich übers Land und in mir ist die beschwingt-trauliche Erinnerung an meine Kindheit und Jugend, aus der Du mir einen reichen Zaubergarten gemacht hast.*

Am 27. Mai 1946 ist er wieder ganz unschuldig. Diese Sehnsucht kann ich ihm nachempfinden: Noch einmal von vorne beginnen! *In dem schwe-*

ren Schmerz um das entsetzliche Leid unseres Volkes trage ich mein Los wie ein Bußgebet. Und in den einsamen Dämmerstunden sitze ich in Gedanken bei Dir im »Eckerl« – und Du legst mir die Hand auf den Kopf, machst mir wie einst die Drei Kreuzlein und sagst mir still den Segen.

In banger Vorahnung, dass sein Geburtstag am 23. Mai 1946 vielleicht der letzte sein könnte, schreibt er: *In dieser Woche werden es 46 Jahre, dass Du mich geboren hast. Ich werde an diesem Tage in besonderer Liebe an Dich denken und Dir danken, dass Du mir das Licht des Lebens geschenkt hast. Du hast mir Treue gehalten und ich habe Dir zu danken versucht. Nun es Abend wird um mich, leuchtest Du mir wie ein lichter Stern!*

Sie hat ihm eben nicht die Treue gehalten. Meine Güte, dann schreib ich doch lieber aus dem Gedächtnis wieder ein Hölderlin Gedicht ab! Ein Leben lang bin ich schon auf der Suche: Wann war er echt? Wann war er ehrlich? Wann hat er sich wirklich sich selbst gestellt?

Zur Auferstehung eines gewissen Jesus macht er ihr 1946 den Kardinal: *Meine innigsten Ostergedanken gelten Dir. Möge Dir der allmächtige Gott die Stärke gewähren, diese Passion bis zur Auferstehung zu bestehen. Mir gab er die Kraft, die schwerste Prüfung meines Lebens in Wahrheit zu durchschreiten und der ahnungsvolle Glaube an seinen ewigen Frieden durchschauert mein Gemüt. Selig ist, wer sein Leben hingibt für seine Brüder!*

Wen meint er mit *Brüder?* Sind das die Mitangeklagten, von denen er annimmt, sie werden freigesprochen? Sind es alle anderen Nazis, die ungeschoren weiterleben und so das Gift ihrer Ideologie an ihre Kinder weitergeben können?

Mitnichten hat er am Gründonnerstag *die schwerste Prüfung* seines *Lebens in Wahrheit* durchschritten. Gelogen hat er gleich wieder wie Bolle, als ihn der sowjetische Ankläger nach seinem Schuld-Eingeständnis verhörte. Am 17. Juni 1946 macht er via Mama mal wieder eine Liebeserklärung an seine Lilly. Nie hat er solch innige Worte für seine Brigitte übrig gehabt. Was für eine Show zieht da ein Mensch ab, der zugleich um das Ende seines Lebens bangt: *Wir wollen unseren Glauben bewahren und uns von nichts unterkriegen lassen. Dass unsere Aiblinger Lilly so lieb zu Dir ist, beglückt mich auf das innigste. Das zeigt die ganze herrliche Größe dieser Frau, die einzigartig ist und beruhigt mich besonders, da sie Deine ganze echte Schwiegertochter ist. Dass mein Leben jetzt so daniederliegt, ist vielleicht auch nur die Folge davon, dass ich diese Frau dereinst nicht errungen habe. Grüße Lilly herzlichst von mir und sage ihr, dass ich ihren Geburtstagsgruß immer bei mir trage und in hohen Träumen ihr innigst verbunden bin. Als ich damals von Krakau zurückkehrte, war mein erster Weg zu ihr, und sie hat mich damals so unsagbar lieb aufgenommen. In meinen Träumen herrscht sie, und bis in das letzte verklingende pianissimo meines stürmischen Lebensliedes wird sie die herrschende Melodie bleiben.*

Einen Tag zuvor hatte er für sein angetrautes Weib dagegen nur schal klingende Worte übrig: *Bleibe all dem furchtbar drohenden dieser unseligen Zeit gegenüber so stark wie bisher, und dann wird sicher alles gut werden. An Deinem Ringen um Deine und unserer Kinder Lebensfristung nehme ich in all meiner Ohnmacht innigsten Anteil: Du kannst Dir ja vorstellen, was ich leide, wenn ich meine erzwungene sinnlose Untätigkeit durchlebe in der Erkenntnis, wie gerade jetzt ich Euch nötig wäre. Aber halte durch: Das Elend ruft das Erbarmen Gottes hervor! Noch leben wir, noch wissen wir voneinander, noch können wir uns schreiben. So bitte ich Dich, mutig zu bleiben!*

Norman, und das mag ich, verfällt zu dieser Zeit des Prozesses noch selten ins Schwülstige, sondern lüpft mit Humor seinen Brief vom 7. Dezember 1945 an den von ihm bedauerten Vater:

Mein lieber Vati!
Gitti gab nicht eher Ruhe, als bis sie einen Rodel unter ihren Hintern hatte. Am Nachmittag fuhren wir etwas Ski. Im Geiste sah ich Dich ganz deutlich Deine über alles gepriesenen Stemmbogen fahren. Uns war diese Art ja immer etwas zu langsam, dennoch bestreiten wir nicht, dass gerade dieser Bogen seine Vorzüge hat. Ja, mein lieber Vati, wenn wir alle beisammen wären, könnten wir manch schönen Tag verbringen. Gerade jetzt, wo der Schnee und die Sonne so schön ist. Gestern waren wir in unserem gemütlichen Wohnzimmer, wo Mutti alles schon festlich hergerichtet hatte. Die Kinder waren zwar etwas enttäuscht, dass kein Nikolaus kam, aber die guten Plätzchen versöhnten sie wieder.

Du hast sicher unsere Gedanken gefühlt. Ich glaube, Du wärst beruhigt gewesen, wenn Du uns so gesehen hättest. Wenn wir nur auch beruhigt sein könnten!
Es grüßt Dich vielmals
Dein Norman

Das ist für mich ein Brief, der in jeden Ratgeber »Wie schreibe ich an Gefangene« gehört.

Einen Tag nach Normans Brief besucht Gilbert mal wieder den ihm nicht ganz so angenehmen Hans Frank: »Wissen Sie«, belehrt Vater den Psychologen, »die Barbarei muss ein vorherrschender deutscher Charakterzug sein. Wie hätte sonst Himmler Männer für die Ausführung seiner mörderischen Befehle finden können?«

Wer hätte gedacht, dass ich ein einziges Mal mit meinem Vater einer Meinung sein könnte! Aber da hat er nun mal Recht. Wobei es natürlich wieder mal zum Speien ist, dass er nur Himmler nennt! Hat er denn nicht gesagt: »Wo immer wir Juden finden, müssen wir sie vernichten«? Warum lässt er sich nicht an sich heran? Anschließend kommt endlich wieder ein kleines Mitschüldchen zum Vorschein, wobei es da nicht direkt um die Ermordung Unschuldiger geht. Gilbert: »Abschließend kam er nochmal auf die Frage ihrer Schuld zurück: ›Wir wurden vom Ehrgeiz angestachelt, *wir alle,* ich auch.‹«

Und Ehrgeiz ist ja nichts Schlimmes.

Eine Beteiligung am Mord wegleugnend, schreibt er am 9. Dezember 1945 an Brigitte. Da war's halt wieder der böse Hitler: *Der Prozess ist für mich eine schauerliche Offenbarung, wie sehr doch Adolf Hitler uns, unser Volk und die ganze Welt belogen und betrogen hat. Es ist furchtbar, welch ein unfassbares Elend auf diese Weise über die Welt und unser armes Volk gekommen ist.*

Am 19. Dezember 1945 erhält Hans einen Um-die-Ohren-Hauer-Brief von Brigitte, den sie am 13. Dezember in ihre Erika tippt. Er hatte ja seine Kindheits- und Jugenderinnerungen schon vor Prozessbeginn fertiggestellt, in Seidls Kanzlei von Helene, die seine Schrift am genauesten kannte, abschreiben und an die Lieben allüberall verteilen lassen. Er hat beim Schreiben nur einen saudummen Fehler gemacht, wie Brigitte darlegt: *Ich las gleich Deine Lebensgeschichte und will Dir nur meine stärks-*

Hitler und Hans Frank, der ihn bis in die Haltung der Hände hinein kopierte.

ten Empfindungen und Eindrücke schnell sagen: Als ich so ausführlich von Deinem Erleben im Elternhaus, mit Gertrud und Lilly las und inzwischen das Jahr 1927 schon da war, ohne dass von mir die Rede war, war ich anfangs sehr traurig, dann aber musste ich innerlich lächeln, als ich die Rosinen in Gestalt von Sigurd Funk, Schrott usw. herausfischte, denen Du ein Denkmal setztest. Ach, Hans, Deine Menschenkenntnis! Du bist doch ein großer Junge! Dein Leben, so wie Du es da aufschreibst und wie ich es auch nach Deinen Schilderungen und meinen Beobachtungen kenne, war bisher eigentlich trotz des vorübergehenden äußeren Glanzes so arm, dass ich tiefes Mitleid habe. Hans, glaub mir, das eigentliche Leben kommt erst für Dich, und ich hoffe, ich kann es an Deiner Seite miterleben. Vielleicht kann ich Dir dann auch etwas mehr sein, als »Deine brave Frau«.

Das sitzt! Mutter ist tief beleidigt, hat in all dem sonstigen Sehnsuchts-, Schicksals- und Gottesgedöns endlich mal wieder die Wahrheit über ihn rausgelassen. Dann fällt der Frau ein, dass brav sein angesagt ist und rutscht leider wieder zu Kreuze: *Bitte, bitte, fasse das alles richtig auf, Hans, ich habe jetzt immer so Angst vor Missverständnissen, die in den*

Frank auf dem Weg zum Gerichtssaal, Nürnberg 1946.

letzten Jahren leider so häufig auftraten. Auch ich habe ja gelernt, und noch vor ein paar Jahren würde ich mich beleidigt schmollend oder auch »Krach machend« gebärden. Aber wie ich Dir schon sagte, ich lächle, ein bisschen wehmütig, ein bisschen mitleidig und ein bisschen frohlockend und möchte Dir so gerne einen Kuss geben und Dich streicheln. Nun höre ich Dich aber ordentlich: »Ach, die Brigitte, was ist sie doch für ein kleinliches Wesen, alles muss sie auf sich beziehen und persönlich nehmen! Diese entsetzlich ewig eifersüchtige Frau!« Stimmt's, Hans? Macht aber nichts, wenn Du so denkst. Nur ärgern sollst Du Dich nicht. So ist es ja auch nicht! Im Übrigen bin ich mir meiner Unzulänglichkeit in jeder Beziehung heute mehr denn je bewusst, innerlich und äußerlich! Ach, es ist gut, dass Du mich nicht siehst. »Arbeit schändet nicht« – »Arbeit adelt«! Aber d i e s e Arbeit hat mich alt und hässlich gemacht. Heute war auch wieder ein »Tag der Arbeit«. Beim Gemüse schneiden habe ich mir tief in den Daumen geschnitten und den Nagel halbiert. Da kommen Momente des Grolls, wenn ich kein Pflaster und keinen Verband habe und weiter mit dem Finger im schmutzigen Wasser arbeiten muss, weil wir nicht mal unseren Medizinschrank mitnehmen durften. Eine Brandwunde kam gestern auch noch dazu. Ja, Hans, so armselig habe ich in meinem ganzen Leben noch nie gelebt. Der Absturz konnte auch nur einem Steinbock passieren. Ja, ja, wer hoch steigt, fällt tief!

Deine Lilly hat's klüger gemacht. Sie hat sich mit 60000 Mk. gewissermaßen losgekauft dafür, dass sie den Umgang hatte. – Du weißt, mit wem und soll jetzt ganz groß bei den Amerikanern sein, die bei ihr ein- und ausgehen! Bei der Gelegenheit fällt mir ein, hast Du nicht einige Bekleidungsstücke in Aibling, die eventuell Norman bekommen könnte, der doch gar nichts anzuziehen hat, keinen Anzug, keinen Mantel, überhaupt nichts?

Was für ein letzter Absatz! *Deine Lilly* ist ein solches Luder, dass sie sich jetzt mit schnödem Mammon von Dir losgekauft hat! Das *ein und ausgehen* bekommt bei Muttern sofort den Beigeschmack: Diese Hure schläft jetzt mit den Amis! Erstaunlich auch, woher sie die Informationen hat. In der Tat ist sie die *ewig Eifersüchtige,* die gnadenlos spioniert, ob mit oder ohne halben Daumen und Brandwunden.

Es muss Vater gerissen und verzweifelt gemacht haben. Seine Lilly! Diese Brigitte!

Wie mir Jahrzehnte später einer ihrer Verwandten am Telefon erzählte: »Ich kann mich gut an Tante Lilly erinnern. Das war eine böse Frau!«

Noch vor seinem Weiberkram hatte er am 14. Dezember 1945 Besuch von Gilbert in seiner Zelle: »Ich sprach mit Frank über seine zynischen Äußerungen und davon, dass man eine Million Juden durch die zugeteilten Nahrungsrationen verhungern ließ. Frank gab zu, in der Zeit seines blinden Nazi-Fanatismus dazu gestanden zu haben.«

Gilbert beobachtet am gleichen Tag auch die Angeklagten beim Mittagessen: »Sowohl an Franks wie an Görings Tisch bildete Hitler das Gesprächsthema. Heß und Ribbentrop, die an Franks Tisch saßen, hatten beide die Frage erhoben, ob Hitler über all diese Dinge Bescheid gewusst hatte. Frank erwiderte spöttisch, es sei anders wohl schlecht möglich gewesen. Er bestand darauf, dass alles auf direkten Befehl Hitlers geschah. Frank erwiderte scharf über die Tische hinweg: ›Schon andere Herrscher haben vor Gericht gestanden!‹ und schleuderte damit zum ersten Mal seit Prozessbeginn Göring eine offene Herausforderung entgegen. Sein Gesicht war rot vor aufsteigendem Zorn. ›Er hat uns hier hereingeritten, und jetzt bleibt als einziges übrig, die Wahrheit zu sagen.‹«

Wenn Vater das mal durchgehalten hätte!

Seine Kampfansage an Göring ist für die Katz. Zumal er auch wieder mit zu Hause Schwierigkeiten hat: Wenn Du einen Stall voll Kinder hast, täglich im Gerichtssaal die schrecklichsten Verbrechen, an denen du beteiligt warst, anhören musst, die in deinen Augen unterbelichteten Mitangeklagten beim Schlürfen ihre Suppe um dich rum hast, kann man doch mal wen vergessen. Das allerdings nur mit bösen Folgen, wie Sigrids Brief am 21. Dezember 1945 aufzeigt. Sie jammert in seine enge Zelle hinein:

Mein lieber Vati!
Eben war ich bei Mutti. Wir tranken Kaffee und durften schon etwas von dem Weihnachtsgebäck versuchen. Dann las Mutti Deine Briefe vor. Sag', Vati, bin ich jetzt denn nicht mehr Deine Tochter? Aber ich will es nicht glauben, dass Du mich vergessen hast, weil Du in Deinen Briefen auch nicht einen kurzen Gruß an mich geschickt hast. Auch wenn Du aus irgendeinem Grund nichts mehr von Deiner Sigrid wissen willst – ich werde Dir doch immer wieder schreiben. Es war so fürchterlich, als Mutti eben Deine wunderschönen Weihnachtsbriefe vorlas, und ich saß dabei wie eine Ausgestoßene. Oma und Tante hast Du grüßen lassen, nur an Deine älteste Tochter nicht ein liebes Wort! Vati, lieber Vati, sei mir doch nicht böse – ich hab' Dich doch so lieb. So herrlich schön schriebst Du, wie Du am Weihnachtsabend mitten unter uns sein wirst und uns berühren würdest! So unermesslich große Traurigkeit und Trostlosigkeit der Gedanke an die äußeren Umstände und den Grund der Trennung an diesem Fest in uns auslöst, so habe ich mir ganz für mich allein ein winzig kleines Hoffnungslichtlein angezündet: magst Du, mein geliebter Vati, auch körperlich weit, ja unerreichbar weit entfernt sein, so ist doch in diesem Jahr nach drei liebelosen Jahren, da Deine Seele nur ganz kurze Augenblicke lang merkbar bei uns weilte, Dein volles Herz in ungeteilter Liebe und Zuneigung bei Mutti und Deinen Kindern. Für mich und sehr wahrscheinlich auch für Mutti ist diese Gewissheit unser aller Zusammengehörigkeit das herrlichste und glücklichste, was unsere Herzen noch mit einem kleinen bisschen Ungläubigkeit in den ersten Augenblicken tief drinnen versteckt hält, doch kurz darauf lässt die Gewissheit uns so glücklich und unbeschwert sein, wie es in diesem Jahr überhaupt nur möglich sein kann. Und nun soll für mich dieser Gedanke aufgehört haben zu leuchten? Nein, Vati! Nicht wahr, Du hast mich genauso lieb wie Norman, Gitti, Michel und Niki!? Ich küsse Dich, mein lieber Vati, als Deine große Tochter Sigrid

Trotz echter Enttäuschung bahnt sich auch hier zwischendurch klitzeklein die Wahrheit Bahn: ... *so ist doch in diesem Jahr nach drei liebelosen Jahren, da Deine Seele nur ganz kurze Augenblicke lang merkbar bei uns weilte.* Das reibt sie ihm doch hin, dass er eben nichts mehr mit der Familie im Sinn hatte. Wieder eine Wunde für den Einsamen in der Zelle. Es wird das letzte Weihnachtsfest für ihn sein, das er jetzt mit sich selbst feiern wird. Er beschreibt die Vorbereitungen in überraschend ehrlicher Manier am 23. Dezember 1945 und versieht das Ganze sogar mit einem Titel:

Weihnachten am Schoberhof

Heute, den 23. Dezember 1945, sitze ich allein in meiner Nürnberger Gefängniszelle. Durch die Türe fällt der Lichtstrahl einer hellen Lampe, die meinen kärglichen Tisch beleuchtet, den ich mir vor mein Eisengestell-Bett, auf dem ich sitze, gerückt habe. Auf dem Tischlein – aus ganz dünnen, schwachen und stets schwankenden Holzstäben mit Pappkartonplatte bestehend – habe ich weiße Papierbögen so gebreitet, dass die Illusion eines Tuchstückes entsteht. Ich schaue auf eine Buntkarte, die ich von meiner Mutter mit lieben Zeilen zum Fest erhalten habe – die heilige Familie um die Krippe unter einem lichterstrahlenden Christbaum darstellend – und die ich mir wie ein Bild aufstellte. An sie lehnt sich eine kleinere Karte – die Hirten, den Stern demütig anbetend – mit der Aufschrift »Christmas greetings«, welche ich gestern, als ich vom Spaziergang zurückkehrte, in meinem Räumchen als zarten Gruß eines unerkannt bleiben wollenden Amerikaners vorgefunden hatte. Heute früh um 10 Uhr hatten wir Messe in einem kleinen als Kapelle mit einfachen Mitteln sehr geschmackvoll geschmückten Zimmer unseres Gebäudes, die mein lieber Pater Sixtus hielt, und an der außer mir nur Seyss-Inquart und Herr von Papen – dieser ministrierend – teilnahmen. Pater Sixtus, aus der bedeutenden, einmal Königswürde ausübenden alten irischen hocharistokratischen Familie O'Connore stammend – hatte zur Feier des Tages sein schönes Mönchshabit nach der Vorschrift des Hlg. Franz von Assisi unter dem Messgewand angezogen. Im kleinen Kirchlein war rechts neben dem Altar eine kleine Krippe altdeutscher Arbeit lieblich beleuchtet aufgestellt, während links des heiligen Tisches ein schmuckloser Tannenbaum die Weihnachtssymbolik ergänzte. Als ich die Krippe sah, wurden meine Augen feucht, gedachte ich doch meiner Frau und der Kinder und des diesjährigen Weihnachtsfestes in so kummervoller Verlassenheit – und als ich dann im Verlauf der Messe kommunizierte, sank ich vor dem Allerheiligsten in demütigster Gebetsempfindung für meine Liebsten auf der Welt nieder. Gott möge mit ihnen sein! Von dem Tannenbäumchen in der Kapelle hatte ich mir ein kleines keckes frisches Zweiglein abgebrochen, welches nun vor den beiden Buntkärtchen auf dem Tische liegt und somit wenigstens ein ganz kleines Naturwunderchen symbolisiert, welches sonst in großmächtigen Baumgestalten Weihnachten mir und den Meinen zierte. Links vor mir habe ich in einem großen Couvert fürsorglich geborgen, was mir Frau und meine Kinderlein zu Weihnachten sandten, worunter zwei in Buntpapier mit Silberband geborgene Geheimnisse, die ich zusammen morgen, wenn ich Weihnachtsbescherung feiere, feierlich eröffnen will. Mein Programm dafür ist fertig. Da ich annehme, dass im kleinen Häuschen in der Dürnbachstraße in Neuhaus etwa um 4 Uhr die goldene Stunde des Bescherungswunders läuten wird, werde ich mich um die gleiche Zeit an meinen Tisch setzen, den ich so schön wie nur möglich zu schmücken gedenke und die Gabenbriefe von Frau und Kindern, von Mutter und Schwester öffnen, bei offenem Fensterchen die Glocken hören und den Schwingungen der ewigherrlichen Töne meine herzentfliegenden Segenswünsche zu meinen armen Verlassenen anvertraue – und mich so tief wie nur möglich in mich selbst zurückziehe, bis dahin, wo nur Gott mit dem Ich spricht, und das ganze Treiben der wirren Welt nicht nachzufolgen oder gar störend sich einzumengen vermag. Von meinen Kindern habe ich auch einen kleinen Silberstern bekommen, den ich zur Feier der Stunde morgen an mein Zweiglein anbringen werde. Auch das mit einem Zettelchen »Am 6.12. zu öffnen (Nikolaus)« versehene Buntpapierbrieflein Gittis werde ich erst morgen öffnen, da ich es mir für Weihnachten aufgespart hatte.

Der die Bücher ausgebende deutsche Kriegsgefangene – im Zivilleben ein braver, gebildeter Bankbeamter – hat mir heute erneut zugesagt, dass ich morgen die »Heilige Nacht« von Ludwig Thoma – die ich schon lange bei ihm bestellt hatte – erhielte. Ihre Lektüre wird mich dann noch besonders mit jenen heimeligen Wortwerten umzaubern, umbreiten, die mir meine Heimat in herzlichster Weise bedeuten und meine ganzen sehnsuchtsvollen Träume, noch einmal im Leben im verschneiten Schoberhof mit den Meinen Weihnachten gemeinsam feiern zu dürfen, umstrahlen…

Draußen ist es Nacht. Das düstere Gebäude liegt in Ruhe. Und meine Gedanken machen sich auf und tragen mich in das Zauberreich meines hohen Lebensglücks: Schoberhof! Was doch allein dieser Name an Gemütswerten birgt, was der Gedanke an ihn an herrlichsten Empfindungen wachruft! Er

war uns allen liebe, warme, herzig-würdige, lebensdurchpulste Heimat geworden – und breitete wie ein segnender guter Vater seine schützende Hülle um uns alle.

Er, der weise, stolze, alterskluge Schoberhof, strahlend im verjüngten Glanz seiner künstlerischen Erneuerung, durchatmet von einem so frischen, gesunden Bergatem: Ein Monument altbäuerischer Adelstradition, und jungdeutscher geschmackvollen Tatkraft – mein weiser Schoberhof, warum, sag an, mussten wir alle Dich verlassen?

In Not sind wir versunken ohne Dich, wie aus einem Paradies ausgestoßen, der gnadenlosen Gegenwart ausgeliefert, ungeschützt, elend, verzweifelnd, müde und krank: Mein Schoberhof – sag': Denkst Du unser so wie wir Deiner? Wenn es einen Steingott gibt, dann bist Du einer, und ja, gelt, Du holst uns alle wieder zusammen um Deinen altgrünen Kaiser Maximiliansofen in die alte Stube und singst uns dann wieder Deine herrlichen sausenden und rauschenden Melodien, wenn Du dem Sturm der Berge lauschst und Du behaglich-selbstsicher, uralt und klug, Dich unter den tiefen Schnee behaglich einkuschelst, die weiße Haube über Dich ziehst, und wir alle in Dir zusammenrückten wie die kleinen winzigen Küken unter der Glucke.

Ja, im Schoberhof bin ich im Rahmen des mir Möglichen bewusst geworden. Er war und ist meine engste Heimat. Jetzt ist er abgerissen und protzig neu hingestellt. Nicht wie eine Glucke, sondern wie ein eitler Pfau. Die Seele zerreißt es mir jedes Mal, wenn ich daran vorbei gehe oder fahre.

Auf einer Briefkarte schickt Brigitte ihrem Mann zum heiligen Fest per Postkarte eine bunte Madonna und schreibt hinten auf die Rückseite: *Mein lieber Hans! Wenn es der Herrgott auch will, dass wir nicht alle gemeinsam die hl. Nacht feiern können, so wissen wir doch, dass wir uns an keinem der Weihnachtsfeste so nahe waren, wie heuer es sein wird. Und dafür, und dass wir alle leben u. gesund sind, wollen wir dankbar sein. Die kleine Madonna überbringt Dir meine heißen Weihnachtswünsche und wird Dich weiterhin beschützen. Alles, um was ich bat, erfüllte sie mir. Trage sie immer bei Dir. Sie bringt Dir 1000 Küsse von Deinem Dir so seelisch nahen Weibelen.*

Unter die Madonna schreibt sie noch: *Du bist nun nie mehr allein. Ich bin bei Dir Tag und Nacht wie unsere Madonna!*

Hans ist von Jesu Mutter ergriffen, wie er Brigitte am 24. Dezember 1945 schreibt:

Meine herzliebste Brigitte!
Eben habe ich still für mich den Heiligen Abend gefeiert, habe auf meinem Tuch Eure lieben Bilder um mich herum aufgestellt, so dass ich mein innigstes Gedenken an Dich und die lieben Kinder auch symbolisch erlebe. Deine wunderschöne Karte mit den ergreifenden Worten werde ich nun immer bei mir tragen. Eben tönt das Weihnachtslied aus der nahen Kirche in mein Gemach, und den Abend beschließe ich mit der Lektüre von Thomas »Heilige Nacht«. Ich umarme und küsse Dich und die Kinder in Ewigkeit! Dein Hans – Vati

Nicht nur Lilly hat sich freigekauft, auch Brigittes Freunde, die ihr und Hans bis Kriegsende untertänigst gelobhudelt hatten, waren verschwunden, wie Brigitte ihm Ende Dezember 1945 schreibt: *Weder Dr. Schwaigers, noch Dr. Langeckers, noch Luxenbergs haben sich Weihnachten gerührt! Ach, diese Feiglinge. Ich hätte wenigstens geglaubt, dass sie den Kindern eine Freude gemacht hätten, und wärs anonym gewesen! O, die Menschen! Ich habe sie kennengelernt. Ach, welches Armutszeugnis! Nun kommen die letzten Tage dieses schicksalsschweren Jahres. Auch uns wird der Herrgott nicht mehr zu tragen geben, als wir dazu die Kraft haben. Und alles hat ja einen tieferen Sinn – die Freude, wie das Leid. Seit Mitte des Jahres 42 bin ich nur noch aus Leid und Schmerz zusammengesetzt, nun wird es doch auch wieder mal bergauf gehen, und das kann es nur, wenn es auch Dir wieder gut geht. Darum bete ich inbrünstig Tag und Nacht. Und ich weiß auch, dass mein Gebet erhört werden wird. Noch nie fühlte ich den Herrgott uns so nahe wie im Leid.*

Musste das sein: *Seit Mitte des Jahres 42 bin ich nur noch aus Leid und Schmerz zusammengesetzt?* Musste Mutter ihm diese elende Scheidungsgeschichte unter die Nase reiben, in der sie sich gegenseitig so sehr verletzt hatten? Entlarvt sich dadurch nicht dieses Innige zwischen den beiden als aufgesetztes Getue?

Was den oben erwähnten Zahnarzt Dr. Schwaiger aus Schliersee betrifft, so hat er am 4. Oktober 1944 den einzigen witzigen Brief an Vater geschrieben, den ich gefunden habe:

Sehr verehrter Herr Minister!
Wie ich von Frau Gemahlin höre, beabsichtigen Sie sich demnächst in meine Behandlung zu begeben. In der Freude, Sie wiederzusehen habe ich mir für Sie schon ein paar scharfe Bohrer zurecht gerichtet!
Mit besten Grüßen auch von meiner Frau
Heil Hitler
Ihr sehr ergebener
Schwaiger

Was mich ärgert, weil ich meinen Vater nicht gerne als humorigen Menschen sehe, ist seine Antwort am 11. Oktober 1944:

Lieber Herr Dr. Schwaiger!
Ich lasse vielmals danken für Ihre so gütige und menschliche Mitteilung. Es ist gut, dass es in dieser sonst so zur Weichlichkeit führenden Zeit Menschenfreunde wie Sie gibt, die durch die Schärfe ihrer Bohrer Härtezeiten vortäuschen können. Aber meine Zähne sind gewappnet. Passen Sie nur auf, dass Ihre Bohrer nicht springen, wenn Sie mit ihnen in Verbindung kommen.
Im Übrigen freue ich mich sehr auf unser Wiedersehen und hoffe, dass ich es bald möglich machen kann, zu Ihnen zu kommen. Hier werden tolle Gerüchte erzählt, dass im Schliersee Gold gefunden worden wäre, und dass nun große Goldfiltrieranstalten errichtet werden sollen. Ist Ihnen davon nichts bekannt, oder stecken Sie am Ende selbst dahinter?

Uns geht es blendend. Die Russen sind uns gegenüber sehr friedlich und handsam, und wenn wir Glück haben, dann bleibt's so.
Viel werden wir zu erzählen haben, mein lieber, guter Dr. Schwaiger, und ich freue mich schon, wenn wir zusammenhocken und von Vergangenem, Gegenwärtigem und Künftigem sprechen.
Mit freundlichsten Grüßen
Heil Hitler!
Ihr
(Frank)

Dann setzt er noch dieses P. S. darunter: *Bittschön, weichen's die Bohrer doch ein, bevor ich komm!*

Schon drei Monate später hätte nach Vaters Flucht aus Krakau die Behandlung beginnen können. Aber da versteckte Dr. Schwaiger wohl schon seine Bohrer und ging, je näher die Front rückte, immer mehr auf Abstand zur Familie. Was zur Folge hatte, dass meine beiden oberen Eckzähne mein Leben lang schief blieben. Diese Hauer ermöglichen es mir aber, in der Not Milchdosen durch einen kraftvollen Zubiss mit zwei Löchern zu versehen oder die Schalen von Orangen kunstvoll in vier Teile aufzureißen.

Hans hatte dank Dr. Schwaiger blendende Zähne, durch die er Gilbert bei dessen Zellenbesuch belehrt: »Ja, wir alle haben etwas Böses in uns. Doch vergessen Sie nicht, dass immer ein Mephisto da ist, der es zum Vorschein bringt. Er spricht: ›Siehe! die Welt ist weit und voller Verlockung, siehe! Ich werde Dir die Welt zeigen! Nur eine Kleinigkeit musst Du mir geben – deine Seele!‹ Und so war es. – Hitler war der Teufel. So verführte er uns alle. Die drei Tage nach Hitlers Selbstmord waren entscheidend – der Wendepunkt in meinem Leben. Nachdem er uns verlockt und die ganze Welt in Aufruhr versetzt hatte, verschwand er einfach – ließ uns im Stich, damit wir die Schuld für alles, was geschehen war, auf uns zu nehmen hätten.«

Interessant, wie Gilbert die insgesamt längere Unterhaltung an diesem Abend in Franks Zelle interpretiert: »Unwillkürlich enthüllt er seinen Hang zur Homosexualität, die ihm neben seinem rücksichtslosen Ehrgeiz und seiner Skrupellosigkeit dazu trieb, sich dem Führer anzuschließen und sich mit ihm in einer leidenschaftlichen Begeisterung zu identifizieren, die alle Vernunft, alle gesetzlichen wie humanen Begriffe der Menschenrechte vernebelte. Als der böse Dämon, der seine Existenz rechtfertigte, in einer Orgie aus Blut, Zerstörung und Schande unterging, distanzierte er sich von diesem unerträglichen Bild seines Egos, flüchtete in eine religiöse Ekstase und entsagte der Welt und seinem bösen Ego ebenso wie der bösen Gestalt, die ihn verführt hatte; doch er hinterließ seine Tagebücher, denn eine völlige Auslöschung wäre für sein Ego unerträglich gewesen, und der Beweis für seine Schuld erfüllte auch sein masochistisches Bedürfnis.«

Der vom Führer Erotisierte überhöht seine Zurückweisung durch den Angehimmelten auf einem Notizzettel ohne Datum: *Hitler: Weil das Opfer, das er brachte, so unsagbar groß und heilig war: Deutschland – wünschen wir auch den Opfernden, der es im grauenvoll vermessenen Schicksalsspiel in die Ewigkeit verlohen ließ, groß und geweiht zu sehen. Wenn der Einzelne die schweren Stunden seiner ureigenen Passion zu durchschreiten hat, wächst er durch alle theologisch-traditionellen Systeme hinauf in die düstere Höhe einer völlig unmittelbaren Verbundenheit zum gekreuzigten Christus.*

1946 – TOD UND VERDRÄNGUNG

Kurz nach Mitternacht läutet Brigitte um 0.30 Uhr das neue Jahr 1946 mit einem Brief an den *innigstgeliebten Hans* ein:

Das Jahr des Leides ist nun vorüber. Es hat uns seinen bitteren Kelch zur Neige leeren lassen. Doch wissen wir beide ja, lieber Hans, dass auch im Leid ein Glück geschenkt uns wird. So gehen wir gläubigen Herzens hoffend in das neue Jahr! Wir waren in unseren Gedanken und im Geiste Dir alle ganz nahe.
Ich habe einen schmerzhaften Husten und Brust- und Rippenschmerzen und bin so schrecklich abgemagert. Ich muss schauen, so bald wie möglich wieder gesund zu werden. Wir haben von all den schönen Silvesterfeiern gesprochen, die wir im Kreise unserer Kinder verbrachten, als Du dann die Neujahrsschüsse in die Nacht hinaus sandtest, wie wir bis dahin meist gemeinsam gute Musik hörten. Und zum Schluss kam dann noch

meist das Bleigießen. Alles erlebten wir wieder, als die 4 Kinder heute um mein Bett herum saßen.
Gottes reichsten Segen über Dich im neuen Jahr, mein lieber, mein geliebter Hans! Die Kinder und ich – wir sind immer bei Dir mit unserer ganzen Liebe!
Ewig Deine getreue Brigitte

Auch Hans wünscht sich zum neuen Jahr etwas:

Meine herzliebste Brigitte!
Heute am ersten Tag meines und unseres entscheidendsten Jahres sende ich Dir und unseren lieben Kindern von ganzem Herzen in inniger Liebe meine hoffnungserfüllten Glück- und Segenswünsche! Möge dieses Jahr uns endlich alle wieder glücklich vereinen! Möge der ewige allmächtige Gott unseren Gebeten Erhörung und gnädig Erfüllung gewähren!

Es ist sein letztes Jahr, das er nicht einmal bis zum Ende erleben wird. Brigitte fängt es kämpferisch an, schreibt am 3. Januar 1945 einen ihrer schönsten Briefe an Hans, verknüpft allerdings mit schweren Lügen bezüglich deutscher Vernichtungspolitik:

Ach, lieber Hans, es beglückt mich so und beruhigt mich, wenn Du mitten in dem Leid, das Dich umtobt, stark und stolz, hoch und weit Dich fühlst. Wie sehr mussten die Menschen doch Gott verlassen haben, die solche Grausamkeiten begehen konnten, wie sie heute Abend – wie jeden Abend 20.20 Uhr – vom Nürnberger Gerichtssaal geschildert wurden, die Aussagen der Zeugen Ohlenbusch und Schellenberg. Nur kann man dafür nicht alle Deutschen verantwortlich machen. Was haben wir denn davon gewusst? Was hast Du davon gewusst? Wer kann denn mit solchen Bestialitäten rechnen? Ach, Hans, jedem unserer Kinder würde ich abraten, Politiker zu werden! Was hat es uns gebracht? Gar nichts, und genommen alles! Erst, noch bis vor gar kurzer Zeit meine wohlbegründete Angst, sie stecken Dich ins KZ, und jetzt bist Du von den Siegern Deiner Freiheit und wir all unseres Besitzes beraubt! Was haben wir gegenseitig voneinander gehabt, was von unseren Reisen? Alles ein Gehetzte und Gejage und nichts wie Repräsentieren.
Heute entlarven sich die Menschen, ja sie werden dazu gezwungen, Farbe zu bekennen und so muss ich lächeln, dass wieder eine Taufe in Schliersee

stattfindet: Dr. Schwaiger soll am 7. Januar entnazifiziert werden, steigt also als jüngster Demokrat aus dem Schlierseer Taufbecken! Ja, da ist es freilich verboten, einmal nach der Familie des Mannes zu fragen, bei dem man jahrein- und jahraus den »treuen Freund« gespielt hat. Oder Nickel, der am 29. ganz geheimnisvoll kommt und mir zuflüstert, Fr. Dr. Langecker schickt mir etwas zum Geburtstag und lässt mir sagen, dass sie nach wie vor meine beste Freundin sei, aber niemand soll etwas erfahren, auch meine Kinder nicht. Mich widerte schon die geheimnisvolle Art des Nickel an, dass ich hochging und sagte, ich verstünde die Feigheit der »guten Freunde« nicht. »Gnädige Frau, das müssen Sie verstehen, denken Sie mal, was Sie dem Dr. Schwaiger nachgesagt haben: Er wäre mit Ihrem Mann auf die Hirschjagt gegangen, und sie hätten sich sogar geduzt!« »Na und, sagte ich, was wäre dabei so schlimm gewesen bei dieser Freundschaft, mit der Dr. Schwaiger ja selbst immer renommiert hat?« Ach, Hans, was sind die Männer für Feiglinge. Feigheit, ist was Erbärmliches! Ich weiß auch genau, dass sich manche vor mir schämen, denn sie wissen genau, dass ich nicht feige bin. So war es damals hier im Ort herum, dass ich zu einem Tanzabend, den ich für Sigrid veranstaltete, einen Nichtarier eingeladen hatte. Wie glücklich und dankbar war dieser junge Mensch. Allerdings hatte es noch ein großes Nachspiel. Es war bis zu Goebbels gekommen, aber ich sagte hier jedem, ich würde das jedem gegenüber verantworten. Und am goldigsten war Sigrid, der ich nichts über ihn gesagt hatte. Besagter Jüngling aber verliebte sich in Sigrid und berichtete, und auf einmal kam sie herein – in der Bauernstube saßen wir, die »ältere Jugend«: »Mutti, ich muss Dir mal was sagen, was mir eben der Helmut gesagt hat!« Ich ahnte es gleich und sagte, ich wisse es schon. Sie darauf: »Mutti, das hast Du gewusst und hast ihn trotzdem eingeladen? Du bist eine pfundige Mutti!« So Deine Tochter!

Was für eine Szene, dass mitten im Haus des für die Judenvernichtung mitverantwortlichen Hans Frank ein Gast namens Helmut seiner Tochter gesteht, dass er Jude sei! Vater hat brieflich nicht darauf reagiert.

Ihren nächsten Brief vom 4. Januar 1945 hätte Mutter direkt an den Zensor mit der Bitte um Weiterreichung ans Hohe Gericht schicken können. Schreibt sie doch: *Ach, Hans, wie vielen Menschen hast Du Gutes getan, wie viele vorm KZ gerettet oder wieder herausgeholt. Was hast Du*

Dich um die jüdischen Verwandten von Richard Strauss allein bemüht. Dies alles wird Dir der Herrgott lohnen.

Hans Frank sinniert am 10. Januar gegenüber Gilbert: »Es ist, als steckten zwei Menschen in mir. Ich, ich selbst, Frank hier – und der andere Frank, der Nazi-Leiter. Und manchmal frage ich mich, wie dieser Mensch Frank jene Dinge tun konnte. Der eine Frank sieht den anderen Frank an und sagt: ›Hm, was bist du doch für eine *Laus,* Frank! Wie konntest du solche Dinge tun? Du hast dich sicher von deinen Gefühlen hinreißen lassen, nicht wahr?‹ Ist das nicht interessant? Ich glaube bestimmt, dass Sie als Psychologe das sehr interessant finden müssen. Gerade so, als wären zwei verschiedene Menschen in mir. Ich bin hier, ich selbst – und dieser andere Frank mit den großartigen Nazi-Reden da drüben vor Gericht. Faszinierend, nicht wahr?«

Seine Gedanken über die zwei Franks teilt er keinem in der Familie mit. Und ich kann die wachsende Abneigung der Psychologen verstehen: dieses Sich-Anwanzen: »Ist das nicht interessant?« Seine elende Bedeutungshuberei.

Brigitte lullt er am 10. Januar 1945 nur wieder mit einer Suada ein, die aus einem dritten Frank kommt: der Kitschjuhle: *Ich sauge den lieben, so tief ergreifenden Inhalt Deiner herrlichen Worte in mich, die eine holde Welt im blühenden Schmuck reinen Menschenglücks um mich auferstehen lassen. In dem furchtbar ernsten Gang meines Schicksals umhüllen mich oft so die düsteren Schwingen eines schmerzenden höchsten Willens, dass meine Seele sich in Weiten ohne Ende tastet. Und dann beleben Deine süßen Worte mich wie der frische Kelchestrunk göttlicher Liebe! Ich leide nicht wegen mir, glaube das, denn ich trage mein Los mit Kraft – dass ich aber Dich, mein liebes Weib und unsere Kinder in solche Lage gebracht habe – das könnte mir fast das Herz brechen.*

Dialog zwischen Hans Frank und Gilbert:

»Bereuen Sie, Ihre Tagebücher übergeben zu haben?«, fragte ich.

»Oh nein, keineswegs! Gott weiß, was ich tat. So kann auch die gesamte Menschheit die volle Wahrheit erfahren. Alles, das Gute und das Böse. Wie ich schon sagte, über mein Schicksal mache ich mir keine Illusionen. Jetzt geht es nur noch um die Wahrheit!«

Ach, wenn er doch wirklich die Wahrheit sagen würde! Albert Speer schätzt ihn gegenüber Gilbert richtig ein: »Er ist ein kleiner Heuchler!

Er hält so hochtrabende mystische Reden, mit seinem frischen Übertritt zum Katholizismus. Er war immer sehr gefühlsbestimmt. Jedenfalls ist sein Ruf nicht der beste.«

Am 14. Januar 1946 schlägt Sigrids Stunde der Rache an ihrem Bruder Norman. Die Faulpelzin petzt dem *kleinen Heuchler:*

Mein lieber Vati!
Es tut mir immer so leid, wenn ich in einem Brief von Dir an Norman lese, wie sehr Du Dich freust, dass Norman Mutti so sehr hilft. Es ist gar nicht wahr. Er macht halt immer noch seine beliebten Sprüche und Witzchen, die ihn ja, wie Du weißt, alle Herzen im Sturm erobern lässt. Norman wird wohl nie ganz aufwachen – er ist und bleibt der kindliche Träumer und Phantast und, vor allen Dingen, der »Familienoptimist«. Jeden Morgen muss er Milch holen und erledigt dieses Geschäft mit der Miene eines gräflichen Kammerdieners, dem es unverantwortlicher Weise zugemutet worden ist, das Zimmer zu kehren. Norman hat seinen Krakauer Traum noch immer nicht zu Ende geträumt und wird sich wohl niemals so ganz daran gewöhnen können, dass es keinen Herrn Nickel und kein Frl. Hilde mehr gibt, die ihn mit zarten Worten und liebevollen Handgriffen vor der Kälte und Grausamkeit des Lebens bewahrten und ihm das Gefühl der Ruhe und Behaglichkeit förmlich einsuggerierten. – Der gute Bomi! Er ist ja eigentlich von uns fünf am schlechtesten dran! Trotzdem, lieber Vati, möchte ich Dich sehr herzlich bitten, doch einmal ein paar Zeilen an Deinen großen Sohn zu richten mit der Bitte, doch wirklich der Mutti etwas mehr Stütze zu sein. Wenn Du etwas an Norman schreibst, so ist das für ihn wie das Evangelium. Er ist so stolz auf Dich und hängt so sehr an Dir. Gestern feierten wir alle Gittis Geburtstag. Mutti hatte einige Kuchen gebacken, leider haben wir keinen Zucker, aber sie schmeckten trotzdem prima. Gitti, ganz in Weiß, zeigte sich in ihrer ganzen 11.-Jahr-Würde und war noch stiller als sonst. Erst etwas später, als sämtliche Platten geleert und einer wohligen Gemütlichkeit gewichen waren, die durch den Rauch mehrerer Zigaretten noch die letzte Vollkommenheit erreicht hatte, erwachte unser reizendes Geburtstagskind und gab dem Wunsch Ausdruck, doch einige Gesellschaftsspiele zu machen. Wir stimmten natürlich zu und begannen ein richtiges Raten und Denken. Gittis Augen strahlten, ganz heiß wurde sie vor lauter Begeisterung, und der Stolz und die Freude Mit-

Norman, Burg Krakau, 1944.

Sigrid, Schoberhof 1943. Das Foto wurde an Hitler geschickt.

telpunkt zu sein, strömten aus jedem ihrer Worte. Niki saß wie immer still und gesättigt an Muttis Seite, und nur die wunderschönen großen Augen strahlten in dem kleinen, ernsten Kindergesichterl mit der klaren, hohen Stirn. Niki ist ein sehr hübscher Knabe geworden, der ruhig und überlegen seinen Weg geht und die Menschen und das Geschehen um ihn herum mit seinem klaren Verstand genau betrachtet und sich seine Gedanken darüber macht. Ich denke oft, dass er Dir sehr ähnlich ist, nur glaube ich, dass er später einmal, wenn er erwachsen ist, eine bessere Menschenkenntnis haben wird als wir Franks alle, zusammengenommen, jemals hatten und haben werden.

Erstens verbiete ich mir auf das Heftigste, dass ich unserem Vater ähnlich wäre. Zweitens habe ich einen Schmarren an Menschenkenntnis erworben. Was aber bis heute stimmt: Aus brennender Neugier beobachte ich Menschen. Vor allem uns Deutsche. Mit denen empfinde ich seit meinen Jugendtagen, in denen ich ab meinem 12. Lebensjahr in überfüllten Dampflokzügen durch die Bundesrepublik fuhr oder trampte, ein merkwürdiges Zusammengehörigkeitsgefühl: Ich liebe Deutschland und die Deutschen, weswegen ich auch immer wieder den Kopf schüttle, dass wir nie unsere Verbrechen anerkannt haben. Ich brauche heutzutage nur in eine Gesprächsrunde laut das Wort »Jude« einwerfen, schon breitet sich das graue Tuch der Verklemmung über alle. Weswegen ich uns Deutschen, obwohl ich sie sehr liebe, noch mehr misstraue.

POLENTRANSPORT

Brigitte, die selbst am grauen Schleier mit gewebt hatte, lässt in ihrem Brief an Hans vom 17. Januar 1946 mal wieder ganz winzig kurz zwischendurch die Wahrheit raus: *Von unserem Schoberhof höre oder sehe ich, wie Fremde dort herauskommen, auf unseren Skiern spazieren fahren usw. Dort ist jetzt ein ganz internationaler Betrieb. Russen, Polen, Engländer, Franzosen, Holländer beherbergt er jetzt. Er soll innen schauerlich aussehen. Selbst die eingebauten Möbel und Lampen sind herausgerissen. Sämtliche Heizungen sind geplatzt. Leider soll auch von Deutschen viel herausgetragen worden sein. Es sind draußen –20 Grad. Michael und ich sind halb erfroren hier angekommen. Ungeheizter überfüllter Zug, von Schliersee mit Lastwagen nach Neuhaus. So eine Fahrt nach München ist heute sehr anstrengend. Vorgestern ging ich ¼ vor 6 aus dem Haus, ganz finster, nur der tiefe Schnee leuchtete etwas, und in der Ferne das Licht des Lastwagens, auf den man dann mit Sack und Pack heraufklettern muss. Eng wie die Bücklinge steht man dann im Finstern, keiner den anderen sehend, auf einem Bein und muss froh sein, wenn auf dem anderen kein fremdes steht, alles in gebückter Haltung, da man sonst ans Dach stößt. Ach, Hans, diese Wiederholungen: genauso, wie die Polen befördert wurden.*

Was für ein erinnerungsunseliger Satz! Vater muss sich zumindest verärgert geräuspert haben. So etwa liest doch auch der Zensor! Dabei habe ich doch für die Polen nur das Beste gewollt! Auch beim Transportieren!

Am 20. Januar 1946 kümmert er sich wieder darum, dass sein Ruf als »Schlächter von Polen« durch die Kenntnis seiner literarischen Genialität im Nürnberger Gerichtspalast und danach weltweit überdeckt wird, und schreibt Brigitte: *Bitte schicke doch 1 Exemplar des Schiffsbuben des Columbus an Dr. Seidl nach Nürnberg. Es besteht größtes Interesse dafür.*

Diese Erzählung, in der eigentlich der Schiffsbub Amerika entdeckte (ja, ja: Amerika wurde erobert!), schrieb Vater in merkwürdiger Ruhe, als zur gleichen Zeit in blutigsten Schlachten Hunderttausende ihr Leben verloren und die Vernichtung der Juden in seinem Generalgouvernement auf Hochtouren lief. Eitel ließ er es sogleich in seinem *Burg Verlag* zu Krakau drucken und verteilen. Völlig irrsinnig! Wer hatte wohl *größtes Interesse dafür?* War es etwa US-Richter Biddle, der ihm so eine Nachricht hat zukommen lassen?: *Sehr geehrter Herr Dr. Frank, abgesehen von Ihren entsetzlichen Verbrechen, sollen Sie eine feine Feder schreiben, weshalb ich zu gerne ihren »Schiffsbub des Columbus« lesen würde. Können Sie es mir mit Widmung schicken? Aber bitte dabei nicht mehr das Wörtchen »Generalgouverneur« verwenden.*

Nein, das *größte Interesse* hat er selbst durch endloses Quatschen darüber aufbauen wollen.

Ob Mutter ihm eines geschickt hat, weiß ich nicht. Sie beklagt sich in ihrem Brief vom 20. Januar, was sie zu Recht verbittert haben muss, meine älteren Geschwister auch: *Mein Hans, nicht durch Dich sind wir ins Unglück gekommen, wenn man überhaupt von einem solchen sprechen kann. Auch wir beide haben uns ja erst durch das Unglück wiedergefunden. Mir ist es oft so, als wäre jetzt mir erst eine Binde von den Augen gefallen, und ich sehe alle »Freunde« so, wie sie wirklich sind. Alles – Treue, Liebe, Freundschaft, Güte, Herzenswärme ist von den meisten abgefallen wie eine schwache Tünche. Ja, jetzt stehen sie da, nackt und bloß und schämen sich nicht einmal darüber. Die Angst um ihre Positionen, die feige und so unbegründete Angst um dieses und ihren Ruf – denn jetzt ist keiner ein Nationalsozialist gewesen – lässt bei allen ihr wahres Gesicht sehen. Ich war am vorigen Samstag zum ersten Mal seit der Besatzung im Schlierseer Kino. Und zwar wollte ich Dich sehen. Kurz vor der Abfahrt kam Sigrid weinend herüber und sagte, sie dürfe nicht mitgehen von drüben aus. Die Leute hätten sich alle aufgeregt, dass ich mit den Kindern ins Kino ginge, und sie dürfe nicht mitgehen. Ich sagte ihr, sie könne das halten, wie sie wolle, ich jedenfalls würde an die Bevölkerung hier keine Konzessionen machen, denn ich habe das nur vor meinem Gewissen zu verantworten. Und wenn ich ins Kino gehe, um Dich zu sehen – das wurde auch als Hauptgrund angegeben – so sei das mein und der Kinder Wunsch, und wollte ich dies wegen der »Leute« nicht tun, so sähe das ja nach einem Schuldbekenntnis aus. Du aber bist für mich und Deine Kinder nicht schuldig. Und hier habe ich von niemanden etwas zu erwarten. Keiner hat uns beschützt, als die Banden unser Haus stürmten und plünderten, und niemand wollte uns aufnehmen, als wir um unser Leben liefen, und auch heute, wo wir nichts mehr haben, schenkt uns niemand etwas.*

Diese *Leute* bestanden aus den früheren Bekannten und Freunden der Franks, und vor allem der Familie Seitz, in die Sigrid einzuheiraten gedachte. Deren Pater Familias war jener Franz Seitz, der »SA Mann Brandt« gedreht hatte, bei dem der Nazischleim nur so übers Zelluloid troff.

Vater hat nie direkt auf solche Klagen von Mutter in Richtung Zurückstoßung reagiert, und wenn doch, dann nur mit irgendeinem Gottes- oder Schicksals-Mus. Dafür zeigt er in seinem Brief an mich vom 23. Januar wieder einmal, dass er null Zugang zu seinen Kindern hatte, schreibt formelhaften Kram:

Mein lieber Nicki!
Jetzt habe ich schon lange nichts mehr von Dir geschrieben bekommen und hoffe, dass es Dir in Deinen schweren Aufgaben gut geht. Denn auch von Dir und Gitti höre ich immer wieder zu meiner ganz großen Freude, dass es ein fleißiges, eifriges, strebsames Arbeiten ist, das Euch beseelt. Recht so! Damit machst Du mir herzlichst Vergnügen und durch Fleiß und Arbeit werden aus kleinsten Knaben einmal tüchtige brave Männer!
In inniger Liebe umarme ich Dich, mein lieber Nicki
Ewig Dein Vati

Dann schreibt er mich auch schon wieder mit »*ck*«! Das stank mir schon damals. *Mein lieber Norman!*, macht er dann am gleichen Tag seinem ältesten Sohn wieder mal einen demokratiefeindlichen Vorschlag: *Von mir aus gesehen, würde ich auch heute wieder das Recht als Studium jeder anderen Materie vorziehen, würde allerdings auch die höchste Stufe des Rechtsstaates, etwa als Richter oder Rechtslehrer an eine Universität anstreben und mich von aller Politik dann fernhalten müssen. Dies aber war just mein Lebensproblem, als Jurist in eine völlig aus den Fugen geratene, wirre Auflösungsperiode geraten zu sein und in ihr mich so zu verstricken, dass allmählich das Politische völlig das Juristische auch als Lebensaufgabe zu verdrängen vermochte.*

Er *verstrickte* sich nicht unschuldig im Politischen, aktiv hat er daran gestrickt. Und diese Abneigung gegen Politik, die er da Norman einimpft! Auch so ein Gift, dem ich erlegen wäre, wenn mich der Henker nicht davor bewahrt hätte. Übrigens hat das deutsche Volk – Gott sei Dank – nie bei Norman angefragt: »Sagen Sie mal, Herr Frank, wie können Sie denn uns gegenüber Ihre ewige Sauferei verantworten?«

Ich hatte Norman diesen Brief 2008 vorgelesen, und er war es, der diese Frage der Gesellschaft formulierte. Darauf haben wir beide lachend noch einen gelüpft. Zu gerne würde ich erfahren, ob die im Nürnberger Gefängnis auch hin und wieder einen lüpfen durften. »Aufs heilige Kreuz!« hätte dann Hans Frank seinen Kameraden frömmelnd zugeprostet, denn so Ähnliches schreibt er am 23. Januar 1946 an Brigitte, die allerdings am liebsten Champagner trank: *Der »Prozess« geht seinen Gang. Ich schreite ihn fürbass und trage mein Kreuz für so viele. Und Gott hält und führt mich. Ich sehe und höre und fühle nur ihn: Was da an Treiben um mich sich abspielt, berührt mich nicht sehr. So kommt es, dass ich klar und stark und sicher bin, wenn mein Leben gefordert wird, dann sei es Gott anheimgestellt. Millionen sind gefallen. »Karma« nennt man dieses. –*

Was heißt denn das schon wieder: *trage mein Kreuz für so viele?* Für seine Familie? Oder doch nur für seine Lilly und seine Mutter? Am Ende gar für die ermordeten Juden? Immer wieder dieses Geschwafel! Immer dieser Gott, dem er alles anheimstellt! Warum bereitet er sich überhaupt noch auf seine Verteidigung vor? Er braucht doch bei Dr. Seidls erster Frage nach seinem beruflichen (sprich: verbrecherischen) Werdegang nur aufzustehen, sich an die Richter zu wenden und zu sagen: »Hohes Gericht? Nein: absurdes, politisch motiviertes Gericht der Siegermächte! Einen Dreck werde ich tun und mich Ihnen unterwerfen. Mein ist Gott! Hiermit ist die Verhandlung über mich beendet. Und den ›Schiffsbub des Columbus‹ kriegen Sie auch nicht! Ellabätsch! Dr. Seidl, ziehen Sie Leine!«

Ohne jedes überhöhte Brimborium, wie wir es von Vaters Briefen gewohnt sind, schildert ihm Michel am 7. Februar 1946 seine letzte Reise nach München, wobei er rechtschreibmäßig die Zeit des 16. Jahrhunderts bevorzugt, in der die Rechtschreibregeln noch nicht das freie Deutsch geknechtet hatten:

Mein lieber Vati. Wie wir nach München gefahren sint haben wir den Zug fersäumt ich bien mit Tantemarkott gefahren. Es war ein fürchterliche Jackt nach Schlierse. Wir waren beim fiescherstüble da kam ein Mann der auch zum Zug Wollte, der sakte in 5 Minuten geht der Zug. Wir lifen also Zum Banhof. Sahen Wir also krat den letzten Wagen um die kurfe rasen. Tantemarkott ging mit mir zum Banhof weiter und frakte ob es keine mohlichkeit gebe um nach München zu komen. Wir gingen also auf die Straße um ein Auto aufzuhalten. Wir stanten auf der Straße und warteten auf den Zug um 9 h 40 für den war aber die lockomotife kaput. Wir lifen also bis Misbach und warteten auf den Omnipus um 3 h. Wir waren um 10 h da. Da kam der Omnipus Er war furchbar fol. Wir musten den Misbacher Berk rauf laufen. Wir kamen aber doch nicht rein der Omnipus fur one uns ab. 2 Minuten sbeter kam ein Auto und nam uns mit Nach Munchen, Wir kamen an Ich bekam gleich was zu essen.
Chetz küst dich
Dein Michel

Einen Tag nach diesem erholsamen Michel-Brief nimmt Brigitte den hohen Ton ihres Gatten an, zumindest im ersten Satz, spricht dennoch aber an diesem 8. Februar 1946 Wahrheiten aus, die auch mir guttun: *Ach, lieber Hans, Gott wird uns wieder alle zum Licht führen. Haben wir nicht bald genug gelitten? Es ist ja nur gut, dass die Kleinen noch nicht die Tragweite ihres Geschickes übersehen. Vielleicht tut ihnen jetzt der Abstand von allem gut. Es schadet ja auch nichts, wenn sie etwas mehr Ordnungssinn bekämen, denn sie ließen mich doch noch jeden Handgriff machen und lebten trotz ständiger Ermahnungen so, als hätte jeder noch einen Diener hinter sich – vom Größten angefangen bis zum Kleinsten herunter.*

Muss sie mich wirklich noch zum Schluss erwähnen! Aber Recht hat sie: Unser Diener ging mir schon arg ab!

DIE TIPPSE UND IHR HENGST

Warum mir damals als Kind die uns von Mutter vorgelesenen Briefe des Vaters wegen ihrer Falschheit aufstießen, zeigen seine Antworten auf Fragen des Gerichtspsychologen Goldensohn am 12. Februar 1946 nach seiner Familie:

»Seine Frau ist wohlauf. Seit drei Jahren leben sie getrennt. Ein glückliches Paar waren sie nie, sagt er. Das Einzige, was sie zusammenhalte, seien die Kinder und jetzt der Prozess. ›Es ist nicht der Fehler meiner Frau – es ist auch meiner. Eine Unvereinbarkeit der Temperamente. Meine Frau war Sekretärin, ist durchschnittlich gebildet. Aber sie interessiert sich für nichts, das mich interessiert. Sie ist eine Praktikerin, ich bin ein Idealist.‹ Ihnen fehle eine ›gemeinsame Basis‹. Zum Beispiel liege ihr nichts an Musik. Er habe sie nur sechs Monate gekannt, als sie heirateten. ›In geschlechtlichen Dingen passen wir nicht zueinander. Sie ist der typische nordpreußische kalte Typ, nicht an Sexualität interessiert, nur an Alltagsdingen.‹«

Folgt da nicht ein »Aber jetzt liebe ich sie über alles!«? So wie er es in seinen Briefen an Brigitte durchscheinen lässt?

Seine Beschreibung tut weh. Ich habe Mitleid mit Mutter. Selbst in der Zeit, als sie sich wirklich für uns dienerlose Faulpelze abrackerte, musste sie auch noch falschzüngige Briefe ihres Hans lesen. Ich hoffe, sie hat das damals nicht durchschaut.

Am Ende dieser Woche besucht ihn auch Gerichtspsychologe Gilbert, der ihn beinahe noch weniger leiden kann als ich. Den deckt Vater gleich mit einer von Gilbert als widerwärtig empfundenen Lache ein und schrillt am 16. oder 17. Februar 1946: »Ach, ich bin ein einzigartiger Charakter, ein ganz besonderes Individuum. Hahaha! Haben Sie je so ein Exemplar wie mich gesehen? Ah, aber wir sind alle Räuber, wir Deutsche. Vergessen Sie nicht, dass die deutsche Literatur mit Schillers ›Räubern‹ beginnt. Ist Ihnen das je aufgefallen!«

Da verhöhnt er seine Gattin wegen ihrer *durchschnittlichen Bildung* und erzählt selbst so einen Blödsinn über den Beginn deutscher Literatur! Immerhin habe ich dieses Fach acht Jahre lang ohne Abschluss studiert, weshalb weltweit die Germanistik noch heute auf meine bahnbrechende Doktorarbeit mit dem Titel wartet: *Erscheinungsformen der Niederen Stilebene in der Literatur des Vormärz.*

Heute denke ich mir, die *Niedere Stilebene* war in überzeugendster Weise mein Vater.

Ohne sich um meinen klugen Interruptus zu kümmern, wirft Vater nach seiner Schiller-Bemerkung gleich wieder das Fell des Unschuldslamms über sich: »Ich gab niemals Befehle zum Massenmord oder zur Geiselerschießung. Selbst der Ankläger hat mich nicht mit irgendeiner Mord-Art in Verbindung gebracht. Aber die Dinge, die ich *schrieb!* Das ist genug. Ich bin froh, dass ich meine Tagebücher aushändigte, denn sie zeigen, wie ein Mann unter dem teuflischen Einfluss von Hitler dazu kommt, ganz im Gegensatz zu seinem Charakter solche Dinge auszusprechen. Schrecklich! Abstoßend!«

Der arme Beeinflusste!

Die Besprechung mit Gilbert endete mit einem weiteren bitteren Geständnis über sein *innigst geliebtes Weibelen:* »Er machte noch einige Bemerkungen über seine unglückliche Ehe und behauptete, seine Frau sei physisch und geistig zu alt für ihn gewesen.«

Ja, ja, da braucht so ein Windhund wie er was Jugendfrisches und geistig höchst Lebendiges an der Seite.

Nachdem Gefängnisdirektor Andrus zu Ohren gekommen war, welche beherrschende Stellung Göring noch immer bei seinen Mitange-

Mittagessen im Nürnberger Gefängnis vor der Trennung der Angeklagten, Frank löffelnd, vorne Speer.

klagten einnahm, beschloss er, die Bande raummäßig beim Essen aufzuteilen. Gilbert gab die neue Einteilung am 18. Februar 1946 bekannt:

1. Junioren-Essraum: Speer, Fritzsche, Schirach, Funk
2. Senioren-Essraum: Papen, Neurath, Schacht, Dönitz
3. Frank, Seyß-Inquart, Keitel, Sauckel
4. Raeder, Streicher, Heß, Ribbentrop
5. Jodl, Frick, Kaltenbrunner, Rosenberg
6. Göring

Der arme Reichsfeldmarschall! Jetzt ist er sich ganz allein ausgeliefert. Seine menschenverachtende Rückschau auf die Nazi-Zeit – »Wenigstens zwölf Jahre anständig gelebt!« – muss sich ihm, einsam löffelnd, stark eingegraben haben. Vater gibt am 18. Februar 1946 Gilbert gegenüber vor, glücklich zu sein, »dass der geräuschvolle Unsinn des gemeinsamen Mittagessens und Spazierganges vorüber sei und er nun Ruhe habe. ›In einer Zeit wie dieser braucht ein Mann Ruhe zur Meditation. Jetzt kann ich wenigstens meine Spaziergänge allein machen und denken und beten und meditieren. Sie haben draußen immer solchen unendlichen Unsinn geredet. Verteidigung, Verteidigung. Niemals ein Wort über unsere Schuld.‹«

Schreibt er von *Schuld* an seine Gattin am 20. Februar 1946? Oder dass er wieder lauthals sichtbar beten kann und hoffen, dass seine fromme Stimme bis in die Zellen der Mitangeklagten dringt?

Meine liebe Brigitte!
Mein Leben fließt in einfachen Formen dahin und bewegt sich in düsterem Glanz einer schweren tiefen Flut. Aber ich bin so merkwürdig innen ruhig und klar, lebe nach der Regel des heiligen Franziskus und weiß, dass Gott mir ins Herz sieht und die Wahrheit kennt. Ich umarme Dich, mein liebes Weibelen, Dich und unsere lieben Kinder. Euch gehört all meine Liebe und mein Lebensglühen bis zum letzten Atemzug.
Ewig Dein Hans

Gott wird doch sicher die Schuld entdecken, die in seinem Herzen brennt! Brigitte kümmert sich während ihres wochenlangen Krankenhausaufenthalts wegen totalen Burnouts mehr um ihre Fruchtbarkeit, an diesem 26. Februar 1946: *Von Sigrid und Norman wundert mich z. Zt. nichts mehr. Ich habe immer noch keine Zeile von ihnen. Bei Sigrid kann man's vielleicht noch ihrem jetzigen Zustand* (schwanger) *zurechnen, der ja allerlei Stimmungen mit sich bringt. Ich weiß das von mir, mein Gott, Hans, es ist, als wär's erst gerade gestern gewesen. Und eigentlich warte ich immer noch auf die kleine Regine! Thea sagte neulich, als wir davon sprachen: »Bei Deiner Unverwüstlichkeit würde es mich gar nicht mal wundern!«*

Als meine Mutter, ein ganz klein bisschen rachedurstig, genau an meinem 20. Geburtstag 1959 starb und drei Tage später auf dem Münchener Waldfriedhof beerdigt wurde, tauchte Thea nicht auf: Sie war auf dem Weg dorthin, zielgerecht in Schwarz gekleidet, tot umgefallen.

Als Vater über Regine liest, ist er sicher froh, unbegattbar von Brigitte in seiner Zelle zu hocken.

Am 27. Februar 1946 schildert Severina Schmaglevskaja vor Gericht, dass in den deutschen KZs neugeborene Kinder den Müttern sofort weggenommen worden seien und ruft in den Gerichtssaal: »Im Namen aller Frauen Europas frage ich die deutschen Mütter: Wo sind unsere Kinder jetzt?«

Gilbert notiert: »Als sie fortfuhr zu beschreiben, wie jüdische Kinder während der Angriffe des Jahres 1944 lebend in die Verbrennungsöfen geworfen wurden, senkten die meisten der Angeklagten ihre Köpfe. Frank errötete.«

Das wird ihn doch zu einem erschütternden Brief an Brigitte bewegen, in dem er sein ganzes Mitleiden ausdrückt. Doch was schreibt der Rotkopf noch am gleichen Tag nach dieser erschütternden Aussage?

Meine liebe Brigitte!
Der Prozess ist nun endlich daran, nach drei Monaten (!) Anklage auch einmal der Verteidigung das Wort zu gönnen. Und so naht der große Schlusskampf um Adolf Hitler und seine Zeit. Wenn Norman Priester würde, wäre es freilich gut – aber ob es geht – oder er will und kann!

Das ist schlicht zum Kotzen. Kein Zensor hätte geschwärzt, wenn er Brigitte den Grund des Farbdrangs auf seinen Backen in bewegten Worten geschildert hätte. Nein, er macht sich per Ausrufezeichen in Klammern lustig über die lange Dauer der Anklage. Hat er nie daran gedacht, dass man auch seine Kinder hätte ermorden können. Zum Beispiel seine Gitti, die ihm, auch am 27. Februar 1946, ihr Abdriften ins Laster schildert: *Ich war am Sonntag bei Eisenlohrs, für einen Tag. Am Mittag gab es Dampfnudeln mit amerikanischer Marmelade. Nach dem Essen du wirst lachen (schimpfen) bietet mir Frau Eisenlohr eine ganze Zigarette an. Ich denke mich hauts um! Aber genommen hab ich sie, das ist ja klar! Und dann gings ans smoken, es war zwar mehr Husten als rauchen, aber immerhin es ist ja nicht die erste! Stell Dir vor. Ich habe den besten Aufsatz in der Schularbeit gehabt. Und er wurde in der Klasse vorgelesen. Er hieß: »Wie ich einmal sehr Angst hatte«. Weil ich aber nichts wusste, habe ich einfach etwas zusammengedichtet. Weißt Du noch, wie wir in der Halle die Räuber gespielt haben? Da wars pfundig. Und wie wir zwei immer Bier gesoffen haben? Und wie Du mir immer einen Zug von Deiner Zigarette machen hast lassen? Und wie ich dann immer so viel dabei gehustet hab? Aber jetzt kann ich's schon besser!*

Ihr Vater hätte einen viel begründeteren Aufsatz unter dem Titel *Wie ich einmal sehr Angst hatte* schreiben können. Aber dazu war er zu feige. Nur mir hat er mal durchs Fenster am Schoberhof kurzbündig den richtigen Rat gegeben. Ich drohte, die Rauferei mit einem Nachbarjungen zu verlieren und schrie: »Vati, der haut mich!« Darauf er von drinnen: »Dann hau halt zurück!«

Er selbst hat es sein Leben lang nie getan, hat nur andere Menschen verhöhnt, gequält und dem Tod ausgeliefert, als er die Macht hatte.

IN POLEN ALLES GESTOHLEN

Brigitte schreibt Hans mit feiner Ironie, die Faulheit ihrer beider Ältesten betreffend am 1. März 1946:

Mein geliebter Hans!
Natürlich habe ich von Sigrid und Norman noch keinerlei Nachricht bekommen, und bin nun 4 Wochen hier! Mit Else wollte Sigrid »bestimmt« mitkommen u. mir sogar einen Kuchen backen! Aber wahrscheinlich hat Sigrid niemand mit dem Bett zur Bahn gefahren! Immer dasselbe!

Für eine liebende Mutter ist das schon eine beachtlich kenntnisreiche Äußerung zum Charakter ihrer Ältesten. Ja, Sigrid hat sich im Bett durchs Leben fahren lassen. Zu ihren Gunsten behaupte ich: Der Schock durch Vaters Tod hat ihr die Beweglichkeit im Leben genommen.

Am 3. März 1946 beschwört Brigitte für Hans wieder mal die höheren Mächte: *Denke nicht, lieber Hans, dass ich mich nicht in Deine Welt versetzen kann, wenn ich Dir auch immer unsere Tagesnichtigkeiten berichte: Ich tue dies auch absichtlich; denn mit welcher Wucht prasselt die Anklage wie mit Keulenschlägen so in einer Woche auf Euch ein! Da gibt es nur den einen Trost: der göttliche Richter. Und zu ihm bete ich immer, dass er die irdischen wirklich erleuchten möge.*

Obwohl ich die Tagespresse von damals ziemlich beäugt habe, fand ich nirgends einen Hinweis, dass über der Nürnberger Richterbank plötzlich der Heilige Geist erschienen sei und die »Euer Ehren« mit seinen Schwingen berührt hätte. Daraufhin wären die richterlichen Köpfe so rot wie der von Hans Frank bei Severina Schmaglevskajas Zeugenaussage geworden. Strahlend wären sie aufgestanden und hätten unisono gerufen: »Wir sprechen aus göttlicher Einsicht Dr. Hans Frank schon jetzt rundum frei!«

Beim Lesen des nächsten Absatzes von Brigittes Brief muss Hans wieder schützend die Hand auf sein Hosentürl legen: *Else behauptete, um 10 Jahre sei ich jünger geworden! Wenn mich da noch die Gebirgssonne, die allerdings auch über uns »Verworfene« schon wochenlang nicht mehr scheint, etwas bräunen würde, könnte es ja sein, dass ich sogar Dir noch einmal wieder gefallen würde! Ich habe keine Absichten und keinen Wunsch, als Dir zu gefallen!*

Naheliegend, dass er am 5. März 1946 auch dem Psychologen seine Keuschheit bestätigt: »Ich lebe hier wie ein Heiliger, ein Einsiedler. In einem Kloster muss man sein Armuts- und Keuschheitsgelübde freiwillig halten. Hier wird man dazu gezwungen.«

Später kommen die beiden auf die Judenvernichtung zu sprechen, was Vater zu der unglaublichen Feststellung bringt: »Ich bin verantwortlich für das, wofür ich verantwortlich war, aber ich ließ nie einen einzigen Juden in ein Konzentrationslager stecken oder verbrennen – das kann ich beweisen.«

Als Jurist weiß er ganz genau, dass er als ordentlich bestallter Stellvertreter Hitlers im Generalgouvernement politisch für jede Mordaktion verantwortlich war.

Dem folgt eine weitere Lüge: »Dass ich selbst interniert bin oder dass die Prozesse stattfinden, ist unwichtig. Ich billige das alles – aber von der Geschichte des Nationalsozialismus und seiner Verbrechen habe ich das meiste erst während dieses Prozesses erfahren.«

Am 15. März 1946 gibt Norman in seinem Brief Einblick in die Wirklichkeit der Neuhauser Umwelt, den Franks gegenüber: *Außer dem Asenbauer haben sich alle als sehr königstreu erwiesen. Er ist der Einzige, der, wenn er uns sieht, seinen Mistwagen anhält, um uns mit seiner von der Arbeit bräunlichen Hand einen stinkenden »Guten Tag!« zu wünschen. Aber der Gestank ist uns lieber als der der anderen.*

Das hat auch mein alter Volksschulfreund Wolfgang Hahn damals beobachtet: »Ich bin hinter deiner Mutter hergangen. Kurz vor dem Neuhauser Bahntunnel ist der Asenbauer mit seinem Pferdekarren dahergekommen. Gleich hat er angehalten, seinen Jagerhut gezogen und vom Bock herab mit deiner Mutter kurz geratscht.«

Das hat sich Wolfgang in sein nun über 80-jähriges Hirn nur deshalb eingebrannt, weil es damals höchst ungewöhnlich war, mit der »Frankin« zu reden.

Vielleicht hat der Asenbauer damals bei diesem Treffen meiner Mutter erzählt, dass er mich aus dem Kirschbaum in seinem Garten pflücken und mit der Pferdepeitsche meine nackten Beine mit tief roten Striemen versehen musste. Logisch, dass ich kein Vegetarier geworden bin. Ich hab vor Schmerz geschrien, der Asenbauer ist ganz ruhig und zielgerecht geblieben. »Hundsbua, miserabliger«, hat er wohl noch hinter mir hergepoltert. Wasti, sein Enkel, der heutige Asenbauer, brennt alljährlich einen zwar sauteuren, aber himmeljauchzenden Birnenschnaps mit dem Kopf seines Opas drauf, allerdings ohne Peitsche.

Von meiner Auspeitschung hab ich daheim nix erzählt, weswegen Gitti das auch nie unserem Vater spöttisch berichten konnte. Lieber bestärkte sie in einem Brieferl ohne Datum ihre landsmannschaftliche Zugehörigkeit: *Mein lieber Vati!*
Wie geht es Dir? Hoffentlich gut! Mir geht es auch gut! Hier gehe ich ins Angerkloster in die Schule. Damit ich aber nichts verseume krieg ich Nachhilfestunde bei einer Frau von Martin. Die kann ich überhaupt nicht leiden. 1. weil sie eine Preißin ist und die kannst Du ja auch nicht leiden, gell? Und 2. weil sie immer über meine englischen Vokabeln schimpft, auch wenn ich sie gelernt habe, nur wenn ich einmal steckenbleibe dann ist der Krach aber auch schon da.

Keines der fünf Kinder konnte so herzlich unserem Vater schreiben! Ob Gittis Briefe ihn zumindest für Minuten aus seinem verquirlten Seelenzustand reißen konnten, ist allerdings kaum zu hoffen. Der Tag seines Auftritts vor Gericht rückt immer näher. Mutter zeigt sich am 15. März auch verzweifelt:

Mein lieber Hans,
Du kannst Dir denken, wie und mit welchen Gefühlen ich jetzt immer am Radio hänge – und besonders jetzt, wo Ihr auch mal zu Wort kommt. Gibt es denn gar keine Möglichkeit, Dich zu sehen? Mein lieber Hans, Du träumst von der Vergangenheit. Mein Gott, was haben wir denn schon

vom Leben gehabt? All das sogenannte Schöne war ja auch mit vielen Opfern erkauft, und wieviel Zeit und Kraft hat man an Menschen verwenden müssen, die einem doch wenig oder gar nichts gaben. Träume von der Zukunft, Hans, die wir uns ganz nach unserem Geschmack gestalten wollen: bescheiden mit den Kindern, für die Kinder, für uns beide mit schönen Büchern und ganz wenigen Menschen! Und es gibt noch eine Zukunft für uns, wir wollen diesen Glauben nie verlieren. Das musst Du mir versprechen.

Das hätte mir gerade noch gefehlt: *bescheiden mit den Kindern, für die Kinder!* Dann hätte er mir wirklich mein Hirn vergiftet, wie es so vielen Nazi-Vätern bei ihren Kindern gelungen ist. Die wählen heute alle unsere Neo-Nazi-Parteien, beschimpfen unsere Medien als »Lügenpresse«, beschmieren unsere Synagogen, verprügeln Juden und Fremdaussehende und stehen durchweg in Treue fest zum Erbe meines Vaters und seiner Volksgenossen, den arischen Herrenmenschen.

So, was gibt es denn noch Neues? schreibt Brigitte weiter und zitiert Einmaliges: *Ach, ja, von Frau Königs bekam ich Post: Sie schreibt: »Wie ich mich freute, von Ihnen zu hören, selbst wenn die Nachrichten, die Sie betreffen, in der Schwere ihrer Schicksalhaftigkeit mich tief erschütterten. Geahnt habe ich Manches, aber die Bestätigung einer Mutmaßung hat manchmal die Härte eines Keulenschlages. Wir Frauen waren und bleiben das Opfer des politischen Unvermögens der Männer. Welche teuflischen Gewalten, welche Konflikte, welche Kontraste beherrschten doch diese letzten 12 Jahre. Und all das Blut, die Tränen, das Leid, das von uns über die anderen Völker kam, fordert ihre Rache. Trotzdem lehne ich den Gedanken und den Vorwurf der Kollektivschuld ab. Um schuldig zu sein ist das Primäre: das Wissen um eine ›Schuld‹. Was sich hinter den Kulissen und der Fassade der immer größer werdenden Embleme abspielte, wussten nur die ›Wenigsten‹!!!*

Mutter war schon raffiniert. Sie lässt, was sie im Innersten wohl selbst so sieht, von Frau Königs ausrichten. Die *Keulenschläge* waren natürlich Rundfunk und Zeitungen, die vom Prozess mit seinen grausamen Enthüllungen berichteten.

Frau Königs geht dann noch auf Mutter ein, deren nachgeschobener Satz in Klammern blitzartig aufzeigt, dass es nicht nur die von Gram Gebeugte gibt: *Ich kenne Ihre klare, saubere Einstellung und Ihre Missbilligung vieler Maßnahmen, denen Sie aber auch machtlos gegenüberstanden. Sie waren immer so tapfer in den letzten schweren Jahren und haben durchgehalten. Dafür kann Ihnen Ihr Mann gar nicht genug danken!! – (Hans, sei nicht böse, Eigenlob! Die Redaktion!)*

Auch einen Humor, allerdings einen leicht hysterischen zeigt Brigittes Mann dem Psychologen Goldensohn gegenüber am 16. März 1946: »Es geht mir sehr gut; man hat mich zu gut behandelt. Wenn wir Himmler in die Hände gefallen wären, wäre es uns anders ergangen. Ich wünschte nur, ich hätte eine Pfeife, denn die Amerikaner haben sie mir weggenommen.« Dann berichtet er »lachend«, dass ihm bei der Verhaftung nicht nur die Pfeife von den Amis abgenommen worden sei, sondern auch sein Ehering: »Nach seinem zweiten Suizidversuch habe der amerikanische Arzt dazu geraten, ihm ›aus Sicherheitsgründen‹ den Ehering abzunehmen. Als Frank sich später erholt hatte und den Arzt um den Ring bat, weigerte sich dieser und sagte, er wolle ihn als Andenken haben.«

Und vorher lobt er noch die *zu gute* Behandlung!

Wo dieser Ehering jetzt wohl sein mag? Hat der Arzt damit seinen Äskulapstab geschmückt? Trägt ihn seine Urenkeltochter schon in ihrer dritten Ehe? Oder wurde er pietätvoll mit dem Dieb zusammen beerdigt?

Frank kommt dann auf seinen Fall zu sprechen, dessen Verhandlung noch vor Ostern stattfinden soll. Goldensohn notiert: »Frank wirkte emotional labil. Stimmung und Affekt wechselten von Minute zu Minute. In einem Augenblick lächelte er oder lachte heiser, im nächsten war er niedergeschlagen und den Tränen nahe.«

»DAS MUNDWERK VON GOEBBELS«

Wer nicht zu seiner inneren Mitte oder Leere findet, verhält sich nun mal so.

»Meine eigene Verteidigung ist klein«, sagt er und lässt einen Witz folgen: »Eigentlich ist auch mein Verteidiger klein, und er erinnert mich an Goebbels. Ich hoffe, Dr. Seidl hat ein Mundwerk wie Goebbels, auch wenn ich bezweifle, dass mir das viel helfen würde.«

Das stimmt. Obwohl es nicht an Dr. Seidls rhetorischer Kunst liegt, sondern an den Beweisen, die auch der kleinste große Verteidiger nicht wegschwadronieren kann. Was mich jetzt wieder aufregt, sind seine miesen, verächtlichen und geschwätzigen Aussagen gegen sein *Weibelen,* die er an Goldensohn weitergibt: »Ich habe meine Frau 1924 kennengelernt. Die Beziehung entstand aus dem Zufall heraus und war einer der größten Fehler meines Lebens. Ich möchte sicherlich nichts gegen den Charakter meiner Frau sagen, aber sie ist zu alt – fünf Jahre älter als ich –, und ich bin der Meinung, das ist einfach ungünstig. Zweitens ist sie charakterlich das Gegenteil von mir. Ich glaube, wenn ich bei meinem ersten Schatz geblieben wäre, hätte mein Leben eine neue Wendung genommen. In dieser Zeit diktierte ich einer Stenotypistin meine Doktorarbeit – und diese Stenotypistin wurde dann meine Frau. Sie war zwar fünf Jahre älter als ich, aber mich erfasste plötzlich ein inneres Verlangen nach dieser Frau. Ich glaube, ich befand mich in einem Rausch, nicht wörtlich, sondern im übertragenen Sinn. Ich löste meine Verlobung mit meinem ersten Schatz, der aus einer wohlhabenden, einflussreichen Familie kam und ein junges Mädchen war. Ich heiratete die Stenotypistin, die jetzt meine Frau ist.

Seit vielen Jahren gibt es zwischen uns eigentlich keine eheliche Beziehung mehr. 1942 wollte ich die Scheidung, und sie war auch schon eingereicht. Dann schritt Hitler ein und untersagte das. Meine Frau hatte an Hitler geschrieben, und Hitler sagte, ich könne mich nicht scheiden lassen, weil er das nicht wünsche. Das ist ein Beispiel dafür, wie weit Hitlers Einfluss in Deutschland reichte.«

An dieser Stelle möchte ich ihn aus verschiedenen Gründen mal wieder anspeien: Warum erzählt er nicht, dass Hitler seine Scheidung sofort genehmigt hätte, wenn er vom Amt des Generalgouverneurs zurückgetreten wäre? Es folgt seine widerwärtigste Aussage gegenüber Goldensohn: »Jetzt in Gefangenschaft schreibe ich ihr nur Briefe, vor allem um der Kinder willen, und weil ich ohnehin nur noch kurz zu leben habe.«

Alles gelogen, was er Brigitte beinahe täglich schmusig schreibt? Arme Mutter. Sie hat Goldensohns Buch aus Gründen ihres vorzeitigen Wegsiechens nicht mehr lesen können. Sonst könnte ich heute nicht aus Vaters Briefen zitieren: Die hätte sie alle in kleinste Stücke zerrissen. Zumal, wenn sie Hans' weitere Charakterisierung gelesen hätte: »Meine Frau war eine kalte Schönheit. Sie verspürte nie irgendein Bedürfnis nach einem Geschlechtsleben.«

Dann verlassen dieses Klatschmaul auch noch die letzten Spuren Respekts für die Mutter seiner fünf Kinder. Er erzählt, dass er mehrere Geliebte gehabt hätte, die er alle aus seiner Jugend kannte: »Viele Jahre lang lebte ich heimlich mit einem Mädchen zusammen, das eine alte Freundin von mir aus meiner Knabenzeit war.« Das war Lilly. Er kramt sogar noch aus einem Umschlag, den er bei sich trägt, ihr Foto hervor: »Sie hatte alles – Kameradschaftsgeist, Charakter. Sie wäre eine perfekte Partnerin gewesen.«

Er musste sicher in seiner Tasche nesteln: Denn da trägt er doch auch Brigittes Madonnenbild, wie er ihr in heiligen Worten versichert hatte.

Goldensohn notierte, dass er an diesem Punkt einen »niedergeschlagenen Eindruck« machte. Den Vater umgehend mit einer ehrlichen Aussage verwischt: »Es dürfte Sie wohl interessieren, dass ich bei meiner Rückkehr von Krakau zu ihr und nicht zu meiner Ehefrau ging. Zu jener Zeit wusste ich, dass alles am Zusammenbrechen war, und ich wollte den schönen Dingen des Lebens Lebewohl sagen.« Eines der *schönen Dinge* war eben Lilly, mit der er nach seiner Flucht aus Krakau viel lieber als mit Ehefrau und Kindern zusammen sein wollte. Ich kann das nachvollziehen. Doch muss er es wirklich aussprechen, seine Ehefrau so vernichten?

Geahnt hat es Mutter wohl, denn ich habe von ihr keinen einzigen Satz der Verehrung, der Liebe, der Sehnsucht bezüglich ihres gehenkten Gatten mir gegenüber in Erinnerung. Wofür ich ihr sehr danke.

Dass es ihn selbst nicht ankotzt, wenn er sie nach diesem Gespräch mit Goldensohn im gewohnten Jammerton am 19. März 1946 anschwurbelt: *Mein Leben fließt den schwarzen düsteren Strom der ganzen so entsetzlichen Zeit unseres Volkes weiter, und oft überkommt mich die stürmischste Sehnsucht nach dem endlichen Frieden der Seele. Ich lebe nur in dem dauernden mich Zurückdenken in die ach so rasch dahingebrauste Epoche unseres Glückes. Und nun alles in Ruinen und Trümmern! Meine Gedanken umhegen Dich und unsere lieben süßen Kinder in sehnsuchtsvollstem Wogen: Kaum vermag man die Gegenwart zu ertragen.*

Für diese Gegenwart war er selbst verantwortlich. Auch für die von Michel und Norman, wie er in Mutters Brief vom 24. März 1946 lesen kann: *Michael stieg in seinen Bus nach Aurach. Natürlich gefällt es ihm*

nicht in dem Heim, und er weinte, als er wieder hinmusste, Hunger hat er auch immer. Aber was half es. Das Schicksal ist hart. Else schrieb mir gestern, sie habe ihn besucht, und seine erste Frage: »Tante, hast Du mir Brot mitgebracht?« Ich habe nun Else geschrieben, sie möchte ihn zu sich nehmen, solange ich noch im Krankenhaus bin. Else tut es ja gerne, aber Du glaubst ja nicht, wie die Menschen sind. R. haben ja deswegen sie und Oma nicht nehmen wollen, weil sie glaubten, die Kinder könnten öfter kommen. Mit Franks will eben niemand mehr was zu tun haben! Oh, diese Menschen!
Ja, das weißt Du noch gar nicht. Mit der Schönhärl-Schule ist es wieder nichts. Sie hat auf ganz unhöfliche Weise abgesagt, per Einschreiben sogar. »Ich teile Ihnen hierdurch mit, dass ich Ihren Sohn in meiner Schule nicht aufnehme.« Ja, ja, so wird man heute überall abgefertigt! Wird Norman als Dein Sohn und sonst völlig unbelastet nicht mehr in eine höhere Schule aufgenommen werden oder worin liegt sonst der Grund?

Vater wusste aus den Briefen zuvor schon, dass auch Michel ewig Hunger hat – geht sein Vater irgendwie darauf ein? Nein. Er schreibt ihm stattdessen am 24. März 1946:

Mein lieber Michel!
Wie geht es Dir denn? Schreibe mir doch! Mir geht es gut: Du weißt ja, dass ich ein alter Soldat bin, und die müssen halt ewig kämpfen, gelt? Grüße die lieben Menschen, die sich Deiner so lieb annehmen! Du mein lieber Bub, sei innigst geküsst von Deinem Vati

Nach diesem Hohlbrief hat er sicher wieder Lillys Foto aus echter Liebe abgebusselt. Auch Norman denkt am 27. März 1946 an die bevorstehende Verhandlung, weist allerdings jedwede Stichhaltigkeit der Anklage zwischen den Zeilen zurück:

Mein Lieber Vati!
Bin auf einen Tag zu Mutti ins Krankenhaus gefahren. Sie sieht prächtig aus, und ich bin stolz auf meine schöne Mutti. Leider musste ich hier erfahren, dass meine geplante Schule abgesagt hat. Obwohl ich das Herumsitzen schon nicht mehr zu ertragen glaubte, konnte mich diese Nachricht nicht so erschüttern wie ich es mir vorgestellt hatte. Wir – damit ist nicht etwa nur unsere Familie und Freunde gemeint – sind fest davon über-

zeugt, dass die kommenden Monate große Entscheidungen bringen werden, und ich glaube nicht, dass ich dadurch wesentlich geschädigt werde. Ich glaube, meine Einstellung zu Dir verantworten zu können, da wir wissen, dass Du die Lage genauso beurteilen würdest. Der Prozess ist ja nun in das Stadium der Wahrheit getreten. Man meint damit allgemein den Beginn der Verteidigung. Wir sind immer dabei, aber Du wirst es ja kaum merken. Es wäre sonst zu schön. Sei vielmals gegrüßt von
Deinem Norman

Norman, unser geliebter »Bomi«, wie wir ihn nannten, schiebt demnach die gesamte Anklage ins Schubfach »Lüge«!

Am Wochenende des 30. und 31. März 1946 entlarvt sich Hans Frank gegenüber Gilbert unfreiwillig selbst, als er über Joachim von Ribbentrop spricht: »Es war ein Verbrechen von Hitler, diesen Mann zum Außenminister eines 70-Millionen-Volkes zu machen. Das zeigt die wahre Schwäche einer Diktatur. Sie erträgt keine Kritik. Hitler umgab sich mit solchen kriecherischen, unwissenden Jasagern, um sich selbst künstlich den Anschein von Stärke zu geben.«

War er etwa kein kriecherischer Jasager?

Brigitte, die schon längst die letzte Faser des Charakters ihres Gatten aufgedröselt hatte, schickt ihm am 30. März 1946 Lügenhaftes, zumindest, was ihn in seiner Art als Freudenbringer betrifft: *Gewiss sind Ruinen und Trümmer um uns, aber es ist ja viel wichtiger, in uns aufzubauen. Du siehst ja, die Menschen waren nicht gut und nicht zufrieden, als es in Deutschland alles gab, nun hoffen wir, dass sie jetzt zufriedener und glücklicher werden. Wir haben alle zu sehr der Materie gelebt, und drum war es auch kein Leben. Ich trauere dem gar nicht so sehr nach. Und deshalb lieber, guter Hans, ertrage die Gegenwart nicht im Rückblick auf die Vergangenheit, sondern im Hinschauen auf die Zukunft, auf unsere gesegnete Zukunft! Nun ist es in der Natur auch wieder Frühling geworden. Du siehst, Hänschen, alles kommt wieder, und nichts geht verloren in dieser Welt, und alle unsere guten Taten werden uns nachfolgen, und wieviel Gutes hast Du getan, Du warst jedem ein Freudenbringer! Mit wieviel Idealismus bist Du an alles herangegangen, und wie bist Du betrogen worden. Das kann auch so leicht kein anderes Land mit einer anderen Staatsführung verstehen. Sie müssen sich doch nun selbst überzeugt haben, dass nicht*

Ihr, wenigstens nicht alle, die Betrüger, sondern die Betrogenen wart. Es gibt schon noch eine Gerechtigkeit, lieber Hans, meist sogar in dieser Welt!

Sicher waren die Juden im Generalgouvernement zutiefst dankbar für das, was ihnen von Hans Frank alles an Freuden gebracht wurde: der Hunger, das Ghetto, weiter ins KZ Plaszow, zuletzt in die Vernichtungslager.

Einen Tag später plustert sie diesen ach so *Betrogenen* in einem Schönheitswettbewerb zum Sieger auf: *Wenn ich ein Bild von Dir in den Zeitungen sehe, freue ich mich immer, dass Du noch mit am besten aussiehst, und Du hast jetzt so einen entspannten Ausdruck, direkt harmonisch.*

Wie für Michel, hat Vater Hans als Reaktion auf Normans Brief am 2. April 1946 auch nur Hohles parat. Warum greift nicht endlich mal der sicher perfekt Deutsch sprechende und lesende Zensor ein, kommt wütend, mit den Brief wedelnd, in seine Zelle und schimpft: »Meine Güte, Frank! Das sind doch Ihre Kinder! Sie sehen doch, was die mitmachen! Norman wird von allen Schulen abgewiesen, nur weil Sie der Butcher of Poland waren, pardon: der Generalgouverneur. Haben Sie denn wirklich kein Gefühl dafür, was jetzt ihr Norman braucht?« Dann hätte er ihm vielleicht noch in höhnischem Ton den Brief vorgelesen:

Mein lieber Norman!
Richte Du nur alles so, dass Du es vor Dir und Deiner Mutti verantworten kannst. Im Übrigen handle fleißig und brav. Was immer mein Schicksal bringen wird – auch im Jenseits bete ich für Dich, mein Sohn!
Dein Vati

Mit einem lauten »Bullshit!« hätte der Zensor dann die Zelle verlassen. Aber was soll man von einem Vater erwarten, der sich nicht entblödete und Norman ein Riesenfoto von sich in Generalsgouverneurspose schenkte mit der Widmung: *Meinem lieben Sohn Norman in herzlicher Verbundenheit! München, den 7. Februar 1942 Vati.* War ich als Vater besser? Zumindest hab ich für meine Tochter Franziska, wie sie es einmal in einem Interview erzählte, eine »Mauer gebaut«, indem ich sie bitter genau über ihren Großvater aufklärte. Jetzt macht sie das Gleiche mit ihren drei Kindern in Bezug auf deren Urgroßvater. Zu Recht kommt mein Vater nicht in Franziskas äußerst spannendem und lehrreichem Buch »Mit Demut zum Erfolg« vor. Demut empfand ihr Großvater nie!

GETRENNTER HOCHZEITSTAG

Unbeeindruckt legt Hans Lillys Foto zur Seite und schleimt am gleichen Tag sein *Weibelen* an: *Meine herzliebe Brigitte! Heute zu unserem Hochzeitstage, da er sich zum 21. Male jährt, klingen in mir die Saiten des Lebens in feierlichen Harmonien. Ein wunderschöner Frühlingstag, die süßen Vogelstimmen und die Töne der Altnürnberger Glocken vermochten mich so ganz in die unsagbare Stimmung des Erlebens zu versetzen. Ach: Dass Du fühltest, wie sehr ich bei Dir bin und für alles danke, was Du mir in Liebe und Würdebewahrung all die Jahre warst. Aus übervollem Herzen neige ich mich zu Dir und bete für Dich und die Kinder, diese herrlichste Frucht unserer Ehe. Schwerstes verfügte Gott über uns, und wenn auch das letzte größte Opfer vielleicht vor mir steht: Gedenke, dass auch vor Gott ich ewig danken werde für Dich – für Dich.*
Dein Hans

Brigitte hat ihren Hochzeitstag auch nicht vergessen:

Zum 2.4.46:

Mein Hans!
Mein ganzes Glück warst immer Du! Leer ist mein Leben ohne Dich! Ja, mein lieber Hans, das kann ich wohl sagen, Du warst die Sonne, das Licht und die Wärme meines Lebens. Wie glücklich war ich vor 21 Jahren am 2.4.25! Aber auch die Frage erhebt sich: Habe ich wirklich alles getan, dieses Glück mir zu erwerben und damit zu erhalten? Nein, das tat ich nicht, sonst wäre mir das Leid sicher erspart geblieben. Wohl weiß ich, dass es immer mein größter Wunsch war, Dich glücklich zu machen, aber dass es mir nicht gelang, ist meine Schuld, denn in erster Linie hat dies die Frau in der Hand. Gewiss sind wir beide in unserer Wesensart sehr verschieden. Aber war es da nicht gerade meine Aufgabe, dies durch immerwährende Güte zur harmonischen Einheit zu bringen? Durch viel Leid musste ich gehen, um zu diesen Erkenntnissen zu kommen. Weißt Du noch, mein lieber Hans, als es am Tage vor unserer Trauung regnete, alles war grau in grau, und nichts war da, das einem Hoffnung gab, dass es anders würde. Und ich schlief – und als ich erwachte, schaute ein sonniger, strahlender Morgen zu mir herein. Nun nehmen wir dies als ein gutes Omen. Vielleicht haben auch wir lange geschlafen und alles war dunkel in uns. Und

nun sind wir erwacht und über eine kleine Weile wird ein neuer Morgen und eine neue Sonne uns begrüßen. So wird es sein! Du bist ja noch so jung, und denke mal, mir geht es jetzt auch wieder so. Wir haben ja auch unser eigentliches Leben noch nicht gelebt. Tragen wir also beide noch unser schweres Geschick mit Geduld und Gottvertrauen. Sei ganz ruhig, lieber Hans und konzentriere Dich im Geiste Gottes auf Deine nun kommende Verteidigung. Mögest Du einen gerechten Richter finden. Dies waren ja Deine Worte an jenem letzten Tag im Schoberhof. So wollen wir beide, mein geliebter Hans, am 2. April froh sein und Gott danken vor allem für das Geschenk unserer fünf Kinder. Kannst Du Dich noch an jenen Hochzeitstag erinnern – wir fuhren zusammen, es war glaube ich noch ein Freund von Dir dabei, mit dem Rade zum Starnberger See. Und Du gingst in die Wiese und kamst mit blauen Blumen zurück, die Du mir mit einem Kniefall überreichtest.

Mutters gottverfluchte Sehnsucht nach einer glücklichen Zeit, die es nur für kurze Augenblicke gab!

Norman, 18, ein Alter, in dem man eigentlich schon so richtig die jugendliche Sau rauslassen könnte, begibt sich hingegen am 3. April 1946 seinem Vater gegenüber in die Kritikasterliga alter Männer: *Wenn wir auch alle ein Jahr lang nichts getan haben, so können wir doch wenigstens sagen unserer Gesundheit gelebt zu haben. Und das ist viel wert, denn man sieht, besonders an der Jugend in München, wie sehr manche sich in dieser Zeit durch unsolides Leben ruiniert haben.*

Sein Text passt zu denen, die er vom Vater bekommt.

Brigitte hingegen bastelt am 3. April 1946 weiter eifrig an ihres Mannes Ansehen, via Zensor-Augen:

Mein lieber Hans!
Heute las ich einen Artikel vom verstorbenen Kardinal Graf Galen, und da fiel mir ein: Hat er Dich nicht mal als Mann des Rechts lobend erwähnt? Meiner Meinung nach führte er Dich als einzigen Kämpfer für das Recht gegen die Machthaber der Gestapo an! Ab 1. April gibt es nur noch 1275 Kalorien! Armer Norman, armer Michel, da gibt es keine Brote mehr zum satt essen! Die Stimmung überall ist auch entsprechend, denn Brot war jetzt das Einzige, was wir noch einigermaßen genügend hatten.

Der Adressat schreibt einen Tag später, vermutlich unterbrochen von einem Bäuerchen dank US-Army-Verköstigung: *Ich fürchte mich nicht und will des Geschickes Knappe sein! Du Gute! Ich umarme Dich! Hans*

Drei Tage nach dem Hochzeitstag ihrer Eltern erhebt sich auch Sigrid aus ihrem ehelichen Lotterbett und erinnert sich am 5. April 1946 mal wieder an ihren Vater: *Erinnerst Du Dich noch an die vielen Hochzeitstage, die Du und Mutti mit uns im österlich geschmückten Schoberhof erlebt habt. Norman und ich wussten damals nie, was wir euch beiden schenken sollten und verfielen immer wieder auf das gleiche: Ein Körbchen mit frischer Erde und Moos, gefüllt, geschmückt mit den ersten Frühlingsblumen. Weißt Du das noch?! Mutti war – oder tat zumindest so – immer gerührt, und Du... Hmmm... ja, bei Dir war man halt nie so sicher, ob Du nicht ein klein wenig darüber lächeltest. Gerade jetzt, da es wieder Frühling ist und mit jedem Morgen die Wiesen bunter und die Sonne heißer wird, muss ich immer wieder an den Schoberhof denken. Wir haben ihn doch alle sehr liebgehabt und ich vermisse ihn schmerzlich. Das Brünnlein im Hof bekam um diese Zeit wieder ein Englein, und klar und kalt plätscherte das Wasser in das Becken. Heute ist das alles wie ein Traum – zeitlos, aber unvergesslich.*

Ich geb's zu: Sigrid werden durch den Absturz von Saus und Braus in Graus und Missachtung schwere Wunden in ihre Seele geschlagen. Ebenso wie Norman und Gitti, vielleicht auch schon Michel.

Unsere Mutter macht am 7. April 1946 vor, wie man zur Zwangsarbeit deportierte Menschen künftig nennen sollte. An unser *Mädchen* Lydia kann ich mich darum noch gut erinnern, weil ich zunächst größte Mühe hatte, ihren Namen richtig auszusprechen, wofür ich von Michel und Gitti ziemlich gehänselt wurde: *Übrigens unser früheres Mädchen, die Ukrainerin Kathi, besuchte uns neulich, d. h. ich war ja nicht da, sie ging dann zu Sigrid. Sie kam aus Krakau und Krynica. Nur durch die Hilfe eines amerikanischen M.P. ist sie wieder zurückgekommen. In Krynica traf sie die Steffi, die auch bei uns war, die hübsche kleine Blonde, wenn Du Dich erinnern kannst, die auch mit geplündert hat. Sie kam auf Bestellung durch Ivan gleich am ersten Tag der Plünderung. Sie war hochelegant in meinen Sachen und ging mit einem russischen Kommissar. Sie hätte dort gleich die Kathi angezeigt, dass sie von einem deutschen Offizier ein Kind hätte. Kathi wurde daraufhin gleich drüben verhaftet und ist nun glücklich, wieder hier bei ihrem Kind zu sein. Übrigens hat dem Ivan das Plündern scheinbar kein Glück gebracht. Er soll drüben in einem Lager sein und tüchtig arbeiten müssen. Da wird es wohl der Lydia nicht besser gehen, die er so mit hineingerissen hat und die es so gut bei uns hatte. Sie bangte ja auch um mein Leben und rief mir immer zu, ich sollte mit den Kindern fliehen, sie wollten mir ans Leben, und tüchtig weinte sie dabei. Aber nachher soll sie auch in einen Rausch gekommen und mit geplündert haben, vor allem den sämtlichen Schmuck, den man bei ihr dann noch gesehen haben soll.*

Ich mag Mutters Ratschkathl-Briefe! Auch ihre Häme. Ich gönne ihr diese kleinen Erholungen von ihrer grässlichen Situation.

Norman übt derweil am 8. April 1946, welcher Sätze es bedürfe, um eine neue Nazi-Partei hierzulande aufzubauen:

Mein lieber Vati!
Wir fiebern dem Zeitpunkt Deiner Verteidigung entgegen. Wir wissen, dass Du das deutsche Volk von der Schuld, die ihm zugewiesen wird, nach Möglichkeit freisprechen willst und wirst. Soll ich Dir deswegen noch einmal sagen, wie stolz ich auf meinen Vater bin, den uns das Leben leider nicht vergönnte, so zu sehen, wie er ist. Viel zu viel stand immer zwischen uns. Aber Du weißt ja, wie gerade mir das Leben mit einem stark beschäftigten Vater gefallen hat. Umso schöner waren dann die Stunden des »Familienseins«. Später werden wir es nachholen, und ich bin fest davon überzeugt, dass es eine herrliche Zeit werden wird. Dieses ist meine ehrliche Überzeugung und nicht etwa Trost für Dich, denn ich weiß ja, Du brauchst keine Trostworte von Deinem Sohne. Du bist Soldat, und wir sind eine Soldatenfamilie!

Dass er mich, sein jüngstes Geschwister, auch zu den Soldaten steckt, finde ich unverfroren. Was ich ihm zugestehe: Damals weiß er noch nichts von den Verbrechen, die unsere deutsche Wehrmacht all überall zwischen 1939 und 1945 verübt hatte.

HANS, DER SCHÖNSTE ANGEKLAGTE

Mutters Brief an Hans vom 10. April 1946 zeigt zum einen, dass es doch erlaubt war, Politisches, den Prozess betreffendes, hin und her zu schreiben. Zum anderen gesteht Mutter, dass sie sehr wohl über die Judenvernichtung Bescheid wusste. War das ein Trick, um sofort verhaftet und neben ihren Ehemann auf die Anklagebank gesetzt zu werden, sodass sie diesem ewig Ungetreuen endlich das Lilly Foto aus der Tasche ziehen kann und ihm auf die Sonnenbrille klapsen, wenn er wieder diese Schlampen von Übersetzerinnen anstarrt.

Mein lieber, guter Hans!
Heute Früh um ½ 7 höre ich schon von Dir bei den Nachrichten. Mein Gott, Hans, wenn man das so hört, wie Ihr alle betrogen wurdet, und ich glaube es auch, weil ich ja am besten weiß, was auch Du alles nicht wusstest, ja mir nicht mal glauben wolltest, wenn ich Dir erzählte, was die »Leute sagen« die Juden und KZ's betreffend. Ich bin auch überzeugt, dass das nur ein Abkommen zwischen Hitler und Himmler war und dass es ganz bewusst allen, die es freilich hätten wissen sollen, vorenthalten wurde. Aber Deine Kämpfe gegen die Gestapo und deren Methoden werden ja wohl bekannt sein. Immer klarer wurde es mir auch, dass der Führer Dich niemals zum Justizminister hätte machen sollen, da kannte er doch zu genau Deine Einstellung. Aber auch hier dieses falsche Spiel: dieses Dich Hinhalten – und Du glaubtest immer noch, der Führer wisse nicht um all das Rechtlose, und Du wolltest ihm das Recht schaffen! Mein Gott, gerade er hat's ja angeordnet, und drum musste alles schiefgehen. Deine eigenen Worte brauche ich da nur zu nehmen: »Ein Staat, der nicht auf dem Fundament des Rechts gebaut ist, geht zugrunde!« Und alle Ihr Idealisten glaubtet immer wieder, und nun, da sich die wirklich Verantwortlichen davongemacht haben, müsst Ihr dafür geradestehen.

Und was macht ihr Hans? Anstatt Brigittes Brief auswendig zu lernen, gesteht er Gilbert angeberisch lachend vor Beginn der Nachmittagsverhandlung am 11. April 1946: »Na, mir scheint, ich bin der einzige Schuldige auf der Anklagebank. Alle anderen sind so unschuldig!«

Mutter hingegen lobt am 12. April 1946, nach einem Kinobesuch mit »Wochenschau« wieder mal sein Aussehen: *Ich habe mich wieder gefreut, dass Du, soweit das Schauen mit Deiner großen Schutzbrille dies zulässt, doch mit am besten, wenn nicht überhaupt am besten aussiehst. Jetzt ist es zwar noch nicht mal 7 Uhr. Ich werde aber ins Bad und ins Bett gehen, lesen und Radio hören, besonders den Nürnberger Bericht.*

Nürnbergs schönster Angeklagter bleibt bei seiner Linie und gesteht Gilbert am 14. April 1946, was er so bisher nicht an seine Familie geschrieben hat: »Ich freue mich jetzt mehr denn je, dass ich mein Tagebuch abgeliefert habe. Die anderen haben mir deswegen Vorwürfe gemacht, aber ich bin froh. Millionen von Deutschen sind durch die Schuld des Systems gestorben, und jetzt, wenn es um ihre eigenen Köpfe geht, sitzen sie da und lügen. Heute ist Palmsonntag, und ich schwor beim Kruzifix, dass ich die Wahrheit sagen und als meine letzte Tat auf Erden die Sünde bloßstellen würde, was auch dabei herauskommen möge. Es ist so bedrückend, monatelang mit dieser Bürde von Schuld dazusitzen, und um einen herum sitzen die anderen, genauso bedrückt, und man sucht nach Auswegen und erhält Trost von den anderen. Und dann bin ich ein so schwacher Mensch. Das Schicksal hat mich hierhergestellt, damit ich das Böse enthülle, dass in uns allen steckt. Und dann, bevor alles vorüber ist, ob Sie vielleicht freundlicherweise meiner Familie einen Besuch abstatten, um zu sehen, dass sie nicht leiden müssen für das, was ich getan habe.«

Abgesehen davon, dass die Familie vergeblich auf seinen Besuch wartet, allerdings auch nichts von Vaters Wunsch weiß, vernebelt er auch hier wieder seine persönliche Schuld. Einmal ist es das System, dann wieder ist er nur unbeteiligter Zeuge, der aufdecken soll. Was für eine schwache Vorstellung! Auch in seinem Brief an Brigitte vom gleichen Tag bellt er kein »Schuldig!« aufs Papier: *Ich beginne diesen heutigen Palmsonntag mit innigsten Gedanken an Euch alle! Ostern! Schoberhof! Familie! Blüten! Sonne! Licht! Welche Fülle des träumerischen sehnsüchtigen Herzenswogens habe ich nicht jetzt zu verarbeiten! Ach: Wie ich Euch liebe, Ihr meine guten Lieben! Mir geht es gesundheitlich gut, meine Betreuung ist angesichts der allgemeinen Situation vorzüglich zu nennen: Mache Dir also dieserhalb keine Sorge. Ich lebe ja gesund, rauche vielleicht ein wenig zu viel – aber dieser amerikanische Tabak ist zu gut! Ich gehe heute zu Pater Sixtus in unsere kleine Kapelle, wo wir die Messe lesen.*

Vielleicht liebt er uns im Augenblick des Schreibens wirklich. Eher glaube ich aber, dass es vor allem die Sehnsucht nach Freiheit ist. Norman wedelt er an diesem Sonntag wieder mit Nazi-Palmblättern zu:

Mein lieber Norman!
Du musst mich jetzt in vielem vertreten. Ich schreibe Dir noch ausführlich. Mir geht es gut. Wir verteidigen den letzten Bunker unseres alten Heldenreiches!

Wie geht das mit seinen Tiraden gegenüber Gilbert zusammen?

Drei Tage, bevor er selbst seinen großen Auftritt vor Gericht hat, tritt am 15. April 1946 Rudolf Höß im Saal 600 auf. Die Aussagen des Auschwitz Kommandanten sind so furchtbar, dass es wohl auch meinen Vater schwer gerissen haben muss. Nichts da! Gilbert notiert: »Die Angeklagten hören in bedrücktem Schweigen zu. Es wurde mitgehört, wie sich Frank, trotz des Wiederauflebens seiner Reue, die er mir gestern gestanden hatte, in einer Unterhaltung mit Rosenberg der typischen Verteidigungsbeweisführung der Nazis bediente: »Sie versuchen, den Mord von 2000 Juden pro Tag in Auschwitz dem Kaltenbrunner anzuhängen – aber was ist mit den 30000 Menschen, die innerhalb von ein paar Stunden bei den Bombenangriffen auf Hamburg getötet wurden? Das waren auch hauptsächlich Frauen und Kinder. Und was ist mit den 80000 Toten durch die Atombomben in Japan?«

Null Mitleid beim Hansimuckerl! Dafür der beliebte Bodycount.

Später kümmert er sich Gilbert gegenüber gar um das beschädigte Ansehen der heiligen deutschen Nation: »Das war der Tiefpunkt des Prozesses – einen Mann mit eigenem Munde sagen zu hören, dass er kaltblütig 2 ½ Millionen Menschen umgebracht hat. Darüber werden die Leute noch in tausend Jahren reden.«

Er aber redet nicht einmal mit Brigitte darüber. Zum Beispiel: *Liebe Brigitte, heute hat Rudolf Höß ausgesagt. Ich bin am Boden zerstört. Was haben wir angerichtet! Nein, was habe auch ich angerichtet! All diese unschuldigen Menschen...*

Nichts davon. Stattdessen beschreibt er am 16. April 1946 mit vielen Krokodilstränen seinen letzten Tag auf dem Schoberhof:

Meine herzliebe Brigitte!
Ostern will es werden, und wir sind nicht zusammen. In herzlichster Liebe bin ich bei Dir und unseren Kindern! Und gedenke des Ostern vor einem Jahr, wo wir so schön und lieb noch zusammen waren. Und dann kam schon bald der schwere furchtbare Abschied – eine Trennung, die uns in bodenloses Grauen stieß. Bald ist es ein ganzes Jahr! Wie ich damals mittags noch einmal kam und Brot brachte. Wie Du am Tische unserer alten Stube saßest – und wie plötzlich in mir ein furchtbar ahnendes Weh aufstieg. Wie ich Dir still durchs Haar strich und stille sagte: Liebe, gute Brigitte – dies und sonst nichts – aber alles, alles lag dahin, was ich Dich abzubitten hatte, Dir noch sagen wollte, Dir danken wollte. Im tiefsten Weh streiche ich auch heute durch Dein Haar – und es ist ein wehes Gebet aus todwundem Herzen. Du gute, liebe Brigitte Du! Hans

Sein Streichen durch Mutters Haar habe später ich übernommen. Allerdings mit einer Bürste. Mutter saß in unserem winzigen Wohnzimmer, das des Nachts ihr Schlafzimmer war und bat mich, ihre Haare zu bürsten. Ich stand hinter ihr und tat es sehr lange. Sie schnurrte selig mit geschlossenen Augen. Es lag eine gewisse inzestuöse Spannung über uns beiden.

Am 17. April 1946 überrascht er Gilbert und jetzt mich, als er »friedlich Pfeife rauchend« zu Alfred Rosenbergs Verteidigung bemerkt: »Sein Herumreden um das Wort *Ausrottung,* das war schwach. Ja, er hatte schon damit zu tun gehabt, wie wir alle.«

Na endlich mal wieder, und sicher wissend, dass Gilbert ein Buch aus seinen Notizen machen würde. Er zitiert weiter Vater: »Ich sagte den anderen, dass wir mehr oder weniger seit 25 Jahren mit dieser ganzen Nazi-Bewegung verbunden waren, und was hat es für einen Zweck, das jetzt zu leugnen. Um die Tatsache kommt man nicht herum. Ich werde nicht darum herumreden, sondern manches sagen, worüber die anderen entsetzt sein werden; ebenso mein Anwalt. Aber was sollte man machen? Die fürchterliche Aussage von Höß klingt mir immer noch im Ohr. 2000 Morde am Tag! Hitler hat Deutschland für alle Zeiten entehrt. Er betrog und entehrte das Volk, das ihm vertraute und ihn liebte! Und wie das Volk ihn liebte! Ich werde der erste sein, der aufsteht und sagt, dass ich es der SS einfach nicht glaubte, als sie die Grausamkeiten leugnete. Ich werde der erste sein, der seine Schuld zugibt.«

Gilbert fragt nach: »In welcher Weise fühlen Sie sich eigentlich schuldig?«

Darauf Hans Frank: »Weil ich ein glühender Nazi war und ihn nicht tötete! Einer von uns hätte ihn töten müssen.«

SCHULDEINGESTÄNDNIS ALS TRICK

Wie hätten wir Franks von dieser Befreiungstat profitiert! Zwar hätte Nachfolger Göring Vater strangulieren lassen und den Schoberhof enteignet, aber den hätten wir schon ziemlich bald nach dem 8. Mai 1945 wiederbekommen. Ich wäre Ehrenbürger von Schliersee, hätte auf Gemeindekosten lebenslang beim Zanger die besten Bretzeln Bayerns kaufen können und zusammen mit meinen vier heulenden Geschwistern, Norman leicht wackelnd, Michel schwer schnaufend, Sigrid mit verschlafenen Augen, nur Gitti neugierig plietsch im Neuhauser Kurpark sein Denkmal mit der Inschrift enthüllt: *Dem tapferen Helden demokratischen Widerstands gegen Hitlers Diktatur.* Und drunter: *Gestiftet von der dankbaren Schlierseer Bevölkerung und Franz Josef Strauß.*

Nix war's! Er hat Hitler eben nicht mit seiner vergoldeten Pistole erschossen.

Dann, am 18. April 1946, ist sein ureigener Gerichtstag gekommen. Auch Dr. Seidl schaut ihm fickrig entgegen. Das Gericht bittet Frank in den Zeugenstand. Er schwört den Eid, die Wahrheit zu sagen und nichts als die Wahrheit, lässt sich dazu auch vom lieben Gott helfen, so wahr wie möglich, dann beantwortet er Seidls erste Fragen. Seine Stimme ist laut und betont bedeutungsvoll, selbst, als es nur um seinen beruflichen Werdegang geht. Dann stellt ihm Dr. Seidl die entscheidende Frage: »Haben Sie jemals irgendwie an der Vernichtung von Juden sich beteiligt?«

Er antwortet: »Ich sage ja; und zwar sage ich deshalb ja, weil ich unter dem Eindruck dieser fünf Monate der Verhandlung und vor allem unter dem Eindruck der Aussage des Zeugen Höß mit meinem Gewissen nicht verantworten könnte, die Verantwortung dafür allein auf die kleinen Menschen abzuwälzen. Ich habe niemals ein Judenvernichtungslager eingerichtet oder ihr Bestehen gefordert: Aber wenn Adolf Hitler persönlich diese furchtbare Verantwortung auf sein Volk gewälzt hat, dann trifft sie auch mich; denn wir haben den Kampf gegen das Judentum jahrelang geführt, und wir haben uns in Äußerungen ergangen – und mein Tagebuch ist mir selbst als Zeuge gegenübergetreten –, die furchtbar sind. Und ich habe daher nur die Pflicht, Ihre Frage in diesem Sinne und in diesem Zusammenhang mit Ja zu beantworten. Tausend Jahre werden vergehen und diese Schuld von Deutschland nicht wegnehmen.«

Schon ein Leben lang ärgere ich mich, dass er seine persönliche Schuld, nach der er ja von Seidl gefragt worden war, plötzlich auf knapp über 70 Millionen andere Schultern verteilt.

Seidl erzählte mir später im Münchener »Franziskaner« bei Weißwürsten und Bier: »Als das Ihr Vater ausgesprochen hat, war große Bewegung im Saal. Ein Geraune. Und viele Journalisten von der Pressebühne sind nach draußen gelaufen, um diese Sensation ihren Redaktionen zu melden.«

Gilberts Notizen zur Aussage meines Vaters: »Göring schüttelte verärgert den Kopf, dass ein anderer Angeklagter es wagte, die Wahrheit zu sagen. Er flüsterte mit seinem Nachbarn und verteilte Zettel auf der Anklagebank. Als Frank dann boshaft erklärte, er hätte nie dafür Zeit gehabt, während des Krieges Kunstschätze zu sammeln, saßen Göring und seine Nachbarn mit steinernen Gesichtern da, während diejenigen am anderen Ende der Anklagebank lächelten und sich gegenseitig ansahen.«

Gilbert hörte, wie Vater zu Mitangeklagten in der Pause sagte: »Ich bin froh, dass es heraus ist, und dabei soll es bleiben.«

Leider blieb es nicht so. Als ihn nach der Pause der sowjetische Ankläger ins Kreuzverhör nahm, log er wieder feige, dass er nichts von Vernichtungslagern in seinem Generalgouvernement gewusst habe, wurde aber durch Dokumente widerlegt.

Abends besucht ihn Gilbert in seiner Zelle, und wen findet er vor? Einen eitlen, selbstgefälligen Menschen, der ihm sagt: »Ich denke, es machte den Richtern wirklich Eindruck, wenn einer von uns ehrlich und offen ist und nicht versucht, die Verantwortung abzuschieben. Glauben Sie nicht? Ich war wirklich erfreut darüber, wie meine Aufrichtigkeit sie beeindruckte.«

Was für ein Schuldeingeständnis war das dann? Sollte dazu nicht eine Empathie mit den Opfern aufleuchten? Hatte er nicht mit öffentlich gezeigtem Schrecken den KZ-Film im Gerichtssaal gesehen?

Ironisch schreibt Gilbert in sein Tagebuch: »Man war sich allgemein darüber einig, dass sich die Richter nicht täuschen ließen.«

Auch seine Banknachbarn konnte er nicht beeindrucken, wie Gilbert bei deren gemeinsamen Abendessen hört: »Ich fragte mich«, sagt Albert Speer spöttisch, »was er gesagt hätte, wenn er sein Tagebuch nicht ausgeliefert hätte. Jetzt bleibt ihm natürlich nichts anderes übrig als zuzugeben, was durch sein Tagebuch bereits bewiesen ist.«

An diesem 18. April war alles erledigt, war er erledigt.

Die Reaktion in den deutschen Zeitungen war nicht begeistert. Viele lassen auch seine »1000 Jahre Schuld für Deutschland« weg, melden nur, dass er der erste sei, der seine Schuld zugegeben hätte. Ist ja auch klar: Die da über den Nürnberger Prozess berichten, sind trotz aller Fairness, derer sie sich befleißigen, so oder so auch vom Nationalsozialismus besudelt. Entweder durch verständliches Maulhalten oder durch aktive Mitmacherei. Da passt Franks Vergemeinschaftung der Schuld nicht.

Auch am Tag danach genießt er vor Gilbert in der Zelle noch einmal seinen Auftritt: »Heute ist Karfreitag, und meine Seele hat Frieden, weil ich meinen Schwur gehalten habe. Gestern stand ich noch vor der schwarzen Pforte, und jetzt bin ich hindurch geschritten auf die andere Seite.«

Vater ist so beeindruckt von seinem Pforten-Satz, dass er ihn umgehend ausschmückt: »Ich stand vor der schwarzen Pforte, barfüßig und in Sackleinewand und mit einer Kerze in der Hand wie ein reuiger Sünder.«

Gebildet, wie er nun mal war, wechselt er jetzt sein Geschlecht: »Oder eine Vestalin –, und ich sprach noch einmal vor Gott und der Welt. Jetzt habe ich meine Rechnung beglichen und bin durch die schwarze Pforte hindurchgeschritten und gehöre nicht mehr zu dieser Welt.«

Seine Jenseitsnähe hält ihn nicht davon ab, seine diesseitige Eitelkeit weiter vor Gilbert tropfen zu lassen: »Ich war der erste, der sagte, wie schuldig wir wären. Aber Göring hätte es gleich zu Anfang sagen sollen, statt solch eine Pose einzunehmen. Die Welt schrie direkt danach, dass einer von uns, die wir dem Tode ins Auge sehen, sagen sollte, dass unser System schlecht war, und wir gesündigt haben!«

Am Ostersonntag 1946 schreibt er an die von ihm plötzlich zur Mitschuldigen erklärten Brigitte: *Am Gründonnerstag habe ich vor den Richtern die mir auferlegte Lebensprüfung bestanden, indem ich einfach klar und fest die Wahrheit bekannte, wie sie mir erschien – denn warum sollen diese nicht erfahren, was Gott ohnedies weiß und was zu erfahren ein Recht der Menschheit ist? Sei also nicht traurig: Denn, indem ich die Schuld übernahm, zeigte ich zumindest, dass unser großes leidendes Volk an all dem furchtbaren Geschehen unschuldig ist. Einer musste sich schließlich bekennen, nachdem die bisher vernommenen Angeklagten vor mir, alle ihre Unschuld beteuerten. Ich aber will meinem Herrgott in die Augen sehen können! Das schwarze Tor meines Daseins habe ich nun durchschritten! Bleibe stark! Ewig Dein Hans*

Auch hier stimmt einiges nicht in seinem Brief. Er hat doch in seiner Aussage ganz Deutschland auf 1000 Jahre haftbar gemacht! Von wegen also, *dass unser großes leidendes Volk an all dem furchtbaren Geschehen unschuldig ist!*

Wie aber geht nun seine Familie in Neuhaus am Schliersee in der Dürnbachstraße damit um? Sie, die durch alle ihre Mitglieder dem eingekerkerten Vater und Ehemann immer wieder die Unschuld bescheinigt hatte. Macht ihn irgendwer auf die Widersprüchlichkeit seiner Aussage aufmerksam? Vertieft sie einer? Oder schreibt ihm einer unter der Verwendung des schon seit dem 8. Mai 1945 in Deutschland verachteten Wörtchens »Schuld« zum Beispiel: *Das haste toll gemacht, Vati* (wahlweise: Hans oder Hansimuckerl)*! Ja, Du bist wirklich schuldig, und ich danke Dir für Dein Geständnis, weil es mir mein Leben rettet.«*

Nix da! Norman schreibt:

Mein lieber Vati!
Am 18. abends um 8 Uhr saßen wir alle bei Oma und Tante Else, um Deine Verteidigung zu hören. Wie aufgeregt wir waren, kannst Du Dir kaum vorstellen. Sogar in den Weltnachrichten kam es: »Mit der Zeugenaussage von Dr. Frank kam es zu einer sensationellen Wende im Nürnberger Prozess!« Und dann hörten wir den Kommentator über die Verhandlung sprechen. Man spürte direkt, wie auch er unter der Wirkung Deiner Worte stand. Es war der beste Kommentar, den wir bis jetzt gehört haben. Unsere Freude darüber war grenzenlos. Mit vor Stolz geröteten Köpfen gaben wir

Hans Frank im Zeugenstand am 18. April 1946. Die linke Hand ist durch den ersten Selbstmordversuch nervlich geschädigt.

uns einer spiritistischen Lagebesprechung hin. Am nächsten Tage kam um 12 Uhr mittags eine Übertragung aus dem Gerichtssaal, und wir konnten nun selbst Deine feste, klare Stimme hören. Ohne dass der Kommentator unterbrach, sprachst Du 15 Minuten zu uns. Erst zum Schluss schaltete er sich ein und sagte: »Mögen alle ihren Anteil an der Schuld so ehrlich bekennen wie Dr. Frank!«
Die Gefühle, die uns überkamen, kann man schon nicht mehr mit stolzen vergleichen, viel zu schwach wäre das. Es war jedenfalls so, dass wir in unserem Vater einen Heiligen sahen, aber nicht so einen mit Heiligenschein, sondern einen starken Mann, mit einem Schwerte kämpfend für seine und seines Volkes Sache. Darüber könnte ich stundenlang schreiben, ohne dir alles sagen zu können.

Das war's! Das verfluchte Wörtchen mit den sechs Buchstaben und dem dunklen »u« dazwischen wurde nur zitiert! Auch keine Erwähnung der unschuldigen Opfer, die durch ihre Ermordung unfreiwillig das »u«-Wort schufen! Oder eine gewisse oder gar große Betroffenheit, weil nunmehr – zumindest im ersten Teil seines Gründonnerstag-Geständnisses – der millionenfache Mord an den Juden direkt mit Vater/Ehemann verbunden war.

Nichts dergleichen. Stattdessen eine überstolze Freude, als hätte Hans Frank im Nürnberger Gerichtssaal den Lordrichter Lawrence in drei Tischtennis-Sätzen geschlagen.

Gleich darauf geht's im Brief in die fröhliche Schilderung eines Osterfestes über, das – welche Absurdität – genau dank Vaters Schuldeingeständnis wunderbar wurde: *Dank Deines Geschenks durch das Radio waren wir in der Lage, ein einigermaßen sorgloses Fest zu feiern. Sonntagmorgen trafen wir uns bei Oma und Tante Else, wo der Kaffeetisch schon festlich hergerichtet war und, auch dies nicht zu vergessen, festlich roch. Von Familie Frank waren nur Mutti, Gitti und ich erschienen. Michael wollte um Mittag herum mit dem Zug kommen, und Niki wollte ich nach dem Kaffee in Fischbachau mit dem Rad holen. Wir gaben uns ganz dem Genuss des Frühstücks hin, und im nu war es halb zwölf Uhr. Ich schwang mich aufs Rad und kam um halb zwei mit Niki und Michael, den wir auf der Landstraße aufgegabelt hatten, auf dem Rade zu Hause wieder an. Niki hat sich gut erholt, nur spricht er fürchterlich bayerisch, und zwar so stilwidrig, dass man sich schämen muss. Michael sieht gut und braun aus und ist, wie er mir stolz sagte, der Stärkste im ganzen Kinderheim und wird allgemein respektiert. Ferner spuckt er ziemlich weit und sicher, raucht aber zurzeit ziemlich wenig. Das Kinderheim beschränkt ihn etwas. Am Nachmittag gab es bei uns Kaffee. Wir saßen in der Sonne und aßen Plinze.*

Dies war die Überraschung des Tages. Leider musste ich mit Niki dann schon bald wieder zurückkehren. Er war gar nicht traurig, worüber ich mich auch nicht wundere, denn er hat es wirklich sehr nett in dem Krankenhaus.

Das war Ostern 1946. Morgen werden die ersten Zeitungsberichte kommen!!!

Die Leute hier, die ich kenne, waren ebenfalls begeistert von Dir, aber auch fremde Leute habe ich Deinen Namen mit Ehrfurcht aussprechen hören.

Sei vielmals gegrüßt von Deinem

Norman

Und Hans Franks Mutter? Hat sie wenigstens geschrieben: *Mein über alles geliebtes Hansimuckerl, endlich isses raus, dass ich einen Massenmörder geboren habe! Irgendwas muss ich bei Deiner Erziehung falsch gemacht haben.*

Nein. Sie schreibt zum Schuldeingeständnis ihres Sohnes:

Mein herzlieber Sohn.
Wie stolz bin ich auf Dich, dass Du Dich so tapfer gehalten hast, allgemein wird mir gratuliert, ein kleiner Trost in unserem bitteren Leid. Aber eine große Freude hatte ich doch, nachdem mir meine so hochgeschätzte Freundin Lilly ein Osterpäckchen schickte, kam sie selbst zu mir. Das war ein Wiedersehen, leider mussten wir mehr Leid als Erfreuliches uns sagen. Sie wie ihr Mann halten fest zu Dir, obwohl sie ihr Haus mit allem Drum und Dran verlassen mussten und in 2 Zimmern wohnen, sind sie voll Zuversicht für die Zukunft. Lilly sorgt für mich, ja, das ist ein vornehmer Mensch, wie dankbar bin ich ihr für die große Liebe und Güte, die sie mir entgegenbringt. Doch weiß sie um die Briefe, die Du Brigitte schreibst. Das tut ihr weh. Für Norman wollte sie sorgen, wurde bösartig abgewiesen. Unser Abschied war ein großer Schmerz.

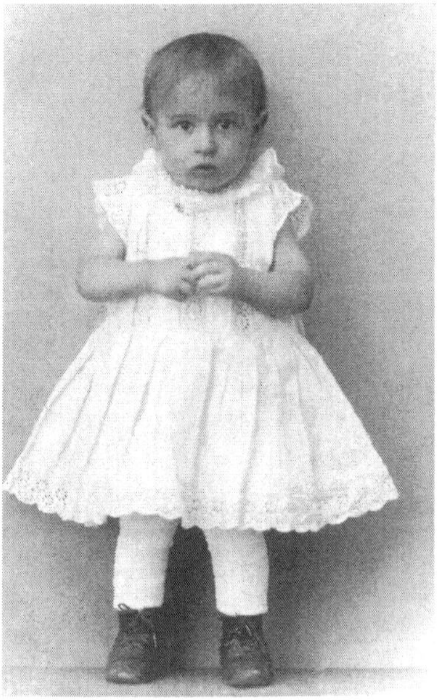

Hans Frank 1901, im Alter von 1 Jahr.

Was für ein widerwärtiges Dokument! Stolz, weil ihr andere zum tapferen Verhalten des Sohnes gratuliert haben. Sie selbst drückt sich um eine Bewertung dieses Geständnisses, das sie ja sofort in jede Richtung sehr betroffen gemacht haben müsste. Also weg davon und hin zu Hans' großer Liebe Lilly. Und danach der verhassten Schwiegertochter noch eins mitgeben! Ja, Sigrid hatte schon Recht: Eine Hexe war das!

Auch Mutter will mit Hans nicht genauer die »Schuld« diskutieren. Rettet sich am 23. April, indem sie ihrem Pfortengeher dieses schreibt und beilegt: *Gitti, die mit Norman immer auf dem Neckton steht, hat ihm diesen Brief geschrieben! Lisi Beck ist ein Mädchen, das Norman mal sympathischer als die anderen war, das ist aber auch alles! Und Gitti schlachtet es mit ihrer weiblichen Phantasie aus: Schliersee 23.4.1946*
Mein innigstgeliebter Zukünftiger!
Ich will Dir nur ein paar Zeilen schreiben, um Dir meine Liebe aufs Neue zu beweisen. Hast Du mir den Brautschleier schon besorgt? Helga und Trudi sind furchtbar eifersüchtig! Aber wir 2 lieben uns trotzdem so innig, dass uns keine Welt auseinander reißen kann. Wann kommst Du einmal wieder zu mir? Es wartet mit den sehnsüchtigsten Gedanken darauf
Deine Dich liebende
Liesi Beck!

Das Hansimuckerl mit seiner Hexenmutter.

Solche Briefe schreibt Gitti an Norman! Dabei sucht er die Weiblichkeit gar nicht.

Ein großer Zensorstempel macht das Nächste unleserlich. Auf der Rückseite in Gittis Schrift:

Lieber Norman!
Ich stehe jetzt gerade am Schliersee, im Begriff hineinzuspringen. Nur – nur, weil Du – Du die Trudi – dieses Biest – liebst. Lieber Norman, wenn Deine Liebe zu mir sooo groß ist, dann folge mir nach, damit wir im Himmel einst wieder innig vereint sind! Amen!
Deine tieftraurige, in Todesschweiß gebadete, selbstmordbegehende Lisi!!!

Gitti weiß nicht, dass Mutter ihrem Brief an Hans das beilegen wird. Gitti selbst schreibt an diesem Tag:

Mein lieber Vati!
Wie geht es Dir? Mir geht es gut? Wie hast Du Ostern verlebt? Bei uns wars sehr nett. In der Frühe sind wir in die Kirche gegangen. Plötzlich kam der Michel atemlos hereinstürzt und ruft: »Mutti schnell, ein ganz hoher amerikanischer Offizier ist draußen und will Dich sprechen.« Die Mutti ist rausgegangen und da steht der Dr. Gastong Ulman. Er hatte noch mehrere Amis mitgebracht. Darunter auch die Sekretärin von Dr. Jackson, die Dr. Ulman der Mutti vorstellen wollte. Sie haben die Mutti im Verhör wegen Dir ausgefragt, und waren eigentlich sehr nett. Gestern war die Frau Meissner bei uns und hat uns von ihrem Haus erzählt und hat gesagt: »Ach Frau Frank, Sie wissen gar nicht, was ich alles verloren habe. Da hab ich doch 192 sehr gute Küchenhandtücher gehabt, und jetzt besitze ich nur noch einz. Und dann habe ich noch echte rosaseidene Bettwäsche gehabt, und darauf liegen jetzt die Amis. Mein ganzes Silber haben sie mir gestohlen. Ach, jeh, ach jeh, ach je!« Und derweil Vati Du glaubst es kaum, hat sie noch so viel Sach hintenrum! Butter, Honig, Käse und sonst noch mehr. Übrigens mich hats riesig gefreut, dass Du der intelligenteste vom ganzen Gerichtshof bist. Und dass Du Dich so prima verteidigst. Ich sags ja der Vati! Und seit dem guten Bericht, sind alle im Dorf noch einmal so freundlich. Besonders Frau Falkenheim und Anni Nickel, denn sie haben die Mutti sofort eingeladen. Überall heists: »Ham sies schon gehört der Frank der macht sich gut aus!« Wann schreibst Du mir mal wieder? Hast

Du meinen Briff bekommen? Voriges Jahr Ostern habe ich eine Puppe an die Frau Rixner vertauscht und wollte 10 Eier dafür haben. Damals aber konnte sie mir nur 5 geben weil sie nicht so viele da hatte. Und sie hat gesagt, ich soll mal wieder vorbeischauen, um die anderen 5 auch noch zu holen. Ich habs aber immer wieder vergessen. Und heuer zu Ostern ists mir wieder eingefallen und ich habs der Mutti erzählt. Und die Mutti hat natürlich gleich gesagt: »Da gehste sofort hin, wir brauchen zu Ostern Eier! usw.« Dann haben wirs aber doch wieder vergessen und schließlich habe ich sie erst 2 Tage nach Ostern geholt.
So lieber Vati nun muss ich schließen!
Es grüßt und küsst Dich 1000000.
Deine Gitti

Das hat er nun von seinem Schuldeingeständnis! Immerhin einen wunderbaren Brief seiner Tochter Gitti. Mutter schweigt sich ihm gegenüber aus. Schreibt erst zehn Tage später nach seinem Auftritt am 28. April 1946, dass sie wegen entsetzlicher Müdigkeit einfach nicht zum Schreiben gekommen sei, plaudert ihn dann mit Alltäglichem die Hucke voll, und geht zuletzt doch auf Umwegen auf seinen Gerichtstag ein, à la Norman und à la Hans' Mutter: *Gestern Nachmittag war ich mit Norman, Gitti und Else im Kino. Wir haben Dich dort sehen können Hans, leider sehen wir ja nie sehr viel von Dir, da Du immer die große Brille trägst. Es war der Tag, als Ribbentrop auf dem Zeugenstand war. Ach, mein lieber Hans, was mich da alles immer bewegt! Und wie ich das Bild halten möchte, aber es geht immer zu schnell weg, doch meine Eindrücke, die mich oft sehr traurig stimmen, bleiben. Wie viele neue Züge entdecke ich da in Deinem Gesicht! Alle, alle sind wir sehr beeindruckt von Deinen Aussagen usw. Alles, was wirklich aus dem Herzen kommt, wirkt auf Menschen und geht auch in ihre Herzen. Wir waren und sind alle sehr glücklich aus vielerlei Gründen. Beten wir nur weiter um den Heiligen Geist! Und dann will ich in nächster Woche zu Niki, ich werde ihn da auch bald holen müssen, natürlich freut er sich auch sehr aufs Heimkommen, unser kleiner Dialekt-Bayer! Was hab ich doch heute dem Michel wieder alles aus der Hosentasche gezogen. Unglaubliche Dinge schleppt er mit sich herum, Eisenringe, Glaskugeln, einen abgebrochenen Kamm, den er »gefunden« hat, ein Ta-*

schenmesser in riesiger Größe und Schnur und ein Fragment von Taschentuch – was wiederum nicht das seine war!

Da gesteht ihr Ehemann Entsetzliches, und sie tut es ab mit *Alle, alle sind wir sehr beeindruckt von Deinen Aussagen usw.* Das *usw.* ist die kältest mögliche Wortabkürzung im Zusammenhang mit dem Holocaust. Ich glaube, Mutter war von seiner Aussage geschockt, weil sie dadurch auch mitschuldig wurde – als seine Ehefrau und Königin von Polen. Also nimmt sie nicht persönlich Stellung, sondern da kommen sie wieder, die anderen: *Alle, alle sind wir sehr beeindruckt.* Da hilft auch das Wörtchen *wir* nichts. Für mich hat sie es nur darum bewusst reingesetzt, um eventuelle Nachfragen seinerseits von vornherein abzustoppen. Keiner der halb oder ganz Erwachsenen greift wirklich seinen Auftritt am Gründonnerstag auf. Auch von Hans kommen brieflich keine Nachfragen, wie zum Beispiel: *Innigst geliebtes Weibelen, wie fandest Du denn meinen Auftritt?* Oder: *Na, Brigitte, diesen ganzen deutschen Lügenbolden, die alles verdrängen wollen, hab' ich's aber ordentlich gegeben* – oder?

Wie Hans' Mutter, schweift auch Brigitte vom unangenehmen Schuld-Wörtchen gleich wieder ab ins Alltägliche: *Hat Dir Norman schon geschrieben, wie brutal und ordinär sich hier unser Vermieter gegen Norman benommen hat. Norman war ganz außer Fassung und verstört. Er sitzt mit einem Buch auf der Terrasse ganz allein, da ertönt auf einmal eine Feldwebelstimme: »Scheren Sie sich da weg, stellen Sie den Stuhl weg, Sie gehören nicht auf die Terrasse, ich werde Ihnen das beibringen.« Norman war im wahrsten Sinne des Wortes fassungslos, konnte es gar nicht in sich aufnehmen und tat deshalb ganz automatisch alles, was ihm geheißen wurde. Hinterher kam ihm erst die unglaubliche Szene zum Bewusstsein. Er kam sofort per Rad zu mir, ich war gerade bei Oma und berichtete es noch ganz fassungslos. Und wie gebücklingt hat er vor Dir und es als Ehre angesehen, bei uns eingeladen zu sein. Und wie hat der früher mit mir getan. Der war ein 250%iger! Und heute ist er es nie gewesen. Viel habe ich von diesem trockenen sturen Soldatentyp nie gehalten, aber etwas Kinderstube hätte ich ihm denn doch zugetraut. Freilich, wenn man sich den kleinen Bandwurmkopf ansieht, der kann nur Grütze hergeben! Nicht das Wasser können die Dir reichen und spielen sich jetzt auf!*

Mutter als Feindin zu haben, war sicher nicht die Wonne, wenn man sich ihr scharfes Wortmaterial ansieht.

Am 29. April 1946 zeigt sich Vaters Stolz auf sein Eingeständnis im Zeugenstand, wie Gilbert notiert. Als Streicher in der Nachmittagsverhandlung weiterhin nichts vom Mord an den Juden wissen wollte, schwillt ihm der Kamm. Der Psychologe notiert: »Frank konnte vor Verachtung nicht mehr an sich halten. Er starrte ihn während der Pause durchdringend an und zischte: ›Das Schwein wusste nichts von den Morden! Wie kann er unter Eid derartig lügen? Wenn ich einen Eid bei Gott dem Allmächtigen schwöre – wie kann ich da lügen!! Ich scheine der Einzige zu sein, der etwas davon wusste!‹«

Diese elende Angeberei mit seiner »Schuld«! Nein, sein Bekenntnis war tatsächlich nur ein Trick, um die Richter zu beeinflussen. Als Trick nehme ich ihm das wiederum nicht übel: Wer um seinen Kopf kämpft, hat das Recht, mit allen Tricks zu arbeiten.

Doch dieses Eitle stößt mich ab.

Das offenbart er umgehend wieder am Wochenende des 4. und 5. Mai 1946 gegenüber Gilbert, gibt sich weiterhin über Streicher empört und hängt an: »Was ist das für ein widerlicher Kerl! Sie sehen, ich bin noch immer der einzig Schuldige.«

Noch einmal: Vater hätte zunächst Brigitte, dann Sigrid und Norman seine Mitverantwortung für den Holocaust schildern können. Nein: Klappe zu, Jude tot. Und so tröpfeln stattdessen die gegenseitigen Beteuerungen von Schuldlosigkeit, Schicksal, Gott und Familienalltag weiter hin und her. Wie gerne würde ich den Briefverkehr der anderen Nürnberger Angeklagten lesen. Ich bin sicher, dass auch bei ihnen kein Fünkchen echter Schuldanerkennung aufs Papier geriet. Und sicher kam auch dort nie der Satz vor, entweder zu sich selber, oder von der Ehefrau oder den Kindern: »Ehrlich gesagt: Du hast den Strick verdient!« Nein, das tut man nicht. Seh' ich ein.

»DIE MACHT DES SIEGERS«

Am 4. Mai 1946 erinnert Brigitte Hans: *Heute vor einem Jahre – wir waren wohl alle zum letzten Male vereint im Schoberhof und wussten alle nicht, welch grausames Schicksal schon vor der Tür stand. Rein materiell gesehen kann man ja heute nicht verstehen, dass wir keinerlei Vorsorge trafen.*

Es kann ja heute noch keiner verstehen, dass wir alles, alles im Haus ließen und so erst mal den Plünderern und dann den Amerikanern überließen! Aber vielleicht musste gerade dieses Opfer auch gebracht werden! Bist Du erst mal wieder bei uns, wird schon wieder Rat werden. Ich verkaufe schon unsere letzten Habseligkeiten, um durchzukommen. Als wir – Sigrid, Gitti und ich – am 30. April aus München kamen, unterhielten sich in unserem Abteil zwei Volksgenossen: »Ich stand neulich an der Bank hinter Frau von Schirach, und als diese dem Beamten sich vorstellte, machte der ihr direkt eine Verbeugung! So etwas kommt heute noch vor! Kaum glaublich!«
»Na, bei uns mit der Frank machen sie es auch nicht anders. Der hat man eine 3-Zimmerwohnung mit Bad gegeben, und da hat sie sich noch beschwert. Die hätte ich in eine Baracke gesteckt!«
Ich wollte mich ja zu Worte melden und sie auffordern, diese 3-Zimmerwohnung sich anzusehen, aber Sigrid ließ es nicht zu!
Eifrig verfolgen wir den Prozess. Die Schacht-Vernehmung brachte ja allerhand Belastendes für manchen. Es ist ja eigentlich bei ihm der gleiche Fall wie bei Dir. Auch er musste offiziell mit all seinen Ehrentiteln weiter verbleiben. Das ist ja das, was die Amerikaner nie verstehen können, wenn sie immer wieder sagen: »Ja, warum ist er nicht zurückgetreten.« Da gab es eben kein Zurücktreten! Aber mein lieber Hans, alles ist ja Schicksal, und niemand kann dem seinen entgehen. Meine Gedanken sind heute immer bei Dir, und ich erlebe den letzten Tag noch einmal. Es war ein Sprung – ein Absturz ins Dunkle! Doch das Licht scheint ja gerade in der Dunkelheit besonders hell!

Der aus Dunkelheit Erhellte schreibt nicht zurück: *Vergiss es! Ich hätte ja zurücktreten können. Hitler hatte es mir angeboten. Dann hätte ich auch Lilly heiraten können. Aber, weißt Du, Weibelen, so ein Generalgouvernement mit Burg und Schloss und Mercedes kriegt man nicht alle Tage!*

Nein, er beichtet lieber seine wahren Gefühle gegenüber seiner dauernd an ihn denkenden Ehefrau der eigenen Mutter am 6. Mai 1946, geht abwiegelnd auf ihre Erwähnung von Lillys Trauer wegen seiner Briefe an die Ehefrau ein: *Du verstehst, dass meine Briefe zu Brigitte aus der Lage verständlich sind: An meiner seelischen Situation hat sich dadurch nichts geändert. Grüße, grüße Lilly! Ich danke ihr, dass sie ist und dass sie jetzt Dir so hilft.*

Das heißt, auch in der Not der Zelle ist er nicht wirklich zu Brigitte zurückgekehrt. Er liebt sie nicht mehr. Das kann passieren, war ihm passiert. Vater war in einer schwierigen Situation: Er gibt seine Schuld zu und damit furchtbar an. Seine Mitangeklagten verachten ihn für beides. Seine über alles geliebte Lilly meldet sich nicht, und seine ungeliebte Brigitte muss er briefaus, briefein belügen. So am 11. Mai 1946: *Du kannst Dir denken, wie sehr und wie ausschließlich ich bei Dir und den Kindern in träumenden Gedanken weile! Über 1 Jahr sind wir getrennt! Aber Gott wird weiter mit Euch sein – das spüre ich.* Oder am 12. Mai 1946: *Ach, meine liebe, gute Brigitte! Eben spielte der Organist in der benachbarten Kirche Regers Orgelphantasie-Fuge über den Namen »B-A-C-H« und in Ahnung eines Ewigen küsse ich Dich – Euch – Ewig Hans*

Wie Brigitte, denkt auch Norman an den 4. Mai 1945 zurück und schreibt ihm genau ein Jahr später: *Heute jährten sich die furchtbaren, uns damals noch unverständlichen Ereignisse zum ersten Male. In meinen Ohren hörte ich den ganzen Tag über noch einmal das Schießen der Flack, die kurz hinter dem Schoberhof stand, sodass er bedenklich wackelte, der Gute. Aber auch wir erzitterten zum ersten Male, als wir uns die Frage stellten: Was wird werden? Mutti wundert sich noch heute über ihre Bewusstlosigkeit der Lage gegenüber. Sie sieht sich immer noch aus dem Fenster hängen, um nur ja nicht die mit Freude erwarteten Amerikaner zu verpassen. Und dann waren wir umzingelt von fremden Uniformen und Lauten. Erst viele Tage später wussten wir, dass das Wort Frieden auf uns keine Verwendung fand. Am selben Tage fuhren Sigrid und ich mit dem Rade zu Deiner Dienststelle. Hier saßen wir alle um einen Tisch, und ich wurde mächtig rot, als Sigrid von meinen Versuchen, Englisch zu sprechen, erzählte. Am nächsten Tag warst Du weg. Nicht einmal Abschied haben wir genommen. »Also auf Wiedersehen!« waren meine und Deine letzten Worte. Genau so, als ob wir uns morgen am Frühstückstisch wieder treffen würden.*

Vater gefällt sich in der Rolle des Tragischen, schreibt am 12. Mai 1946 an Brigitte: *Mein ganzes Leben bis zu dem erschütternden Augenblick, da mich vor über einem Jahre die Macht des Siegers von Euch riss, erscheint mir wie ein verzehrendes Feuer, durch das ich eben gehen musste. Und so gut seid Ihr alle zu mir – kein Wort der Anklage kommt aus Eurem Munde – und Ihr könntet mich doch auch fragen, warum ich Euch in sol-*

che Not gestoßen habe. Ich bewundere Dich, liebe Brigitte, in diesem mutigen, gläubigen Ringen mit der erbarmungslosen Daseinsnot. Glocken und Orgelton tönen sonntäglich zu mir. Und erhobenen Hauptes schreite ich... Hans

Da hat er Recht: Warum fragt denn keiner? Vor allem nach seinem Schuldeingeständnis, das bis zum Kreuzverhör hält. Doch niemand fragt. Andererseits könnte er ja, siehe oben, von sich aus alles rauslassen, den Kindern und der Ehefrau die echte, ungeschminkte, widerwärtige Wahrheit auseinanderklamüsern, wie er so schuldig werden konnte. Er unterlässt es. Lässt sich lieber von Gitti, dieser so originellen Schreiberin, am 13. Mai 1946 ablenken. Wobei ich bezweifle, dass er wirklich einen Sinn für sie gehabt hat:

Mein lieber Vati!
Wie geht es Dir? Mir geht es gut! Dir hoffentlich auch. So fängt jeder Brief von mir an. Aber wenn man einen Brief schreibt, weiß man am Anfang nie, was man eigentlich schreiben soll. Bis man sich das dann mal überlegt hat, schreibt man eben das, das Dir sicher schon zum »Hals heraus hängt«. Hab herzlichen Dank für Deine so liebe Karte. Das freut mich aber, dass Dir mein Osterbrief so gut gefallen hat. Michel und Niki sind jetzt wieder da, zwei richtige »Besen«! Den ganzen Tag streunen sie draußen rum, und wenn dann die Mutti sagt, sie sollen Holz holen, dann geht's los! »Die Gitti hat heute noch gar nicht Holz geholt!« und: »Immer bloß wir!!!« Doch es hilft ihnen alles nichts: Sie müssen ihre Tasche nehmen und gehen. Hat Dir die Mutti schon von der Schneiderin, Frau Stadler, geschrieben? Ein Biest, kann ich Dir sagen! Zuerst hat sie ganz freundlich getan und hat gesagt: »Aber Frau Frank, tun Sie doch ruhig Ihre Stoffe zu mir, ich pass sehr darauf auf und es kommt mir niemand daran!« Und die Mutti hats hingetan, und jetzt? Jetzt ham sie's ihr doch gestohlen. Es war fast das letzte, das die Plünderer uns ließen und die Amis uns mitgaben. Gemein, Gell? Übrigens am 6.6. hab ich Firmung in Schliersee. Schade, dass Du nicht dabei sein kannst! Aber ich schreib Dir dann schon davon.

Norman entpuppt sich als Anhänger von Goebbels' in der Tat meist sehr unterhaltsamen Filmproduktionen der UFA, schreibt er doch am 13. Mai 1946, teilweise wieder in mäkeligem Altherrenstil: *Jede Woche einmal gehen wir ins Kino nach Schliersee. Der Hauptgrund ist eigentlich die*

Frank während des Kreuzverhörs im Zeugenstand, 18. April 1946.

Wochenschau, schon allein bedingt durch die wirklich schlechte Qualität der bis jetzt gezeigten amerikanischen Filme. Aus dem Rahmen fiel lediglich Charly Chaplin in »Goldrausch«. Ich glaube zwar nicht, dass man von dem gezeigten auf den ganzen amerikanischen Filmstand schließen kann, aber es wäre vielleicht klüger, dem deutschen Volke was Besseres vorzusetzen. Denn schließlich sind wir ja nicht an Kitsch gewöhnt. Die Wochenschau hat uns schon oft Dein Bild gezeigt, und es war jedes Mal ein großes Erlebnis für uns alle. Mutti findet, dass du wenig Haare bekommen hast. Eine Stelle, wo ich natürlich am Wenigsten darauf achte! Dein Gesicht ist blass und schmal, aber Du bist es. Die Bilder von Deiner Verteidigung haben wir noch nicht gesehen, warten aber schon brennendst darauf.

Der Kameraschwenk über die Anklagebank war selbst mir, dem Jüngsten wichtig, um Vati zu sehen. Von seiner Schuld hatten Gitti, Michel und ich keine Ahnung. Deswegen geht auch Michel in seinem, schon in fortschrittlich gezügelter Rechtschreibung verfassten Brief vom 15. Mai 1946 darauf nicht ein. Es wäre ja auch zu frühreif, wenn er kritzeln würde: *Liber Vati, deihne Schult treibt mihch sehr um. Warrum hasst du das gettan? Ich kene keine juden Nur den Judenstrik unt den rauch ich immer mit dem doffen Niki.*

Stattdessen schreibt er altersgerecht: *Wie geht es Dir. Hast Du meinen Brif zu Ostern gegrikt? Die Gitti ist heute ins Kino gegangen! Ich bin fom Kinderheim wider da. Bei uns gab es heute Krapfen. Die Mutti schreibt dir auch. Die Mutti hat am Sonntag Muttertag. Der Mutti muß ich auch noch waß machen.*

Dass »Judenstrick« von »Jutenstrick« kam, wussten wir nicht. Als Glimmstengel war diese Clematis-Art nicht sehr bekömmlich, doch die angeberische Freude, die wir hustend dabei hatten, wog jeden Ami-Zigaretten-Stummel auf. Als wir allerdings entdeckten, dass die plietschen Flüchtlinge Tabak anpflanzten und die riesigen Blätter unbewacht in ihren Gärten zum Trocknen aufhängten, hatten wir einen besseren, vor allem uns auf seltsame Weise high machenden Ersatz.

Vom Rauchen schreibt auch Hans an Brigitte ohne Datum: *Der ganze Halt meines jetzigen Lebens steht unter der hohen Not historischer Verantwortung und der treuen Liebesbezogenheit zu Euch, meinen Lieben. Mein Leben fließt in auferlegter Gleichförmigkeit dahin. Gesundheitlich geht es mir recht gut. Essen, Kleidung, Rauchen, Schlafen, Spazierengehen, Besuche, Ärztliche Betreuung, Private Lektüre, Kirchendienst – alles ist in guter Ordnung. Wann der Prozess endet, weiß ich nicht. Wie er endet weiß mein Herrgott.*

Am 15. Mai 1946 geht es Mutter hinwiederum um die Ikone Hans Frank: *Norman betrachtet sich eben die Fotografie, die ich Dir mitschickte und sagt enthusiastisch: »Es ist merkwürdig, wenn ich mir ein Bild von Vati ansehe, ist es, als spränge ein elektrischer Funke zu mir über, ich bin da gar nicht traurig, denn ich w e i ß dann ganz gewiss, dass alles wieder gut wird.«*
Inzwischen ist es 9 Uhr geworden. Wir haben eben Nürnberg gehört, und haben noch länger darüber debattiert.

Auch da wird nicht genauer auf den täglichen Bericht des Bayerischen Rundfunks eingegangen. An diesem 15. war Vizepräsident Puhl von der Reichsbank über das Depot befragt worden, in dem die SS neben Schmuck und Uhren auch, wie Verteidiger Sauter sagte, »Goldfüllungen, offenbar diese Zahnsachen« gelagert hatte. Natürlich leugnet der Zeuge, je davon gewusst zu haben. Wie spannend, mit Hans brieflich darüber zu diskutieren! Sie könnte ihn an ihre eigenen Schmuck-Raubzüge erinnern, die natürlich nicht als solche zu erkennen waren, sondern meist über das Amt für die Verwaltung des polnischen und jüdischen Raubguts abgewickelt worden waren. Mutter könnte, aufgewacht durch das Schuldbekenntnis ihres Manns, schreiben, wie sie sich nach der Machtergreifung nie um ihre jüdischen Freunde gekümmert hat, obwohl sie Herr Pflaumbaum, ihr Berliner Geschäftspartner für ertragreichste Kommissionsgeschäfte in Pelzen, dringend um Hilfe für ein Visum gebeten hatte. Das Ganze könnten die beiden dann mit der Bekundung tiefer Reue besiegeln. Nix da, nur Fisch, wie Brigitte fortfährt: *Gestern gab es hier überraschenderweise Schellfisch. So haben wir gestern und heute Fisch gegessen. Morgen gibt es Erbsensuppe und hinterher den Pudding. Früh muss Michel beim Fleischer Wurstbrühe holen, die es einmal wöchentlich gibt. Ach, Hans, wir denken uns manchmal, was würdest Du nur sagen, wenn Du so plötzlich in unsere herrliche Küche treten und uns um den Küchentisch herum sitzen sehen würdest. Eine schauerliche Küche, so etwas verwohntes und verkommenes!*

Was kommt vom Adressaten am 19. Mai zurück? Ein wieder mal eitles Gesummse, vermischt mit Selbstmitleid: *Mein Leben fließt gleichmäßig dahin und der Bann eines furchtbar ernsten Schicksals trägt mich. Meine totale Einsamkeit und Losgelöstheit führte mich zu kristallklaren Erkenntnissen und hebt mich über das Treiben der Welt in durchdringende Herausgehobenheit. Alle Sehnsüchte verklingen, und die Lieblingswünsche des Daseins pflegt man wie himmlische Gewächse. So musst Du mich denken: In steter Besinnlichkeit mit dem Ewigen der Welt hellflammend verbunden. Meine segnenden Gebete klingen zu Euch: Mit ergriffenem Stolz fühle ich Deine Pflichten mit, breite meine Gefühle über unsere fünf Kinder und meine Hand auf Dein Haupt. Hans*

Wo ist er in diesen Monaten mal echt? Vielleicht in seiner Zelle mit Gilbert, als er ihm am 18. Mai 1946 mit schrillem Lachen gesteht: »Ich kenne meine Polen. Sie sind stinkfaul! Hahahahaha!« Gilbert fügt noch hinzu: »Sein Lachen wird immer hysterischer.«

Das zeigt doch, wie er noch immer das Generalgouvernement in sich trägt: »Meine Polen«!

»AUS DER REINEREN WELT«

Auch Norman geht weder hier noch je ein andersmal auf die täglichen Berichte des BR ein. Was debattieren sie in der Familie überhaupt? Vermutlich nur Entschuldigendes. Dabei hat Norman schon als Jugendlicher die Terrorherrschaft im Generalgouvernement beobachten können. Vielleicht will er auch deshalb nicht so gerne dieses Thema anschneiden, das ja täglich durch Zeitungen und Rundfunk nahe gebracht wird. Diese Familie hat alles: Persönliche Erinnerungen an ein Wohlleben in einem überfallenen Land, sie hat als Oberhaupt einen Angeklagten, der jetzt vor einem ordentlichen Gericht steht und Tag für Tag Beweise für seine Schuld und die des Systems hört, dem er ohne Moral und Mitmenschlichkeit diente. So gesehen wäre Familie Frank prädestiniert zu ehrlicher Bestandsaufnahme. Aber wie soll das gehen, wenn Hans Frank zum Beispiel seinen ältesten Sohn am 19. Mai 1946 auffordert: *Deine Arbeit und die Bewusstheit Deines Zieles beglücken mich: Es wird Dir gelingen – und ich fühle stark Deine fruchtbare Zukunft. Was ich im Besten erstrebte: Du musst es vollenden!*

Soll Norman wie sein Vater *im Besten* den nächsten Massenmord noch effizienter gestalten? Was Normans fruchtbare Zukunft betrifft, so behauptet Norman, in diesem Fall ein Volldepp, sein Leben lang: »Der Sohn eines Kriegsverbrechers darf keine Kinder zeugen.« Kritzelt der eine in der Zelle, tut es am gleichen Tag sein ältester Sohn in Freiheit mit stets hungrigem Magen, findet das Wetter zunächst wichtiger: *Seit mehreren Tagen herrscht bei uns winterliche Kälte. Doch bei uns in der Küche ist es schön warm. Ich finde sie sogar sehr gemütlich, doch das darf ich vor Mutti nicht sagen. Trotzdem fühle ich mich hier wohl, und noch nie habe ich so gut geschlafen, wie ich es in meinem Soldaten-Holzbett tue. Auch die Kleinen sind stolz auf ihre »Höhlen«. Mutti macht sich am Ofen zu schaffen, und wir schließen froh daraus, dass es bald was zu essen gibt. Soeben kommt eine weitere Meldung: Es gibt Erbsen!« Ein nicht alltägliches Mahl, denn wir sehen es nur alle zwei Tage!*

Halbwegs von Erbsen gesättigt, schreibt ihm am gleichen Abend seine Brigitte: *Tag und Nacht leide ich mit Dir! Wann wird alles enden? Aber Hans, es wird sich alles wenden! Auch wir werden wieder glücklich sein. Wir mussten wohl beide durch das Tor der Erkenntnis. So tragen wir die Passion weiter, wie Du sagst. In Deinem lieben Briefe schreibst Du von Deinem vergangenen Leben bis zu unserem gewaltsamen Abschied. Du hast kein glückliches, schönes Leben gehabt, lieber Hans! Deiner inneren Bestimmung nach gehörtest Du gar nicht in dies laute Leben der Welt und der Politik. Ich habe dies vielleicht am klarsten erkannt, als ich Dich zum ersten Mal sah und sprach. Du entstiegst einer ganz anderen, reineren Welt, und dies entdecke ich auch immer wieder in unseren Kindern. Frau Meissner macht seit Monaten Jagd auf die aus ihrem beschlagnahmten Haus gestohlenen Sachen. Jetzt hat sie nach vielem Hin und Her doch einen Polizisten bekommen, um Haussuchungen machen zu lassen. Sie fand bei Oberlindobers, mit der sie verfeindet ist, auch Anzüge ihres Mannes. Doch wollte Frau Oberlindober sie nicht in das Zimmer hineinlassen, das angeblich ihrem Vetter gehörte, aber die Polizei war stärker und fand ½ Zentner Kaffee, von dem Frau Meissner behauptete, er sei der ihre, während Frau Oberlindober dasselbe von sich behauptete. Die Polizei beschlagnahmte, und wahrscheinlich wird der lachende Dritte ein anderer sein. Ebenso spielte ½ Zentner Zucker die gleiche Rolle. Aber so ist es, Hans, haben wir das jemals besessen? Und was ist über den Schoberhof geredet und geschrieben worden. Wenn wir was hatten, aßen sie alle, die bei uns ein- und ausgingen, mit, und andere, die ungleich mehr hatten, vertilgten alles heimlich! Frau Meissner soll durch diese monatelangen Nachforschungen als Detektiv ganz heruntergekommen sein, wiege noch 98 Pfund, allerdings bei ihrer Kleinheit entspricht es noch lange nicht meinem Gewicht.*

Ich hatte nie den Eindruck, dass wir Franks Weniger als die Meissners oder Oberlindobers hatten. Ich fühlte mich als Sohn dieses mächtigen Burgherrn ihnen sehr überlegen. Für mich wunderbar, dass meine Mutter die Tagesgeschehnisse in all den Briefen ihrem Hans in die Zelle reichte. Allerdings war auch das eine Flucht vor dem, was zum Beispiel wirklich diskutiert werden sollte: Wie machen wir unsere »herrlichen Fünf« mit unserem einst verbrecherischen Leben vertraut? Wie erklären wir es ihnen, dass seine Feigheit und seine Liebe zu Hitler den Vater vermutlich an den Galgen bringen werden? Das wäre doch anlässlich seines 46. Geburtstags ein fabelhaftes Vorhaben. Allerdings, nicht mal Sigrid, seine Älteste bittet darum, lässt nicht wissen, dass sie dieses ganze hohle Gejammere von Schicksal und Gott-sei-bei-uns satthabe, sondern schreibt nur erinnerungsselig am 20. Mai 1946 an ihren Vater zu dessen Geburtstag am 23.: *Nun ist schon ein ganzes langes Jahr vergangen, und wieder feierst Du Deinen Geburtstag ohne uns, und wir ohne Dich. Und trotzdem werden wir an diesem Tag heuer viel inniger verbunden sein. Denn was bedeutet eigentlich in unserem zerrissenen Familienleben die physische Trennung? Nichts, mein lieber Vati. Möchtest Du, wenn Du ehrlich bist, lieber wieder einen Geburtstag auf dem Schoberhof erleben mit Schwaigers, Luxembergs und all den alten Getreuen oder gar in Krakau auf der Burg, mit Fanfarengeschmetter, langweiligen Dinners und mit faden Leuten. Hast Du eigentlich jemals irgendein glückliches Gefühl mit all jenen Geburtstagsfeiern vereinigen können? Wie ganz anders ist es in diesem Jahr. Wir alle 7 gehören heute so eng zusammen, und keine »alten Freunde« oder Krakauer Festivitäten können diesen tiefen Zusammenhalt stören. Mein lieber Vati, wir haben Dich alle so sehr lieb und glauben an Dich und hängen alle fest zusammen mit Deinem kommenden Schicksal. An Deinem Geburtstag nun werden wir alle vereinigt sein, nicht wir werden zu Dir kommen, sondern Du zu uns in Muttis kleines Wohnzimmer –*

es ist hier so viel friedlicher als dort, wo Du bist. Die Zukunft, die wir uns ausmalen, erst ganz zart und schüchtern, dann heller und bunter die Farben wählend, und zuletzt erstrahlt ein Bild, so klar und leuchtend, das in unseren Augen einen genauen Widerhall findet. Hoffnungen haben wir alle – und viel Glauben an Gerechtigkeit – nicht nur der Menschen.

Der letzte Satz meint: Wenn schon die Nürnberger so deppert sind und Dich nicht freisprechen, tut's sicher der Herrgott droben im Himmel, der mit scharfen Blitzen die Unschuld seines Mandanten Hans Frank bescheinigen wird.

Auch Norman macht bei diesem Geschmuse mit, wobei ich zugeben muss: Was würde eigentlich ich, der ich mich hier als Wahrheitsfanatiker aufführe, meinem Schuld beladenen Vater ins Gefängnis schreiben? Vermutlich Ähnliches wie Norman am 20. Mai 1946: *Heute vor einem Jahr sagten wir: Im nächsten Jahr feiern wir Vatis Geburtstag wieder zusammen, bis dahin ist alles schon längst wieder gut! Und nun sitze ich in unserer Küche und schreibe Dir zu Deinem zweiten Geburtstag, den wir, auf so grauenvolle Weise getrennt, nun bald feiern werden. Wir werden in Muttis Zimmer zusammenkommen, und Dein Bild wird Dich, wie schon so oft, in unsere Mitte versetzen. Wenn Du wüsstest, wie nah Du uns oft bist! Ich weiß, dass wir an diesem Tage nur sehr traurige Gedanken haben werden, denn wir werden von der Vergangenheit sprechen, uns verlieren wie so oft, und dann kommt das traurige Erwachen. Wir haben es bis jetzt noch nicht fertiggebracht, uns dagegen zu wehren. So klar reiht sich dann ein sonniges Bild an das andere, dass wir neben der Trauer auch einen tiefen Dank in uns spüren, so schön und friedlich gelebt haben zu dürfen. Ja, es war schön! Es war schön bis zum letzten Tag! Die schönen Wochen, wo wir nach langen Jahren der Aufregung und Hast, wieder alle zu unserem alten Schoberhof hingetrieben wurden, waren ganz dazu geschaffen, uns die Wirklichkeit vergessen zu lassen. So wandelten wir glücklich und ahnungslos jenem 4. Mai entgegen. Und wieviel später erst wurden wir uns über Deine und unsere Lage klar! Es war an Deinem letzten Geburtstag, als wir plötzlich alle – Mutti, Sigrid und ich, im Essen innehielten und wie aus einem Munde sagten: »Der arme Vati, wo wird er sein?« Und damit hatten wir die letzten Schleier vor unseren Augen zerrissen. Jetzt sahen wir, in welcher Welt wir waren. Und dann kam jene grässliche Zeit, wo wir, ohne von Dir etwas zu wissen, unserer bösen Fantasie nachlebten. Wir sa-*

hen Dich inmitten grauenhafter Bilder, bis wir im Oktober Deine ersten Briefe erhielten. Sie waren für uns zuerst so furchtbar traurig, und erst nach und nach spürten wir aus ihnen Deine Ruhe und Gläubigkeit sich auf uns legen. Nun wurden es auch wir und werden es immer sein! Gläubig, stolz und dankbar!

TABAK ALS RELIQUIE

Interessant, dass auch er, genauso wie seine Eltern gegenseitig, lügenhaft verklärt, was so nicht gewesen war: *Die schönen Wochen, wo wir nach langen Jahren der Aufregung und Hast, wieder alle zu unserem alten Schoberhof hingetrieben wurden, waren ganz dazu geschaffen, uns die Wirklichkeit vergessen zu lassen.* Diese verlogene Sehnsucht nach einer glücklichen Zeit, die so nicht abgelaufen war. Die Franks verdrängten schon damals gekonnt, was der überwiegende Teil der Deutschen dann zur täglichen Kunst weiterentwickelte, aus der ein bis heute wirkendes Trauma entstand.

Da freu ich mich doch an Michels unschuldigem Brieferl vom 21. Mai 1946:

Lieber Vati!
Ich will dir heute auch mal schreiben! Och kradolire dir herzlich zum Geburztag. Ich habe jetzt gerade Holtz geholt! Die Alte Frau Servir hat gesagt. Aber Kind das darfst du doch nicht machen im garten das Holz sammlen das Holz gehört heich doch nicht! Aber ich habe mihr nichtz draus gemacht sondern einfach so getan alls hett ich es garnicht gehört und bin einfach weiter gegangen. Weiste Vati, mihr ist des ja so wurscht wenn die allte schimpft die kann sich die Lunge ausschrein, ich gehe Weiter die haupt sache ist bei mihr das ich essen kann. Jetzt grüst und küsst dich dein Michel

Den inneren Druck, den Michel durch die schlimme Lage der Franks empfindet, entlädt er per Blase. Bei einem heftigen Streit mit zwei Flüchtlings-Buben, getrennt durch einen Bretterzaun, öffnet Michel, ohne, dass es unsere Feinde merken, heimlich sein Hosentürl und pieselt einen von ihnen unterhalb des waagrecht angebrachten breiten Bretts an.

Es ist ein wunderbarer Sieg.

Am 25. Mai 1946 zeigt wiederum Brigitte, wie behände jede Diskussion vermieden wurde: *Im Kino sahen wir Dich wieder. Heute Abend fahre ich mit Else und Norman zur Vorstellung nach Schliersee, weil es möglich ist, dass Deine Verteidigung schon in der Wochenschau zu sehen ist. Bei der letzten stand Höß auf dem Zeugenstand.*

Gerade über die Höß-Aussage wird in Rundfunk und Zeitungen breit berichtet. Kein Wort dazu von den Franks privatim. Weder von Brigitte, noch von Hans, der sich doch beim gezeigten KZ-Film so tief ergriffen gebärdete. Auch Norman schickt am 27. Mai 1946 nichts mit dem Namen »Höß«, sondern huldigt der Reliquie des Heiligen im Knast: *Mutti kam gestern aus München, wo sie mit Dr. Seidl mehrere Stunden verbracht hatte. Mutti war in guter Laune! Dr. Seidl hat es anscheinend prima verstanden, sie wieder mal aufzumöbeln. Wir wollten uns zum Kaffee noch ein paar Stummeln öffnen, als Mutti in ihre Handtasche langte und uns Deinen Tabak zeigte. Der Gedanke, dass Du ihn in den Händen gehabt hast, hätte ihn fast in seiner Urform belassen, doch zu wissen, wie der Tabak schmeckt, den Vati raucht, war eigentlich auch sehr interessant. Wir zögerten also nicht sehr lang und gaben uns ganz dem Genuss hin. Der Duft war reiche Nahrung für unsere Fantasie, und Dein Bild stand ganz deutlich vor uns: So wird er auch sitzen und rauchen.*

Nur manchmal, weil das ewige Geschmuse kaum einer auf Dauer aushält, bricht sich die Wahrheit Bahn. Zumindest für einen kurzen Satz zwischen lauter alltäglichen Nachrichten. Wie in Brigittes Brief an ihren Lieblingsvertrauten Richard Schneider-Edenkoben vom 31. Mai 1946: *Kommst Du nicht mal zu uns? Wir könnten doch manches besprechen, und Du würdest mir einen großen Gefallen erweisen. Von Margot Schwesinger hörte ich heute auch. Wahrscheinlich sehen wir uns in den nächsten Tagen einmal. Von Hans höre ich nach wie vor. Er ist sehr gottergeben. Am 6. ds. wird Gitti gefirmt, am 3. ds. hat Normi seinen 18. Geburtstag, und gestern hat Sigrid einen süßen Jungen bekommen.*

Zack, das sitzt! *Er ist sehr gottergeben.* Wie abwertend, wie verächtlich klingt das – wie ehrlich! Was haben Hans und Brigitte nur für eine Show abgezogen!

Norman muss von Vaters überirdischem Tabak noch benommen gewesen sein, denn am 3. Juni, seinem 18. Geburtstag, will er dem Heiligen bis zum eigenen Lebensende folgen – hoffentlich nicht gleichfalls als Massenmörder: *Du weißt ja, Vati, dass wir, Deine Kinder, unsere Gefühle zu Dir nicht wie andere stets so stark zum Ausdruck gebracht haben. Heute aber, wo uns das Schicksal auseinandergerissen hat, kann ich nur sagen, dass die Gefühle, die ich Dir jetzt entgegenbringe, erfüllt mit Liebe und Stolz sind, wie ich sie nie bei mir vermutet hätte. Das Bewusstsein, einen solchen Vater zu haben, ist für mich das Heiligste, was ich in mir trage. Bestimmt, Vati, was auch immer ich tue oder lasse, in allen meinen Taten bist Du mir gegenwärtigstes Vorbild! Und nichts im Leben könnte mich glücklicher machen als die Erkenntnis, Dir nachgelebt zu haben! Was Dir Gott ist, Vati, das bist Du mir.*

Hans Frank hat mal vor Juristen in Leipzig Kants kategorischen Imperativ auf Hitler umgetschinscht: »Sagt euch bei jeder Entscheidung, die ihr trefft: Wie würde der Führer an meiner Stelle entscheiden?«

Jetzt setzt sich dieser Anbeter-Schmarren schon in der zweiten Generation fort! Was ich nach inzwischen über 75 Jahren feststellen kann: Norman ist doch seinen eigenen Weg gegangen. Obwohl vom Vater schwer geschädigt heimlich saufend, wurde er dennoch ein von seinen Kollegen geliebtes, geachtetes, bei Trunkenheit mitmenschlich durchs Bürofenster gehievtes und nach Hause gebrachtes Mitglied des Bayerischen Fernsehens in Unterföhring. Und, im Gegensatz zu seinem feigen Vater: Er ließ auf die ihm unterstellten Studio-Handwerker nichts kommen, kämpfte für sie mutig nach oben. Ich konnte das selbst miterleben, denn ich war dort jahrelang während meines Studiums Kabelhelfer, für 30 DM den Drehtag.

UNSCHULDIGER 165-PFÜNDER

Erst nach neun Monaten und vielen Bitten Brigittes schildert Hans am 14. Juni 1946 endlich seine Lebensumstände: *Durch Dr. Seidl kann ich Dir diese Zeilen schicken und daher etwas mehr direkt schreiben, als dies sonst der Fall ist. Mir geht es gesundheitlich recht gut, da ich nun über 1 Jahr ja auch »gesund« lebe. Außer »Rauchen« gibt es ja nichts, was die Gesundheit irgendwie strapazieren könnte, dazu leben wir – die weltberühmten »20 von Nürnberg« – behütet wie Augäpfel. regelmäßig und verhältnis-*

So sahen die Zellen der Angeklagten im Gefängnis aus, In Nr, 15 verbrachte Frank seine letzten Monate. Links in der Ecke die Toilette.

mäßig gut genährt von allen Aufregungen des direkten, heute so allgemein zu übenden »Kampfs um Daseinserhaltung« ferngehalten, dahin.

Ich wüsste nicht, was den Zensor bisher an diesem Text gestört haben könnte. Auch das Weitere untergräbt nicht den Prozess: *Mein Räumchen ist ganz gemütlich, mein Schlaf ist gut: Jeden Morgen nehme ich ein ausgiebiges Kalt-Duschbad (in prächtiger Prause) – etwa um 7 Uhr. Dann frühstücke ich (jeden Morgen 1 Riesenbecher guten, »echten« schwarzen Kaffee und – offenbar amerikanisches – Weißbrot, ab und zu gibt es Marmelade oder »Porridge«, rauche eine Pfeife von dem schönen amerikanischen Tabak (oder zwei, oder drei...) und mache die üblichen Morgenbesorgungen. Mein Bett ist ein Feldbett mit amerikanischen Wolldecken, tadellosen weißen Kissen und einer guten Rosshaarmatratze. Ich habe ein leichtes elegantes Tischchen bei mir stehen, auf dem sich eure Bilder und ein Teil meiner Bücher befinden, die ich gerade lese. Dann rauche ich noch eine oder zwei »Lucky Strike« (die mir bekömmlichste Amerika-*

Zigarette), und gegen 10 Uhr gehen wir zum »Prozess«. Über diesem liest Du so viel, dass ich nichts erzählen will. Er schleppt sich mühselig durch die Geschichte, und angesichts der Entwicklung der Welt verschwimmt er mehr und mehr in die Position einer anarchistischen Zweckunternehmung, sinnlos, leer, antiideal. Aber davon will ich nicht viel reden, das wisst ihr alle ebenso genau. Um 11.30 Uhr machen wir 20 Minuten Pause, und um 13 Uhr gehen wir zum Essen. Ich habe mit Keitel, Seyss-Inquart und Sauckel zusammen ein Esszimmer, in dem wir jeder an seinem netten kleinen (amerikanischen) Metalltischchen essen. Es gibt Suppe, dann irgendein Fleisch mit Nudeln oder Reis mit Gemüse usw. (oft auch »Knödel« – ganz prima!!) und zum Schluss Kaffee – zu dem wir rauchen und plaudern. Dabei ergeht die erste Autogramm-Welle über mich: Nun kommen die Züge der »Autogrammjäger« nämlich an, denen ich auf alte (frühere) Bilder von mir, oder auf Postkarten oder in Bücher – oft auch auf die Rückseite von »Familienbildern« (der Sammler natürlich!!) meine Unterschrift gebe. Das scheint mein Los zu sein... Seit meiner Gefangennahme habe ich mindestens 2000 Autogramme gegeben!

Die geilen sich an der ewigen Faszination des Bösen auf: Ein Autogramm vom *Butcher* ist sicher zu Hause Gold wert! Hin und wieder tauchen sie tatsächlich im Internet auf.

Um 2 Uhr geht der Prozess weiter und um 3.30 Uhr wieder Pause. Dann um 5 Uhr Schluss und Rückkehr ins »Haus«. Meistens essen wir dann gleich (abends gibt es meist – guten – Eintopf, wieder mit Weißbrot, Tee oder Kaffee; oder es gibt Käse und Butter oder Ölsardinen (prachtvoll!) oder gekochtes Obst usw. – Dann ist Gelegenheit, 1 Stunde ins »Freie« zu gehen: Wir haben eine recht schöne Gartenanlage mit alten, hohen, dichtbelaubten Bäumen, direkt an einer Kirche, deren Orgelton mich besonders erquickt. Samstags machen wir oft »Week-Ende« – also ohne Verhandlung. Dann mache ich es mir »gemütlich«, lese, rauche, sinne, träume. Ich erhalte dann sehr oft Besuch von interessierten Amerikanern, denen ich nicht nur von Hitler und dem Nationalsozialismus usw. – sondern überhaupt von Deutschland und Europa zu erzählen pflege. Oft holte man von mir schriftliche Ausarbeitungen, die ich ganz gerne mache (»Über die Möglichkeiten der Demokratie in Deutschland« war meine letzte Arbeit). Abends ist dann auch noch Autogramm Jägerdienst; Ich gebe wieder meine Unterschriften und spreche mit manchem jungen Amerikaner, der

uns unter dem Eindruck seiner Presse wie Wundertierchen anstaunt und erstaunt ist, so nett aufgenommen zu werden.
Ja, das ist so mein »Leben«. Am Sonntag gehe ich in die kleine Kapelle, wo Pater Sixtus die Messe hält, amerikanisch kurz – in 30 Minuten ist alles abgetan, und dann stehen wir mit ihm am Altar (Wir: Das bin ich, Seyss-Inquart, Papen und – Kaltenbrunner) und besprechen »die Lage«.
Mein Körpergewicht ist jetzt etwa 165 Pfund; Du weißt, dass ich nach meiner Verhaftung einen Tötungsversuch durch Pulsaderöffnung vornahm, wodurch ich damals bis auf 150 Pfund Lebendgewicht abgesunken war. – Wir haben einen reizenden deutschen Arzt, mit dem ich jeden Tag plaudere.
Mein liebes Weibelen! Nur Du gehst mir schrecklich ab. Ich möchte herzlich gerne mit Dir zusammen sein, alle Kinder um mich haben und den direkten Kampf mit dem grauenhaft-herrlichen Leben aufnehmen. Ich täte es schon noch einmal schaffen. Aber leider – wieviel Geist, wieviel Mut, Kraft und sogar Genialität wird nicht durch die »Denazifizierung« unserem Volke genommen. – Gott mag wissen, warum. Ich nicht. – Herzlichst umarmt Dich Dein
Hans

Natürlich schreibt er »Prozess« in An- und Abführungszeichen! Natürlich macht er ihn als *sinnlos, leer, antiideal* madig. Was der Bundesrepublik aber wirklich bis heute abgeht, ist seine bahnbrechende Schrift *»Über die Möglichkeiten der Demokratie in Deutschland«!* Da steht doch sicher drin, dass man den Neuaufbau tunlichst unbedingt ohne Nazis schaffen müsste, dass die neue unabhängige Justiz vor allem in den eigenen Reihen der Blutrichter aufräumen sollte und dass die Aufnahme von Flüchtlingen nie durch die eventuelle Abänderung eines zutiefst demokratisch verfassten Grundgesetzes verhindert werden dürfe. Bravo, Vater! Jetzt liegen Deine Seiten bei irgendwelchen Erben in den USA, und Deutschland ist als Demokratie verstärkt gefährdet.

Was er nie mit der Familie brieflich diskutiert, bespricht er mal wieder mit Gilbert am 17. Juni 1946: »Es ist ein ungeheuerliches psychologisches Problem! In kommenden Jahrhunderten werden sich die Menschen die Haare ausraufen und sagen: ›Mein Gott! Wie konnte so etwas passieren?‹ Mord zu Massenproduktion zu verharmlosen! Zweitausend an einem

Tag, Goldzähne und Ringe an die Reichsbank; Haar für Matratzen verpackt! Allmächtiger Gott! Und das alles von einem Teufel befohlen, der in menschlicher Gestalt auftrat! Er hätte dem deutschen Volk, das so sehr an ihn glaubte, wirklich nicht so etwas antun dürfen.«

Wenn er wenigstens diese Einzelheiten der Shoah mit Brigitte, Sigrid und Norman diskutiert hätte! Er hätte doch bei Beschreibung seiner Zellen-Matratze dazusetzen können: *Ach übrigens, was mein Bett betrifft: Wusstet ihr, dass wir Haare von ermordeten Juden zu Matratzen verarbeitet haben? Ist das nicht entsetzlich? Und ich bin mitschuldig…*

Selbst sein Gilbert gezeigter Schrecken hält nicht lange. Schon einen Tag später waren sich – Gilbert hörte mit – Rosenberg und Frank einig, dass »viele von denen, die in die KZs gesteckt worden wären, *es verdient hätten,* weil sie die nationalen Symbole besudelt hätten – wie etwa dieses ›Schwein Carl v. Ossietzky‹. Auch Piscator sei so einer von denen gewesen, die gegen die nationalgesinnten Deutschen agitiert hätten; viele Juden hätten sich daran beteiligt.«

Vater in Reinkultur!

Erwin Piscator, der jahrzehntelang mit seinen Theaterinszenierungen den Nerv der Zeit getroffen hatte, kam erst nach der Emigration zurück, überlebte die beiden Hetzer, wohingegen Carl von Ossietzky, nachdem im KZ seine Gesundheit ruiniert worden war, elend verreckte. Dieser großartige, politisch hellwache Journalist und Autor! Und da hocken diese beiden morallosen Wichte zusammen und beschimpfen ihn obendrein noch als »Schwein«!

Auch einen Tag später konterkarierte er seine, ach ihm so aus der Seele strömende Aussage über den *Teufel in Menschengestalt,* wie Gilbert hörte:

»Frank erklärte den anderen, es sei doch notwendig, die Wahrheit ans Licht zu bringen, dann brandmarkte er den Attentatsversuch auf Hitler.«

Hatte er sich denn nicht selbst vorgeworfen, Hitler nicht erschossen zu haben?

Es kommt mir zur Erholung Michels Brief vom 20. Juni 1946 grad recht. Schade, dass seine Orthografie schon der Moderne näherkommt. Er muss neben dem Malen von Hakenkreuzen in der Schule doch sehr aufmerksam geworden sein:

Lieber Vati wie geht es Dir! Ich gehe schon weder zum Fischen ich habe aber noch nichtz erwischt! Die Fische beisen mihr immer nur den Wurm ab. Ich habe gestern Abend ein gespenster Buch gelesen! Es war sehr grausam! Der Nicki samelt Tabag und gibt in dan dem Hansi der gibt im dafür geld immer zwei Mark. Die Mutti wollte gestern den Käse holen und seidem weiß sie nichtz mehr und wie die Mutti dann die Augen auf mach da lags sie underm Ofen! Und dann hat sie den Normann gerufen und der Normann hat die Mutti dan ins Zimmer getragen! Die Mutti ist schon wieder gesund!
Jetzt lieber Vati grüst dich dein Michel F.

Das waren schöne Stunden für mich: Wenn ich irgendwo im Schlierseer Tal amerikanische Soldaten sah, heftete ich mich an ihre Fersen oder lief, wenn sie rauchten, ihren offenen Jeeps hinterher und hob alle weggeworfenen Stummeln auf. Alles Lucky Strike! Sorgfältig entkernte ich sie und bekam dadurch äußerst nikotinvollgesogene Handelsware. Michel, die alte Petze, verschweigt natürlich, dass ich mindestens hälftig meine Ernte kostenlos unserer Mutter überließ, die pro Stunde, wie Norman seinem Vati mitteilt, mindestens sechs Zigaretten rauchte.

Gitti berichtete am 20. Juni 1946 von ihrem eigenen heiligen katholischen Fest:

Mein lieber Vati!
Am 6.6. habe ich Firmung gehabt. Es war sehr schön. Um ¼ 8 sind wir mit dem Omnibus nach Schliersee gefahren. Ich habe Locken gehabt, ein hellblaues Kleid und ein weißes Keep. In der Kirche mussten wir zuerst 1 Stunde warten, bis sich der »gnädige Herr Weihbischof« in die Kirche bewegte. Als ich den zum 1. Mal sah, musste ich an die Netti in Kressendorf denken. Sooo dick sah der aus. Von der Mutti habe ich eine Kette, ein Kleid und eine pfunds Uhr. Es war wieder mal ein Vorteil meiner Unvorsichtigkeit. Die hab ich nämlich kurz vor der Plünderung kaputt gemacht und zum Machen gegeben und jetzt hab ich se. Tante Else war meine Firmpatin. Von ihr habe ich ein nettes, gesticktes Taschentuch geschenkt bekommen und von der Oma ein Kragen, den sie selber gemacht hat. Das ist allerhand für ihr Alter! Von der Cilly Albert hab ich zwei Eier bekommen. Aber die Firmung kann auch schlechte Folgen haben. Ich habe am Nachmittag so viel Kuchen gegessen, dass mirs am nächsten Tag so

schlecht war, dass ich im Bett bleiben musste. Heute Nacht habe ich geträumt, dass Mutti, Norman, Michel, Niki und ich über einen schmutzigen mit Schutt bedeckten Platz gingen. Alle waren wir furchtbar traurig und trugen Trauerkleider. Plötzlich verwandelte sich der Platz in eine grüne Wiese mit herrlichen Blumen und unsere Kleider waren auf einmal weiß. Wir gingen weiter und kamen vor eine Blume, die größer war als die anderen. Aus dieser Blume wurdest dann Du. Der Traum war sehr schön und ich glaube nicht, dass er was Schlechtes zu bedeuten hat. Im Gegenteil, er weist auf ein glückliches Wiedersehen mit Dir. Am 10.7. habe ich Ferien. Gott sei Dank!

Die 11-Jährige lässt auch in diesem Brief unbewusst aufscheinen, was in ihr rumort: Die Erinnerung an die dicke Netti auf Schloss Kressendorf, der Absturz mit Erwähnung der Plünderung und dann dieser Traum. Besser geht's für keinen Psychotherapeuten, um zu sehen, dass sie wohl ein Leben lang leiden wird.

MIT MESSER IN DIE OHNMACHT

Am 20. Juni berichtet Brigitte Hans von ihrem körperlichen Tiefpunkt, den Michel erwähnt hatte:

Mein lieber, lieber Hans!
Gestern ist es mir schlecht ergangen. Schon vorgestern hatte ich Herzschmerzen, es waren auch allerhand Aufregungen, und ich legte mich um 10 Uhr ins Bett, schlief auch gut. Am anderen Morgen weckte ich Norman um 6, wusch mich und holte mir Brot und Messer, um Norman und Gitti Brote zu machen. Mir war sehr elend, ich holte aber noch die Butter und schnitt auch 2 Brote, fühlte plötzlich, ich habe keine Kraft mehr, weitere Brote abzuschneiden, halte noch das schwere Brotmesser in Händen. Weiter weiß ich nichts mehr. Als ich erwachte, finde ich mich liegend und denke mir, nun hast du dich doch wieder hingelegt, du wolltest doch aufbleiben. Es dauert aber noch ein Weilchen bis ich die Augen aufmache und stelle fest, dass ich in der Küche unter dem Ofen liege. Ich rufe Norman, war auch wieder ganz klar. Er kam und hob mich auf und brachte mich ins Bett. Der Stuhl lag umgekippt auf der Erde, das Messer daneben. Erst

später bekam ich Kopfschmerzen, wahrscheinlich habe ich mir den Kopf beim Fall geschlagen. Michael ging zu Tante Else. Gitti übernahm die Wirtschaft. Und Else kochte.

Auch dieses Erlebnis wird für uns Kinder nicht zu psychischer Gesundheit beigetragen haben. Mutter hat sich wirklich für uns abgearbeitet. Sie büßte schon auf Erden ihre eiskalte und morallose Zeit an der Seite ihres ebenso gepolten Gatten, starb, völlig ausgelaugt mit 63 Jahren.

Vielleicht hätte sie gewünscht, sich beim Fallen mit dem Brotmesser erstochen zu haben, wenn sie geahnt hätte, was sie zwei Tage später in der Post finden würde: Einen Brief ihres Hans an seine Mutter. Darin schildert er noch einmal, was er den Psychologen wiederholt gestanden hatte: seine abgrundtiefe Ablehnung Brigittes.

Für Brigitte müssen es in der Dürnbachstraße die schlimmsten Stunden ihres Ehelebens gewesen sein. Noch mehr zum Verzweifeln als die elende Ehescheidungskiste. Sie rafft sich auf, schreibt Hans' Brief an seine Mutter Wort für Wort ab, packt seinen Originalbrief in ein Kuvert mit Adresse Dr. Seidl und schreibt ihm zu ihrer Kopie am 22. Juni 1946:

Lieber Hans, anliegender Brief ist sicher irrtümlich zu mir gekommen. Liebe kann man nicht erzwingen. Ich habe um Dich gekämpft im rechten Glauben an das Gute. Aus all Deinen Briefen aus Nürnberg musste ich ja annehmen, dass ich den richtigen Weg gegangen war. Ich habe mich getäuscht, denn Du heucheltest Gefühle für mich, die Du gar nicht haben konntest. Warum tatest Du dieses? Viele Tode musste ich sterben, gebe Gott, dass dies der letzte ist. Der Satz: »Dass mein Leben jetzt so darniederliegt, ist vielleicht auch nur die Folge davon, dass ich diese Frau dereinst nicht errungen habe« ist die Quittung meines Lebensweges mit Dir! Entschuldige die Kürze, aber ich bin jetzt so am toten Punkt, ich kann nicht weiter. In meinem Herzen glüht nur der eine Wunsch, Liebe zu geben, Dir sowie den Kindern. Dazu möge mir Gott helfen, was immer auch noch Schwerstes über mich kommen mag. Und so hat mich Dein Bericht über Dein jetziges Leben sehr glücklich gemacht, uns alle!
Dass sich Dir bald die Pforte in die Freiheit und in ein glücklicheres Leben öffnen möge, soll weiterhin mein Gebet sein.
Nimm meine Segenswünsche und Grüße!
Deine Brigitte

Der Lügenbold ist entlarvt. Erschrocken versieht er Brigittes Brief mit dem Satz: *Dies ist des Todes Werk!*

Nein. Auch das ist sein Werk!

Andererseits: Gemessen an seiner Situation und der seiner Familie ist es eine göttliche Komödie, die sich jetzt abspielt. Er kämpft um seinen Kopf, sie ums Überleben, auch das der Kinder; doch jetzt erleben sie mitten im bis dahin einzigartigen Prozess der Weltgeschichte, in dem zum ersten Mal ein internationaler Gerichtshof über Verantwortliche eines Drittstaates urteilt, eine für Pärchen alltägliche, doofe Verwechslung, dieses Mal von Briefen.

Nach ihrem Brief an Hans schwieg sie. Ihr Mann, der nicht den Inhalt seines Briefs, sondern einen zu Albernheiten neigenden Gesellen namens Tod für den Tausch verantwortlich machte, setzt sich hin und klagt seiner Mutter das Leid: *Vorvorige Woche erhielt ich von Brigitte aus Neuhaus einen Brief, dass sie mit mir völlig gebrochen hat. Irrtümlich hat Dr. Seidl einen für Dich bestimmten Brief zusammen mit einem an Brigitte von mir geschriebenen an Brigitte gesendet, und sie konnte demnach den auch lesen. Dr. Seidl wird Dir diesen mitbringen da sie ihn an Dr. Seidl zurückgeschickt hat, und dann wirst Du verstehen, dass freilich Brigitte über den Inhalt dieser meiner Auslassungen in ihrer Art heftigst entrüstet sein musste. Schrieb ich doch in diesem Brief an Dich, dass, wenn ich Lilly W. als Frau damals bekommen hätte, mein Leben wahrscheinlich eine andere Entwicklung genommen hätte.*

Seither schweigt Brigitte, hat wohl auch den Kindern verboten, mir zu schreiben – denn auch von diesen erhalte ich nichts mehr. Ich teile Dir dies mit, dass Du informiert bist, wenn Dich irgendjemand daraufhin anspricht, denn bei der zahlreichen weiblichen Bekanntschaft Brigittes und ihrer selbstgefälligen Art, alles sie persönlich Angehende in dauernden Gesprächen zu verbreiten, wirst Du von dieser letzten und wohl jetzt entscheidenden Ehekrise meines Lebens aus der Richtung Brigittes bald etwas hören.

Ach, meine liebe Mama, nun bin ich also wohl gerade in diesen vielleicht schwersten Wochen meines Lebens ganz allein und habe nur noch Dich. Ich war einerseits sehr bestürzt, als Dr. Seidl mir von dem ihm bei seiner Überarbeitung passierten Versehen Mitteilung machte, möchte aber an-

derseits nicht ewig ein offenbar mir aufgebürdetes Ungemach an Täuschung und Selbstverirrung weiterschleppen und bin deshalb irgendwie auch froh, dass diese Lage heute klar ist. Hätte sich Brigitte vor drei Jahren unter den damals ihr von mir gebotenen so außerordentlich entgegenkommenden Bedingungen von mir scheiden lassen, so wäre doch sicherlich heute ihre und der Kinder Lage wesentlich günstiger, als das nun der Fall ist. Hitler hat es verhindert.

Brigitte ist bestimmt ein an sich wertvoller Mensch in ihrer klaren, norddeutschen Art, mit ihrer Arbeitskraft und ihrem Aufopferungswillen, ihrer Lebenstapferkeit, Aufbaufähigkeit, Intelligenz und Weltgewandtheit. Sie ist ihren Kindern zweifellos eine treue, gute Mutter und war auch immer bereit, mich in all meinen Merkwürdigkeiten zu ertragen. Sie ist eine sehr gute deutsche Frau und hat also eine Fülle von Eigenschaften, die ihren individuellen Wert gesteigert über dem Durchschnitt erscheinen lassen.

Die Frage aber, ob sie als meine Frau die mir und meiner so ganz anderen Lebensart entsprechende Lebenspartnerin darstellte, muss doch angesichts der oft entsetzlichen Schwierigkeiten meiner Ehe von mir klar verneint werden. Ich litt in dieser Ehe mehr als ich verlauten ließ, und auch Du, meine gute liebe Mutter, hast doch gelitten unter der Behandlung, die dir seitens Brigitte zuteilwurde und leider selbst in der jetzigen Leidenszeit noch entgegengebracht wurde.

Ich bin sehr getroffen, weil meine jetzigen Lebensumstände die Passivität all diesen Entwicklungen gegenüber aufzwingen, die meinem Charakter jetzt ganz und gar nicht liegt. Denn der Blitzstrahl solchen Ehegewitters schlägt jetzt mich beinahe nieder, und ich möchte jetzt, da ich ja niemanden mehr habe, in Dein Stüberl zu Dir flüchten, Dir in Deine Augen schauen und Deine liebe, lebensbedeutende Stimme vernehmen.

Weißt Du, Mama, ich sage mir, dass es vielleicht sogar gut ist, dass keine Lebenslüge mehr besteht und um mich herum eben alles klarer und wahrer wird, ein Bild, das sich vielleicht zum letzten höchsten Flammen der ewigen Wahrheit entwickelt.

Ich war damals auch allein, niemand beriet mich, unerfahren wie ich in Frauenangelegenheiten war, hätte ich auch Brigitte damals nicht den richtigen Rat geben können. Dieser Rat aber wäre der richtige gewesen: Ich passte damals überhaupt nicht für eine bürgerliche Ehe. Ich trug den Schmerz in mir, dass Lilly W. die – wie mir damals gemeldet wurde –

»glückliche« Frau eines Anderen geworden war, und da war mir eben »Alles« recht. Aus dieser Gleichgültigkeit, fast Schwabinger »Wurstigkeit«, wurde ein momentaner erotischer Rausch von mir gar nicht auf seine Dauerhaftigkeit überprüft usw. Mein Leid fing schon auf der Hochzeitsreise (»zu Dritt« – mit Hans Strüver, dem Freunde Brigittes!) an – und brach im Grunde auch nun 21 Jahre lang nicht ab! Denn selbstverständlich war dies auch keine glückliche Ehe für Brigitte.

Da hätte ich noch eher Gertrud Herd heiraten können (mit der ich 3 Jahre verlobt war – ein Verlöbnis, dass ich 1924 gelöst hatte), ein feinsinniges, gebildetes Mädchen aus bester Familie, die wesentlich inniger zu mir stand als Brigitte je, deren Gemütskälte zwar mit ihrer Art zu begreifen ist, aber deshalb nicht erträglicher wurde.

Ach ja, meine liebe Mutter: So stehe ich nun, wieder von Dir getrennt, doch bei Dir, allein wie nur je: keine Frau, keine Kinder, keine Lilly.

Um mich ist schon ein arges Duster. Und heulen könnte ich, wenn ich an all das denke, was ich in meinem Leben absolut falsch gemacht habe: ich, der Primus des Gymnasiums, des Studiums, der Doktor summa cum laude, um und um mit Ehren behangen, Titeln und Würden – und für mich gar nichts.

Jetzt wäre es halt schön, wenn Du mir nahe wärst. Dann würdest Du sicher den einzigen richtigen Trost wissen.

Ach, zünd' Deine Kerzerl an – und bet' auch für mich, Du liebe, liebe einzige Mutter Du für Deinen alten dummen
Hansel

Er kann es nicht lassen: *Primus des Gymnasiums* war *Hansel* mitnichten! Das Abi hat man ihm wegen des Kriegsendes 1918 ohne jede besondere Auszeichnung hinterhergeworfen. Die Noten zeigen einen mittelmäßigen Schüler.

Es ist Dr. Seidl selbst, der in dem Wust von Briefen, die er an der Zensur vorbei schmuggelt, kurz den Überblick verliert und sie aus Versehen vertauscht. Oder hat er von der ewigen Heuchelei seines Mandanten die Schnauze so voll, dass er es absichtlich macht? Sodass Brigitte durch Hans' Brief an seine Mutter endlich erfährt, wie es wirklich um ihre Beziehung steht.

Hansels Mutter jedenfalls giftet auf den Klagebrief ihres Sohnes hin am 30. Juli 1946 sofort wieder gegen ihre verhasste Schwiegertochter:

Mein über alles geliebter Sohn!
Habe Deine Briefe erhalten, nachdem ich sie wiederholt gelesen habe, musste ich lächeln, so ernst sie auch sind, aus allem sieht man, dass Du auch heute noch die Frau nicht kennst, mit der Du 21 Jahre lebtest. Mir steht es nicht zu, darüber zu sprechen, nur das Eine ist sicher, dass Du ein ritterlicher Gatte bist. Wenn Brigitte aus dem einen Satz in Deinem Brief eine so große Beleidigung herausliest, so liegt es auf der Hand, dass sie nach einem Beweis von Dir suchte, um das auszuführen, was sie schon längst tun wollte. Entledige Dich endlich dieser Fessel. Wo ist da Liebe, nicht einmal Barmherzigkeit spricht da mit. Die Kinder werden es erst später einsehen, wer ihr Vater war, auch Brigitte wird es bitter bereuen.

Die Hexen-Oma fordert also ihren Sohn auf, sozusagen die Zeit zwischen Beendigung des Prozesses und Verkündung der Urteile zu nützen, um sich per Scheidung dieser Fessel zu entledigen. Dr. Seidl wäre darüber verrückt geworden und hätte aus Gründen seiner dadurch erworbenen Meise nie CSU-Fraktionschef im Bayerischen Landtag werden können. Wo immer in diesen Zeiten der Name »Frank« auftauchte, waren Absurdität und Lügen nah, Wirklichkeitssinn fern.

Lüge ist auch der Brief des *ritterlichen Gatten* an sein *Weibelen* vom 27. Juni 1946, mit dem er auf Mutters Nachricht von den vertauschten Briefen reagiert:

Meine herzliebe Brigitte!
Heute erhielt ich Deinen so sehr ernsten Brief vom 22. ds. Ms. Ich bitte Dich, die Angelegenheit dieses Entwurfs, der da in Deine Hände kam, nicht gar so tragisch zu nehmen. An der ganzen Geschichte ist nichts, und aus ihr ist nicht nötig, noch ein großes Aufheben zu machen. Meine Mutter ist völlig vereinsamt, da ja auch meine Schwester seit fast 1 Jahre nicht bei ihr ist, und da tröstet sie sich eben etwas als alte Frau mit dieser ihr seit 35 Jahren bekannten offenbar ihr sehr hilfsbereiten Dame. Ich wäre so glücklich, wenn Ihr Euch alle angesichts des allgemeinen Leides aufs Beste verstehen würdet. Ich selbst scheide ja sowieso aus! Also sei gut und groß! Herzlichst umarme ich Dich, liebstes Weibelen – Ewig Dein Hans

Die er in seinen Briefen als »Oh meine Lilly« anhimmelt, nennt er jetzt plötzlich *diese sehr hilfsbereite Dame.* Wie kann dieser Angeklagte überhaupt noch mit Genuss, Reue oder Zorn diesem Prozess folgen, wenn ihn in der Zelle am Nachmittag ein Berg von Nachrichten erwartet, der ihn daran hindert, endlich die Wahrheit über sein verbrecherisches Wirken einzusaugen, ihn stattdessen zwingt, in lebenslang gewohnter Manier weiter zu lügen?

DER GROSSE BRUCH

Es muss ihm selbst aufgefallen sein. Also setzt er sich hin und lässt nach und nach alles raus, was in ihm gärt, wechselt dann sogar das Schreiber-Ich und schickt sein Werk undatiert an das Kreuz seines Lebens: *Seit Deinem letzten, so unsagbar tragisch bewegten und mich auf das tiefste erschütternden Brief vom 22. 6. hast Du geschwiegen. Und nach dem Inhalt dieses Schreibens wirst Du auch fernerhin schweigen. – Ich verstehe das. Denn zu all' dem furchtbaren Leid, das ohnedies im Gefolge des Gesamtzusammenbruchs des Glückes unseres Volkes gerade auf Dich und unsere Kinder herabstürzte, kam nun noch dieser unsagbare Schmerz, den Dir notwendigerweise mein Brief an meine Mutter bereiten musste. Wir sind wohl beide müde geworden, eine Erschlaffung ist in mir, obwohl ich zu ihr weit weniger Recht habe, als Du, meine arme, liebe Brigitte. Denn Du musst ja leben, und die Daseinsprobleme bestehen für unsere Kinder, die ja nur noch Dich haben. Ich bin ja nur noch zum Schein am Leben. Zu einem letzten Schauspiel aufgespart wie ein seltenes Raubtier, das man einige Zeit durchfüttert, Sprünge machen lässt – um es dann abzujagen. Ich schaue auf schwarze, dunkle Massen auf mich gewälzter Hassenergien und Racheozeane, nach einem fernen glitzernden Stern, der hoch und heilig, gottlob von Menschen unerreichbar, mir leuchtet – so lange ich noch atme.*
Nimm mich nicht tragisch, Du sollst Dich jetzt nicht mehr erregen über irgendetwas, was von mir kommt. Treibe nicht den Kult mit mir, mich so ernst zu nehmen – denn was immer ich gegen Dich, gegen unsere Ehe schreibe, ist wie ein Röcheln mit unklaren Passagen und dahindämmernden Gedankenjagden.

Geheimrat Rattinger, Brigittes Geliebter in München, bevor sie Hans Frank kennenlernte.

Ich war 2 Tage krank, als ich Deinen Brief erhielt und sprach zu Dir gar nicht wie Dein Mann – über den ich kein Urteil mehr habe – sondern wie Dein Arzt und Familienberater. Ich suchte in mir lange, lange nach dem Hans Frank von einst, oh, diesem jungen, begeisterungsfähigen, flammenden Jungen – und denke Dir, ich weiß so unsagbar wenig nur noch von ihm.

Wo ist er hin? Ich bin es doch nicht! Gott behüte: Ich glaube, der ist tot und man frage nach ihm wie nach dem Schnee vom vorigen Jahr. Da wollte ich mit Dir sprechen, so, wie Rattinger zu Dir gesprochen hätte. (Geheimrat Rattinger, Syndikus der Münchener TH, war Mutters erster Liebhaber nach ihrer Ankunft in der bayerischen Hauptstadt. Er brachte sie als Sekretärin im Landtag unter und verschaffte ihr die Möglichkeit, in der TH als Zubrot Doktorarbeiten und Habilitationen abzuschreiben. Rattinger hätte sie zu gerne geheiratet). *War das nicht im Café Innsbruck? Damals, wissen Sie, gnädigste Frau, wo sie mit dem Jungen zusammensaßen und die Bilanz zogen ihrer Einkommen – ob es reicht? Ob nicht – zur Ehe, dies Gehalt, diese Nebeneinnahmen, jene Unterstützungen?*

Ja, und da war doch diese unsagbar herrliche Ausgelassenheit? Da war Hans Strüver, nicht? (Strüver war Mutters nächster oder gleichzeitig mit Rattinger ihr weiterer Liebhaber. Er bezahlte später auch Brigittes und Hans’ Hochzeitsreise nach Venedig – und reiste selbst mit.) *Und der Englische Garten duftet im Frühlingsglanz und schweigendem Seelenglühen. Und da war die Herrschinger Bucht am großen Schicksalssee und das Boot – und flimmernde Sonnenwärme über dem Silbergrau des heißen Spiegels…*

Und es steigen all’ die Träume, Gesichter, Klänge, Düfte und leuchtende Lebensspiele auf. Allein, weil Du mit Strüver am Strand – und der Espresso. Alles verklungen. Und dann Sigrids Geburt, Normans Geburt, die Jahre der Arbeit mit Calker an der Akademie, die Klassenabende, der Anwalt, der Abgeordnete, Onkel Max, Forst, Sommerfrische in Bernried, Häuschen in Lochschwab – ach, Brigitte: Stationen des Lebens. Der Zukunft hinreißender Schwung, aufbauende Kraft. Und war es nicht so, dass Brigitte hungerte, als Hans sein Examen machte? Dass sie in schwerster körperlicher Verfassung bis in die Nacht Diktate schrieb – oh: schreckliche Doktoratsplagiate – damit man leben konnte. Und die Pelzmäntel…

Die Bilder drängen sich. Die Fülle wächst. Die Macht, die Größe, der Segen; das Glück: Immer höher gings. Ein Siegeszug männlichen Wachsens. Berlin, Reich, Staatsherrschaftlichkeit, Schoberhof, Burg – Osten, Krieg. Zusammenbruch. Blitz. Aus.

Und nun, gnädigste Frau? Was ist geblieben? Nichts Materielles, das ist alles wie ein Spinnweb geschmolzen, kein Tröpflein, kein Töpflein, kein Krümchen, kein Blümchen, kein Eckchen, kein Deckchen –

Aber die »Fünfe« – unsere herrlichen fünf Kinder. Mit denen muss Gott sein!

Ja, ja, würde der gute Alte sagen: Meine Gnädigste! Gut, gut – aber Ihr Mann? Ihr Hans? Dieser Flugdrache in der Hand eines Dämons, der aufstieg mit dem Wind und dann jäh niedersank? Dieser Dichter ohne Buch? Philosoph ohne Idee? Staatsmann ohne Staat? Sagen Sie doch um Gotteswillen, gnädigste Frau: Was hätten Sie sich erspart an Leid, Kummer, Elend – wenn Sie mir gefolgt wären und diesen Flammenden, ewig Lodernden, der nie – ach leider nie – ein wahrhaft Erleuchteter wurde, nicht geheiratet hätten? Wenn Sie die Rechnung im Café Innsbruck nun nicht hätten aufgehen lassen? Widersprechen Sie nicht, gnädigste Frau! Entsinnen Sie sich noch, wie Sie einmal in Ihrer Brautzeit ein psychologisches Gutachten anbrachten mit geheimnisvoll negativsten Erkenntnissen über den – na, ja: »Charakter« Ihres Bräutigams? War das nicht im Englischen Garten am Chinesischen Turm? Ein Gutachten, das er so ergriffen-höhnisch abtat, dass Sie ihm wieder zulächelten – aber sagen Sie doch, beste, liebste Gnädigste! War es nicht doch richtig, was da gesagt und prophezeit wurde? Träumte er nicht, der von Ihnen so zu Unrecht immer wieder geliebte Junge, so dahin durchs Leben? Wissen Sie denn um Gotteswillen nicht mehr – aber das müssen Sie doch noch wissen! – was im Gutachten stand über die verheerende Kraft des »Eros« – durchaus nicht bester Herkunft dieser Götterbursche? Na: Also! Ach, hätten Sie doch meinen Warnungen Gehör geschenkt: Dieser Hans Frank war nie ein Bürger, nie ein biederer, treu-zuverlässiger Ehemann – ja, haben Sie denn Herrn Jackson nicht gehört, na, der hat ihn gezeichnet! Ich sage Ihnen, dieser Jackson hat diesen Hans Frank genauso durchschaut, wie ich ihn schon durchgläserte vor über 20 Jahren?

»Das ist einer dieser Zerstörungsgiganten der Geschichte der Menschheit, die mit lächelndem Gesicht, aber unberührten Herzens nur Leichen und Ruinen auf die friedliche Erde bringen!«

Ja, meine Gnädigste: Hätte der Jackson jemals, ich bitte Sie, ich beschwöre Sie, das etwa vom guten Freund Rattinger sagen können, der sicher noch leben würde, wenn Sie ihn geheiratet hätten!

Oh, liebe, gute gnädige Frau: Oder, wenn er – der Rattinger nämlich! – gestorben wäre, dann hätten Sie heute Wohnung, Pension und Frieden! Und was, so frage ich Sie, haben Sie heute? Und glauben Sie denn wirklich, dass dieser schweifende »Gigant«, jemals sich hätte ändern können? Nein, widersprechen Sie mir nicht, jetzt kommt ja mein stärkstes Argument gegen diesen endlich entlarvten »hohen Herrn«! Glauben Sie denn, anderen war er treu? Ist er treu? Nun also: Sie wissen genug! Das haben die »Giganten« so an sich! So wie der Elefant keinen Hasen und der Löwe keinen Hahn, so können diese Unheilbringer – die Gott sei Dank jetzt in Nürnberg ausgerottet werden!! – keine noch so kleine »Stimmung« bestehen! Sie reden von den Sternen – und bei jeder Funzel blinzeln sie. Nein, nein: Sie hätten ihn nicht heiraten dürfen. Hätten Sie sich doch scheiden lassen! Dann würde er heute an Sie solche Briefe schreiben, wie jetzt an die Andere!

»Tränen folgen ihnen! Flüche donnern ihnen nach«, so sagte Jackson, und der muss doch recht haben! Diese Giganten sind in der Liebe wie Schmetterlinge, nur Honig! Nix wie Honig – das fressen sie, diese Ungeheuer! Und dabei kriegen sie nie genug Süßes ins Maul! Nein, meine Beste, die Zeit

dieser Urweltzerstörungsriesen ist jetzt endlich vorbei! Jetzt kommt das Kaugummimännchenzeitalter mit Schlagzeug und Niggersongkultur. Da wird eitel Freude auf der Erde sein. Die Giganten weichen. Und nehmen ihre Flagge mit. Gut so: So spricht der Alte. Und alter Klang versöhnt.
Meine liebe, gute Brigitte! Schreibe mir, solange Du mich noch hast, von allem, was Dich angeht. Nimm mich halt, wie ich bin. Jetzt kann ich mich nicht mehr ändern. Arm habe ich Dich gemacht. Arm sind die Kinder. Arm ist unser Volk. Doch die Glocken läuten. Die Sonne strahlt. Die Flüsse rauschen. Die Blumen blühen. Und meine drei Söhne stehen gesund und frisch, frei und stark – dank Deiner Liebe und Blutmitgift – im Morgenwind ihres Werks. Und was mir misslang, werden sie glücklicher vollenden. Und Sigrid und Gitti werden Dein Leben wärmen, lange, lange noch, wenn ich, oh Ewigkeitsunrast, dahin bin.
Hans

Brigitte lässt sich gleichfalls schreiberisch nicht lumpen, teilt dem in ihren Augen endlich *echten* Hans am 12. August 1946 hinterkünftig liebevoll mit:

Mein lieber Hans!
So ganz echt warst Du in Deinem Brief, so dass ich ganz glücklich bin. Und so sah ich Dich auch – nicht immer, leider! Aber es war ja auch zu schwer, immer konsequent beim echten Glauben zu bleiben, Du hast es mir auch nicht leicht gemacht und viele Mühe wurde darauf verwandt, mir ein anderes Bild von Dir zu geben! Warum, ach warum nur, Hans! So klein, wie Du mich immer gesehen hast, vielleicht auch durch mein Verhalten so sehen musstest, war ich ja doch nicht. Wieviel Kummer wäre erspart geblieben, hättest Du einmal früher so ehrlich zu mir gesprochen. Glaub mir Hans, bei allem, was war, ich glaube doch nach wie vor, dass ich Dich am besten kenne. Dass man Dich mit anderem Maß messen muss, wusste ich immer, tat es auch. Dies wusste ich schon zu Beginn unserer Bekanntschaft, dass ich das Eheidyll, was Du mir in Verbindung mit Ratz so biedermeierlich malst, nicht finden werde. Und glaubst Du wirklich, dass dies zu mir gepasst hätte? Es ist jetzt hier nicht der Platz, den Gegenbeweis zu liefern. Denke nur ja nicht wieder falsch, etwa so: »Die Brigitte glaubt wieder an mich und meint, sie nimmt mich ans Gängelband!«

Nein, Hans und abermals nein! Die Freiheit der Handlung bleibt ganz bei Dir, jetzt und immerdar!
Es ist ja immer so, dass die absolute Wahrheit für sich selbst spricht. Und so ging es mir mit diesem letzten Briefe: In die Arme hätte ich Dich nehmen mögen und Dich abküssen (auch wider Willen), so glücklich und froh war ich, wieder einmal meinen Hans bei mir zu haben, so wie ich ihn sehe mit viel, Schatten, aber unendlich viel mehr Licht, als er es selbst weiß! In einem Café las ich diesen Brief, und trotz tiefster Erschütterung lächelte ich auch hin und wieder. Und alles war wieder so schicksalhaft. Es musste die Verwechslung kommen, sie musste mir noch diesen Schmerz bringen, der sich dann in eine solche Freude verwandeln konnte. Hast mich also doch wieder verkannt, wenn Du annimmst, ich schweige auf diesen Brief. Es tut mir in der Seele weh, wenn ich Dir durch mein Schweigen Schmerz bereitet habe. Wir wollen uns aber auch nichts vormachen, lieber Hans, es freut mich auch, dass Du meine Lage richtig siehst und erkennst. Werde ich es schaffen? Bringe ich die Kinder durch? Dann die Angst, nochmals krank zu werden, leider nehme ich weiter erschreckend ab, habe beinahe die Figur eines Kindes. Aber Dir zur Beruhigung: Unser Norman war neulich von »Mutters Erscheinung« so beeindruckt, als ich mal angezogen nach München fuhr, dass er immer wieder davon spricht, ich hätte wie ein junges Mädchen ausgesehen, jünger wie Sigrid, setzte er noch hinzu! Also siehst Du, so schauen Dich Augen der Liebe an! Niki sagte neulich auch zu mir: »Aber Mutti, wenn Du schon 51 wirst, musst Du doch bald alt aussehen, aber Du bist ja jetzt noch ganz jung!«
Ach, der Herrgott hat uns nicht verlassen, Dich auch nicht Hans, Du wirst es sehen. Es kommt noch eine Hilfe, wenn auch erst am Ende! Du hast so recht, von den Menschen haben wir nichts zu hoffen. Die Deutschen besonders haben sich als ein elendes Pack erwiesen. Solange sie die Knute spürten, ging es, und nun sind sie wie Furien des Bösen geworden! Man möchte beinahe meinen, es wäre gut, wenn die Atombombe noch einmal ihre Wirkung täte. Heute mehr denn je wird jedem heimgezahlt: Gutes mit Gutem und Böses mit Bösem vergolten, des kannst Du gewiss sein!
Du sagst, Du sprichst nicht zu mir als Mann, sondern als Arzt und Familienvater, ach Hans, bezeichne Dich, wie immer es sein mag, Du bist ja doch jetzt erst recht mein Hans, auch wenn Du wieder ganz andere Wege gehst. Diesmal lasse ich mich nicht mehr täuschen, sondern glaube an

mein Gefühl und an das Gute in Dir. Gehe, gehe, wohin immer Du willst. Du bist und bleibst mein Hans – mein 6. Kind! Vielleicht sitzen wir wieder einmal rechnend im Café Innsbruck und bauen an einer neuen Zukunft. Vielleicht aber machst Du noch viele Stationen bis dahin, Du fahrender Gesell! Und ich wünsch Dir von ganzem Herzen eine glückliche Fahrt. Aufs Ziel kommt es ja immer an! Und erreichen wirst Du's, ob so oder so!

Aber einmal muss ich widersprechen: Nicht »Eros« hat eine verheerende Kraft, sondern der »Sexus«! Ich mache einen großen Unterschied! Nein, Hans, was Mister Jackson sagt – na schweigen wir.

Ach Hans, noch jetzt lächle ich über Deine Schilderung des »Giganten« der keine »Stimmung« bestehen konnte, die »von den Sternen reden und bei jeder Funzel blinzeln!« Köstlich, köstlich! Bleibe nur mein alter Gigant. Deine Sehnsucht und Jungenromantik haben etwas unendlich Liebenswertes und Bezauberndes.

Wann es eigentlich mein Hans war, wollen Sie wissen? So wie Sie es meinen – nie! So wie ich es meine – immer und allezeit und in Ewigkeit! Nein – auch hierin irrt der Psychologe: Gemütlich waren Sie kaum, am allerwenigsten dann, wenn Sie es absolut scheinen wollten. Dies Spiel war leicht zu durchschauen, eine schlechte Tarnung für mich. Ich glaubte auch, Sie durchschauten mich, dass ich daran nicht glaubte, denn meistens endeten diese Versuche mit einem Vorwurf der Ungemütlichkeit gegen mich! Glauben Sie mir, ich habe viele Vögelchen erkannt, die darauf lospickten, und manchmal taten sie mir auch leid, denn oft gaben Sie sich kaum noch Mühe, und nicht allzu viel Klugheit hätte es bedurft, das Theater zu durchschauen. Aber weißt Du, wer mein größtes Mitleid hatte: der Regisseur! Als er auch mir eine Rolle aufdiktieren wollte, weigerte ich mich. Um Besitz und Stellung soll ich trauern, nein Hans – ich kann's nicht. Auch täte ich's nicht, um die Briefe, die Du mir vielleicht heute schreiben würdest, und wahrscheinlich aus ehrlichem Herzen! Einen ehrlicheren und einen schöneren Brief als diesen da kann ich ja nicht bekommen, und mehr beglücken kann mich keiner. Gehe nur Deinen Stimmungen nach, wenn Du sie brauchst – auch mich wirst Du nicht mehr ändern. Ich behalte meinen klaren preußischen Kopf und mein Herz gehört Dir und den Kindern, auch wenn ich nicht so zuckersüßen Honig spenden kann, wie ich es oft möchte. Aber auf die Dauer kann man sich ja auch mal leicht den Magen verderben. Und Hans, für das Kaugummizeitalter mit Schlagzeug

und Niggersongkultur zähle ich nun doch schon etwas zu viel jugendliche Lenze. Diese Erdenfreude werde ich nicht mehr teilen können – da bleiben wir lieber beim Hunger und beim Magenknurren. Das gibt einen besseren Klang!
Hoffentlich, hoffentlich verstehst Du mich recht! Und schreibst mir recht bald.
Von ganzem Herzen bin ich Dir verbunden und grüße Dich viel tausendmal
immer Deine alte getreue Brigitte

Beide sind in meinen Augen in ihren Briefen zu literarischer Höchstform aufgelaufen, beide getrieben, den Bruch wieder zu kitten. Mutter hätte es auch niemandem verständlich machen können, wenn sie auf die Frage »Wie geht's denn Ihrem armen Mann?« geantwortet hätte: »Weiß ich nicht! Ich hab' Schluss gemacht. Er hat mich bei seiner Mutter angeschwärzt. Jetzt hol ich mir Regine, mein sechstes Kind, von einem anderen Vater!«

ZUSAMMEN GERAUFT – ZUSAMMENGERAUFT

An diese Stelle platziere ich aus seinem Nachlass den Zettel ohne Datum, auf dem er wieder ein Down in seiner Psyche notiert: *Seit 4. Mai 1945, dem Tage meiner Verhaftung, lebe ich wie aus dem Grabe heraus. Die Gegenwart ist mir nur noch Qual, die Zukunft nur verschwundenes – Allein lebt die Erinnerung ohne Hoffnung, voll Schmerz und Reue*
H.F.

Warum setzt er seine Initialen drunter? Damit der Zettel nicht mit einem von Streicher verwechselt wird? Eher glaube ich, dass er diesen in einem ihn porentief rein rehabilitierenden Geschichtsstandartwerk abgedruckt sieht. Dabei ist es nur sein Jüngster, von dem er nicht mal genau weiß, ob es »seiner« ist, der ihn jetzt in einem Zusammenhang veröffentlicht, der ihm gar nicht behagen wird.

Im Übrigen: *Reue* hat er uns in seinen Briefen nie gezeigt. Es reut ihn auch nicht, auf einem anderen undatierten Zettel zu behaupten: *Im Recht eine heilige, ehrfurchtgebietende Gemeinschaftsgröße allerersten*

Ranges nicht nur verehren, sondern auch betreuen zu können, erfüllte mein idealstes Streben.
Erfüllt hat er es halt nicht, dafür das Gegenteil bewirkt.

Auf Mutters Brief hin gibt er sich am 19. August 1946 sehr erleichtert: *Ich kann Dir gar nicht sagen, wie sehr ich mich jetzt durch Deine so schönen und gemütsechten Zeilen erhoben fühle: Du bist doch ein prachtvoller großartiger Mensch, liebe Brigitte und zeigst mir ein Verständnis, bewährst mir eine Liebe und Treue, die mich heute zu herzlich-erlösenden Tränen ergriffen haben! Dein alter Freund und denkbar gutmeinender Berater wird Dir bald wieder ausführlichst schreiben und ich hoffe, dass er wieder den richtigen »Ton« finden wird! Ach ja: Wir zwei sind schon durch ein höheres Schicksal verbunden – und gerade jetzt unter diesen Bedingungen spürt man das besonders! Ich danke Dir also noch einmal herzlichst für all das Licht, das Du mir gibst!*
Ewig Dein Hans

Was heißt *höheres Schicksal?* Mussten sie heiraten, mussten sie einen Stall voll Kinder zeugen? Musste er Generalgouverneur und sie die Königin von Polen werden? Irgendwie muss sich das Vater auch gefragt haben, denn nach dieser Halbwegs-Versöhnung wegen der Kinder und drohendem Galgen nimmt sich Hans in seiner Zelle am 8. Juli 1946 endlich selbst an die Brust: *Man sitzt allein in der Zelle. Das Argusauge des Postens wacht über jeden Deiner Schritte, über jede Deiner Handlungen bei Tag und Nacht. Du liest, Du schreibst. Du genießt Dich normal wie jeder andere Mensch, der still für sich sinnend ohne besondere aktive Tätigkeitsverpflichtung ist und sein Leben in Vergangenheit, Gegenwart und Zukunft bedenkt. Der zu diesem Rekapitulieren von Erinnerungen, Betrachtungen und Erwartungen durch das merkwürdige Schicksal auch dauernd herausgefordert wird, nur noch Objekt der entscheidenden Überlegungen fremder, meist feindlicher Kräfte zu sein.*

Was soll die Erwähnung des *merkwürdigen Schicksals* und der *meist feindlichen Kräfte?* Da muss er noch viel tiefer in sich eindringen, um endlich zu begreifen, dass er sich ganz allein und ohne jede Not dieses *Schicksal* gebaut hat! Die *feindlichen* Kräfte gewähren ihm einen fairen Prozess mit eigenem Verteidiger.

Diese Einsamkeit ist eine ernste Prüfung. Es fasst sich nichts, was Dir von außen her zuströmend Glauben, Haltung, Nahrung für Geist und Seele böte. Du bist der Unfreieste der Unfreien geworden, denn wo gab es eine Einsamkeit wie die der Gefangenen-Angeklagten von Nürnberg? Wann hätte eine ganze Welt ohne Ausnahme solche Verdammungsflüche in organisierter Endgeballtheit gegen eine Gruppe von Männern geschleudert?

Zu diesem Zeitpunkt hatte er im Prozess nicht nur Höß gehört, sondern auch Zeugenaussagen von jüdischen Opfern, redet mit den Psychologen über schlimmste Verbrechen – und erklärt sich nur ein paar Tage später voll Selbstmitleid als von der ganzen Welt ein auf ewig unschuldig Verfluchter. Nein, da fehlen noch einige Zentimeter bis zur Wahrheit. Noch stockt er, wiederholt jammernd seine Enttäuschung über die von ihm geliebten Deutschen: *Wann ward es erhört, dass das eigene Volk genau wie die feindseligen Mächte in einem Chor das furchtbare »In aeternum damnatus sis!« fortissimo gesungen hätte, wie dies uns gegenüber endlos und ununterbrochen geschieht? Wenn jemand in der Welt jemals einsam war, dann bist es Du, der geradezu in den dicken Mauern die Felseninsel der Rettung vor dem zerfleischenden Hass einer ganzen Weltmenschlichkeit zu erblicken hat.*
Oh, Ihr versteht mich, die Ihr dieses verlorene Blatt vielleicht einmal in die Hände bekommt (Ich, Dein jüngster Sohn, am 16. Mai 2021, aber ich verstehe Dein ekstatisches Geheul einfach nicht!), *es geht hier jetzt heute nicht um Empfindungen von Recht und Unrecht, von gutem oder schlechtem Gewissen, es ist kein Plädoyer, keine Anklagerede – oh nein: Heute geht es mir nur um diese totale Hinausgeschleudertheit aus der Norm menschlichen Lebens.*

Zur *Norm menschlichen Lebens* gehören sicher nicht Holocaust und Verleugnen von Schuld.

Längst ist alles dahin, was Aufbäumen war gegen die Neidungsmacht Deines Schicksals, verklungen das Lied selbstberauschenden Trotzes gegen Feindes Willkür und Gewalt. Du hast die Schreie Deines vornehmen Unverständnisses für die peinlichsten Entgleisungen erstickt, die zu Beginn Deiner Unfreiheit Dich selbst erhoben, und ließest in Dir süße Musik jeder Hoffnung auf eine glückliche Wende verklingen – austönend in die Selbsterbarmnis.

Endlich hat er sich mit großem Wort-Brimborium zu einem ehrlichen Satz durchgerungen: *Selbsterbarmnis!*

Mit *peinlichsten Entgleisungen* spielt er auf den Spießrutenlauf in Tegernsee an.

Du bekommst Briefe von Mutter und Frau, Kindern und Freunden? Und Du staunst ergriffen über eine Liebe, die durch nichts zu verschütten ist, die für Dich betet und bangt. Doch dann bist Du wieder allein und einsam! Verlassen und verdorrend. Und Du spürst dann mit einem Mal etwas ganz Eigenes: Dass die Einsamkeit zu Dir kam, mit ihren grauen Hüllen, um Dich vor allem zu bergen, was Dich in Deinem brausenden Leben früher so verwirrend umstrickte und betäubte, so dass Du nicht merktest, wie Du bereits lange schon den festen Boden sicherer Zugehörigkeit zur normalen Welt verlorst und Du längst schon am bangen Abgrund entlangschrittest, bis er Dich am grellen Tag der plötzlichen Wahrheit verschlang.

Einerseits stellt er sich nun doch sich selbst, andererseits geht's auch jetzt wieder nur mit kleinen Ungenauigkeiten: Er bemerkt sehr wohl, dass er den *festen Boden zur normalen Welt* verlassen hatte. Wobei er damit hoffentlich die Moral meint.

Ist nicht diese Einsamkeit die gute Dame Deines Herzens, die Dich beglücken will mit endlicher Selbstbesinnung, vor den züngelnden Dämonen bergend, die Dich allzu lange, allzu sieghaft beherrschten, indem sie Deiner leeren Gier fronten in erdhafter Wunscherfüllung?

Leere Gier ist wirklich ehrlich, doch sofort schiebt er die Verantwortung dafür auf *züngelnde Dämonen,* was bedeutet: Ich war's nicht, es waren diese Züngler! Als lese er meinen Einwand, ermahnt er sich: *Sei ehrlich – sei es jetzt! Schaue doch mit Schaudern zurück auf die entsetzliche Nachteinsamkeit Deines Lebens.*
Siehst Du die Toten Hitlers? Siehst Du den entsetzlichen Jammerzug? Raucht er nicht, der rote Blutstrom seiner Opfer? Zieht er nicht Dich dahin? Das ist es: Hitler war der maskierte Tod. Du hieltest ihm die Treue. Nun folge – folge immerzu.
Draußen wechselt die Wache. Der Tag endet. Das Licht verlischt. Unser ist der Tod geworden. Wir gehören ihm. Seinem Reich. Und die Zelle schweigt. In die Nacht.

In diesem letzten Absatz schafft er es, lässt endlich die unschuldig Ermordeten an sich ran, schätzt Hitler als maskierten Tod richtig ein, wenn auch poetisch überhöht. Hinter diese Maske hat er aber schon 1933 als bayerischer Justizminister geschaut, als das KZ Dachau eingerichtet wurde. Noch direkter 1934, als ihm der Maskenträger telefonisch befahl, ohne Gerichtsverhandlung in seinem Gefängnis München-Stadelheim Beteiligte am sogenannten »Röhm-Putsch« erschießen zu lassen. Aber zu diesem Zeitpunkt hatte schon seine *hohle Gier* alles zugedeckt. Wie schön wäre es gewesen, wenn er diese Niederschrift an Dr. Seidl weitergegeben hätte: »Das geben Sie bitte meiner Frau und Sigrid und Norman. Es kommt aus meinem Innersten. Ist in meiner Art ein bisserl geschwollen geschrieben, aber es ist das Ehrlichste, was ich bisher aus mir rausgelassen habe. Und sagen Sie bitte den Dreien: Ich will wirklich ehrliche Antworten darauf! Wissen Sie, Herr Dr. Seidl, wir müssen zu einem anderen Briefstil kommen.«

Zumindest bekommt er am 14. Juli 1946 einen ehrlichen und zugleich bitteren Kindesbrief von Gitti:

Lieber Vati!
Ich muss Dir jetzt was schreiben, wobei Du sicher die Hände übern Kopf zusammenschlägst, »Ach Gott« schreist und in Ohnmacht fällst. Ich bin nämlich durchgeflogen und das heißt auf Deutsch, dass ich nicht in die 2. Kl. darf. Aber nicht, dass du denkst, dass ich die ganze Schuld davontrage, o nein! Oder besser gesagt, bloß ¼ Schuld auf mir lastet. Und bloß weil ich doch ¼ Jahr in München war und soooo viel versäumt habe, dass ich einfach nicht mehr mitgekommen bin. Und weil ich eben nicht mehr die Tochter vom Generalgouverneur bin und der Name Frank im heutigen demokratischen Staat leider auch was ausmacht. Mir ist es auch Wurscht! Am Ende können sie mich doch alle miteinander am A.l. Und damit ist der Fall erledigt. Basta! Vor 8 Tagen war die Paula Frank bei uns. Die ist furchtbar nett. Und sie hat uns aus München 1 Schachtel voll Johannisbeeren, Grünzeug, Erbsen und Rabarber geschickt. Und übrigens, weil wir gerade von Paketen (Kapeten würde Niki sagen) sprechen, möchte ich Dir sagen, dass Onkel Heini aus Schweden an Tante Else ein 30 Pfund schweres Paket geschickt hat und da war drin: Kaffee, Kakao, Tee, Kart., Mehl, Ölsardinen, Haferflocken, Süßstoff. Vielleicht kriegen wir auch eins. Die Mutti hat bloß

deswegen solange nicht geschrieben, weil sie krank war. Sie hat Rippenfellentzündung gehabt, ist aber Gottseidank wieder gesund. Deine Verteidigung war wirklich prima! Ein Glück, dass Du 14 Rücktrittsversuche gemacht hast. Und der Dr. Seidl ist auch'n pfunds Kerl! Bei uns war'ne riesige Überschwemmung und in Rosenheim geht's Wasser bis zum 2. Stock. Gestern hat am Schliersee ein amer. Motorboot gebrannt. Die feigen Amis sind fogschwommen und die Kinder ham se drin gelassen und Deutsche ham se gerettet. Da sieht mans wieder Mal!
Deine Gitti! 1000 Küsse
SCHREIB MAL WIEDER!!!!

Arme Gitti! Sie bekam es auch zu spüren, dass sie als *Tochter vom Generalgouverneur* im befreiten Deutschland doch den Nachwehen von Vaters geliebter Diktatur ausgesetzt war, in der Sippenhaftung und Denunziation Alltag waren.

Kein Wunder, dass Annelies, die seit Jahrzehnten privat die besten Dampfnudeln von ganz Bayern macht, sich so an ihre Kindheitsfreundin erinnert: »Gitti war sehr oft deprimiert. Wenn wir zusammen mit dem Pfarrer auf den Berg gegangen sind, ist sie immer schweigend hinterher. Ich bin dann zu ihr und hab g'sagt: »Gitti, kimm halt! Sei doch net so traurig!«

EROS UND WACHSENDE GRAUSAMKEIT

Annelies fürchtete Gittis Mutter: »Die war sehr streng.« Andererseits auch sehr freigiebig in ihrer Hohen Zeit: »Als ich in den BdM kam, hat sie mir die gesamte Ausstattung geschenkt. Sie ging mit mir in den 1. Stock am Schoberhof, da stand am Ende des Ganges eine Truhe. Aus der holte sie einen dunkelblauen Rock, eine weiße Bluse und eine beige Jacke hervor.«

Während alle Franks zuallererst von der gemütlichen Bauernstube redeten, wenn sie sich an den Schoberhof erinnerten, schwärmt Annelies noch heute: »Der schönste Raum war eure Toilette. Da war immer die Heizung an, und es war sooo warm. Daheim hatten wir nur eine eiskalte Toilette. Da bin ich bei euch so gern hingegangen. Eure Toilette hab ich richtig genossen.«

Mein alter Schulfreund Knut Pörksen säße vermutlich heute noch drin. Aber, dann hätte er später nicht Deutschlands bester Chemielehrer werden können, noch heute von seinen Schüler*innen verehrt, selbst wenn sie von seinen kühnen Experimenten Brandwunden davongetragen haben.

Hans beginnt bei Goldensohn mal wieder mit einer Lüge: »Hitler verbot mir, mich von meiner Frau scheiden zu lassen, mit der ich sehr unglücklich war.« Danach beschuldigt er sie, wegen ihres totalen Desinteresses an Sex, verantwortlich zu sein für seine Entwicklung: »Es ist aber schlecht, wenn ein Mann zu wenig Eros in sich hat. Das macht ihn gefühllos und führt wahrscheinlich zur Grausamkeit.«

Dass muss auch Chefankläger Jackson mitbekommen haben. Er klagt aber am 26. Juli bei seinem Schlussplädoyer nicht Brigitte an, zitiert nicht ihre sexfeindlichen Sätze, die sie Tante Margot zuzischte: »Der braucht nur an mir vorbeigehen, schon bin ich wieder schwanger« oder: »Was Männer nur daran finden?«, macht sie also nicht verantwortlich für Hans Franks aus mangelndem Eros entstandene Grausamkeit, die ihn zum »Butcher of Poland« trieb, sondern sagt klar, dass Hans Frank die »Rechtlosigkeit«, die er schon im Altreich aufgebaut hatte, nach Polen exportiert habe, »das er mit der Peitsche eines Cäsar regierte, und dessen Bevölkerung er zu traurigen Überresten reduzierte«.

Gilbert beobachtet einen Tag später die Angeklagten beim Schlussplädoyer des britischen Anklägers Sir Hartley. Der liest zunächst den Bericht eines Augenzeugen, der bei einer der viehischen deutschen Erschießungsorgien für Juden anwesend war, und zitiert dann Goethe, »der einmal gesagt hatte, dass eines Tages das Schicksal das deutsche Volk ereilen würde, weil sie sich jedem ›verrückten Schurken gläubig hingeben‹, der ihr Niedrigstes aufruft, sie in ihren Lastern bestärkt und sie lehrt, Nationalität als Isolierung und Rohheit zu begreifen. Mit welch prophetischer Stimme hat er gesprochen!« Dann zeigt er auf die Anklagebank, auf der lauter feinsinnige Goethe-Kenner sitzen und sagt, sicher in einem verächtlichen Ton: »Denn dies sind die wahnwitzigen Schurken, die genau diese Dinge ausgeführt haben!«

Gilbert notiert:« Frank fluchte laut auf ›diesen verdammten Engländer‹«.

Wo ist sie hin, die Ehrlichkeit jenes Abends, als er die Sanduhr rieseln sah und neben Schwulst und *Selbsterbarmnis* ehrliche Sätze raus ließ?

Hat er die nicht auch an mich geschrieben? Zum Beispiel: *Mein lieber süßer Niki! Sauer wird es Dir aufstoßen, wenn Du später verstehst, dass Du durch den Plan meines Gottes einen bösen Vater bekommen hast! Du bist unschuldig. Schuld ist immer etwas Persönliches. Ich bin schuldig! Vielleicht kannst Du mir eines Tages vergeben. Ich umarme Dich in innigster Liebe und beschwöre Dich: Das Leben ist stärker! Lebe es!*

Nein, hat er nicht, schreibt mir am 28. Juli diesen Brief:

Mein lieber süßer Nicki!
Du hast mir, wie ich erfahren habe, drei Briefe geschrieben: Ich habe sie aber noch nicht bekommen. So will ich Dir heute vorsorglich herzlichst dafür danken, dass Du so lieb und gut und treu an Deinen Vati denkst. Ich habe Dich, mein liebes jüngstes Kind, ja nun schon so lange nicht gesehen und trage Dein Bild in mir so, wie ich Dich am Schoberhof zuletzt noch erblickte: In Gedanken setze ich ein Stück Größe an die Figur, ein starkes Wachstum an »Bubenhaftigkeit«, stelle ich mir vor, dass Du gescheiter – noch gescheiter, muss ich richtig sagen – geworden, dass Du aber in allem der sonnig-gute Knabe bist, auf dessen inneres Werden ich so ganz große Hoffnung habe. Der liebe Gott, der so unendlich weise ist, schaut auch Dir in Dein reines Gemüt und wird Dir – wenn Du es selbst willst – Deine Wege im Leben zeigen. Ich umarme Dich in innigster Liebe, mein herziger Nicki und segne Dich in alle Ewigkeit! Dein Vati

Über mein *reines Gemüt* pflegt meine Frau milde zu lächeln. Sie kennt mich schon länger als mein Erzeuger mich erdulden konnte. Übrigens hat mich das immer sehr gestört: Nie wollte ich für einen *sonnig-guten* Knaben gehalten werden! Hätte er doch geschrieben: *Ich verzeihe Dir ausnahmsweise, dass Du Mistbub den Igel erschossen hast, und ich hoffe, dass Du mit jedem raufst, der Dir frech kommt. Vergiss nie: Wir hatten Dienerschaft!*

Es ist Bruder Norman, dessen Liebe zum Vater nun verstärkt zwischendurch ins Schmalzige gerät. So, wenn er ihm am 19. August 1946 schreibt: *Du wirst von den schönen Tagen mit Onkel Otto gehört haben. Seinen letzten Tag hat er ganz mir gewidmet und mir viel von Dir erzählt, von Deinem Leben und Deinen Kämpfen. Wie wenig haben wir von Dir gewusst!!*

Und dennoch meinen wir es immer gefühlt zu haben, denn sonst hätte ich nicht instinktiv erkennen können, dass das, was der Onkel sagte, nur die Wahrheit sein kann. Mir gegenüber hast Du nur ganz selten etwas offenbart, aber das Wenige ist lebendig. Es war in Kressendorf. Wir saßen oben in Muttis Salon. Plötzlich sagtest Du: »Norman, ich fühle mich wie 70«. Darauf sagte ich, du seist doch noch so jung mit Deinen 44 Jahren. Und Du: »Ich habe aber mehr erlebt als einer mit 70 Jahren«. Du sprachst dann noch von Deinem tiefen, lebendigen Wunsch, Dich ganz der Wissenschaft widmen zu dürfen. Ich verstand Dich bis zu einem gewissen Grade. Du hast noch viel mehr Bemerkungen gemacht, auch über Deinen Kampf, über das 3. Reich, aber ich will sie hier nicht beschreiben. Du und ich, wir wissen sie, und die anderen sollen nicht denken, dass wir sie nur für sie schreiben. Sie sollen die Wahrheit selbst suchen!

Da war Mutter entschlossener! Sie log den Zensoren die Hucke voll, wie sehr doch ihr Hans dauernd mit einem Bein im KZ stand und er in Polen nur das Beste und eben nicht die Besten schächten wollte. Mit seinem nächsten Satz tut mir Norman wieder leid: *Um mich herum ist es ziemlich einsam geworden. Meine »Freunde« haben sich größtenteils verabschiedet. Jeder hatte einen anderen Grund. Die Luft wird dünner, aber rein. Nur die Umstellung war schwierig.* Er, der zum Ärger unserer Mutter im Finsterlinbad am Schliersee seinen kostbaren Bademantel aufs Drei-Meter-Brett legte, damit keiner beim Anlauf zum Kopfsprung oder zur Bombe ausrutschte, der dort mit unserem teuren Plattenspieler amerikanische Swing-Musik ertönen ließ, war umringelt von Freunden. Und jetzt dieses feige Wegducken. Im Schlierseer Tal gab's eben leider auch Schweinsköpfe. Logisch, dass ihn seine Vereinsamung zum Vater hinschiebt: *Ich kann Dir gar nicht sagen, Vati, wie Du mir fehlst! Und trotzdem möchte ich Dir nicht wünschen, hier leben zu müssen. Noch nicht. Wir sehen der Urteilsverkündung ruhig und gefasst entgegen. Hier entscheiden andere Mächte, und wenn nicht gleich, so später. In diesem Punkt werden wir immer offiziell!*

Da spielt mein großer kleiner Feiglings-Bruder wohl aufs Gericht an, das so einen tugendhaften Helden wie unseren Vater vermutlich anders sieht, und die Ungerechtigkeit noch verstärkt, wenn der Zensor mit seinem an dieser Stelle inoffiziell näher ausgeführten Brief zum Gericht rennen würde. Also lieber *offiziell!* Normans Vater denkt wie sein Sohn, wenn er am 10. Juli 1946 an seine Mutter über die *Todfeinde* schreibt:

Mein Leben ist jetzt nur noch ein demütiges Warten auf das endliche Ende, und Du, meine liebe Mama, die Du in der ersten Stunde meines Lebens bei mir warst – bleibst mir als leuchtende Kraft des ewig Guten und Reinen auf dieser elenden Erde auch bis in meine letzte Stunde, die der Allmächtige hoffentlich bald mir in Gnaden schenken wird. Noch gilt es diese Schlusspassion unseres Reiches männlich zu tragen, und den soldatischen Mut können selbst unsere Todfeinde uns Deutschen nicht absprechen. Für Michel und mich gab es genug Todfeinde. Zum einen die Schlierseer, Fischbachauer, Geitauer und Bayrischzeller Mistbuben, vor allem aber die Flüchtlinge jedes Alters! Das aber kann Michel am 20. August 1946 wegen gewisser kindlicher Ungeduld nicht schreiben. Vielleicht war ihm auch das Handgelenk vom notwendigen Steinewerfen auf Krähen und diese hundsgefährlichen Eichhörnchen noch steif:

Mein lieber Vati
Wi ged es Dir di Gitti is ein geladen zur ira Vreudin wir komen in 11 dagn ins Kinder Heim

Das hatte Mutter organisiert. Klug wie sie war und taktvoll, wie sie es nur selten war, beschließt sie, dass ihre drei Kleinsten während Urteilsverkündung und Hinrichtung nicht in ihrer Nähe sein sollen. Ihren Hans wiegt sie allerdings auf der Schaukel der Hoffnung am 25. August 1946 sanft hin und her: *Möge doch endlich die Zeit gekommen sein, wo wir Dich wieder bei uns haben. Gestern war auch so ein Tag der Aufregung: Deine beiden Sprösslinge haben mich solange gebeten, nach Schliersee ins Kino gehen zu dürfen, bis sie mich weich hatten. Um 2 Uhr rasten sie davon, und um ½ 9 waren sie erst wieder hier. Die aufregende Zwischenzeit kannst Du Dir vorstellen: Nachher kamen sie an wie Max und Moritz. Ich stand auf der Straße und sah mir die Augen aus, schon finster wurde es. Da endlich erkannte sie Gitti schon von weitem. Und ganz harmlos und sich ihrer Schuld gar nicht bewusst, kamen sie angelaufen und riefen schon von weitem: »Mutti, wir haben den Vati gesehen!« Was sollte ich da machen? Gott danken, dass sie wieder da waren und ihnen was Gutes zu essen geben, was ich dann auch tat.*

Hans lobt sie zu Recht: *Diese Einblicke in all Euer so schweres Leben, Kämpfen und Sorgen packen mich natürlich im tiefsten meines Wesens,*

Frau Brigitte Frank

Privat-Sekretariat

Neuhaus,den 25.August 1946.
Nachmittag 5 Uhr.

Mein lieber Hans!

Du hast mir grosse Freude bereitet mit Deinen so lieben Worten v. 19. ds. E s sind so die Sonnenblicke in unserem Leben, wenn wir von Dir hören. Möge doch endlich die Zeit gekommen sein, wo wir Dich wieder bei uns haben. Gerade heute ist so ein Tag, wo wir Dich mit allen Fasern der Seele herbeiwünschen. - Ich habe Dir ja schon berichtet von dem schrecklichen Einfluss den dieser Mensch - Hans Seitz- auf die Sigrid ausübt. Es wird die Lage immer schlimmer,und das ist mit ein Hauptgrund, weshalb ich alles versuchen werde, von hier wegzukommen. Ich fürchte diesen Menschen direkt und nicht zu Unrecht. Ach,ich möchte so gerne mal mit Dr. Seidl über die ganzen Verhältnisse sprechen, schreiben kann man das ja alles gar nicht. Er schreckt vor nichts zurück und bringt uns um das Letzte. Wie bitterlich habe ich es schon bereut, zu dieser Vereinigung,wenn auch erpresst, mein Jawort gegeben zu haben. Aber er stand wieder da mit Sigrids Todesdrohung. Ich selbst lag so sehr am Boden nach all dem Furchtbaren, dass ich dann, um ein nochmaliges Unheil fernzuhalten, ja sagte. Immer wieder sagte ich: Warte doch,bis wir von Vati mal etwas hören, er soll die Entscheidung mit treffen. Aber man bedrängte mich immer wieder von neuem, obwohl ich immer wieder neue Verzögerungen zu begründen suchte. Zu spät hörten wir dann von Dir. Aber schliesslich, was hättest Du von dort aus auch unternehmen können oder wollen. Ich glaube es so genau zu wissen, was in Sigrid vorging von der Zeit an, da er ihr Leben beherrschte und kein Mittel scheute, sie zu gewinnen. Sie sah keinen Ausweg mehr, Dr.J. war nicht mehr da und abermals gewann er Gewalt über sie, die freilich auch nicht den Mut aufbrachte, mit uns das schwerere Leben zu teilen. An meiner Seite wäre ihr Platz gewesen, sie hätte mit durchhalten müssen, und das Kind hätten wir auch mit durchbringen können. Aber ich wurde ja immer wieder belogen von beiden Seiten. - Ich komme jetzt so frisch wieder mit diesen schrecklichen Eindrücken zu Dir, da eben jetzt unser Nachbar uns mitteilte, dass dieser Mensch wieder ein Stück, dass uns vielleicht mal in noch schwererer Zeit vor Not geschützt hätte, wahrscheinlich in Zigaretten usw. umgesetzt hat. Und man weiss unsere Ohnmacht, nichts unternehmen zu können. Täglich fürchten Norman und ich, dass er aus unserer Wohnung noch heimlich Sachen davontragen könnte. Er scheut vor nichts zurück und ist zu allem fähig. Nie werde ich den Augenblick vergessen, wo er in Kressendorf Dir gegenüberstand und Du ihm nicht mal die Hand gereicht hast. Du musst ihn instinktiv erkannt und richtig beurteilt haben, wie Du ja manchmal so blitzartig C haraktere beleuchtetest. Einmal noch wünschte ich, dass er Dir Rede und Antwort stehen müsste, dieses Bürschchen, vor Dir hätte er vielleicht noch Respekt, aber man rechnet da drüben nicht mehr damit, das erkennen wir immer mehr. Sigrid , die er als Kind zur Frau machte, entbehrt jeder Erfahrung. Sie hat ja gar keine Jungmädchenzeit gehabt, und jetzt kommt sie mit niemanden zusammen, die ihr Vergleichsmöglichkeiten zu einem wirklichen Charakter geben könnten. Seiner Minderwertigkeit bewusst, wird er jeden Verkehr mit echten Menschen zu meiden suchen, und Sigrid lebt in einem Milieu, wo man ihr nur das tiefste Bedauern entgegenbringen könnte. Aber sie steht ganz unter seinem Bann und hat glaube ich keinen Masstab mehr. Sie leben nur dem momentanen Genuss: Essen, Rauchen, Kartenspielen und Kino. Und alles, was ihnen zu diesem Leben verhelfen kann, wird dazu umgewertet. Erst vorgestern haben Norman und ich bis in die Nacht hinein versucht, Sigrids Wesen zu ergründen. Immer noch sucht man nach Gründen zu ihrem Verhalten. Und ich gebe auch die Hoffnung nicht auf,so wie ich meine Liebe zu ihr nicht aufgeben kann. Auch sie ist ja letzten Endes ein Opfer der Verhältnisse, der unglückseligen geworden. Alle haben wir einen Schock erlitten durch die Plötzlichkeit, mit der das Unheil kam. Aber man muss doch wieder einen Weg zu den Wirklichkeiten des Lebens, zu sich selber und den wahren Werten des Lebens finden. Norman, der ja jünger ist, hat ihn gefunden, und er war

»Möge doch endlich die Zeit gekommen sein« – Brigitte an Hans Frank, 25. August 1946. Sie schrieb ihre Briefe immer auf der kleinen »Erika«-Schreibmaschine.

und geradezu furchtbar ist es da für mich, nicht helfen und schaffen zu können. Es kribbelt mir ordentlich in meinem ganzen Körper vor Sehnsucht und meine Geisteskräfte sind geradezu in Aufruhr und möchten zu Euch schweben – wenn ich da so die lieben Berichte Eures gemeinsamen Ringens, vor allem Dein so herrliches sorgendes Mühen um die Kinder lese. Aber die große Entscheidung über »Sein oder Nichtsein« wird ja in einigen Wochen auch äußerlich gefallen sein – und dann wird eine letzte Klarheit aufsteigen.

Seine Geisteskräfte sind in der Tat in Aufruhr, bereitet er doch sein Schlusswort vor, dass er am 216. Verhandlungstag, dem letzten, zu halten gedenkt. Offensichtlich fällt ihm nichts Rechtes ein, aber da hat er doch über Alfred Rosenbergs Anwalt Dr. Thoma diesen Text von einem gewissen Paul Bischoff bekommen. Den hatte das Mitglied der »Bekennenden Kirche«, ein Pastor, auf eigene Faust den Nürnberger Angeklagten zukommen lassen. Vater ist vom Text begeistert und bittet Thoma, daraus zitieren zu dürfen. Von wegen »zitieren«, was ja mit Angabe der Quelle zu geschehen hat! Nein, Vater klaut von Bischoff für sein 71 Zeilen langes Schlusswort am 31. August 1946 satte 31 Zeilen! Zu verdanken habe ich diesen – meinen Vater wieder mal entlarvenden Fund – Herrn Professor Dr. Albrecht Geck, der mir alle Unterlagen zugeschickt hat.

HANS FRANKS LETZTER DIEBSTAHL

Nicht mal seiner Familie gesteht Vater den Raub. Keiner der anderen Angeklagten hat wohl Bischoffs Text gelesen, sonst hätte Göring sicher dazwischen trompetet: »Mensch, Frank, Sie bereichern sich ja schon wieder an fremdem Gut wie in Polen! Ja, ja, Frank: Im Westen liegt Frankreich, im Osten wird Frank reich!« Streicher hätte dazu geschrillt: »Genau! Frank hat jüdisches Blut! Nur die Juden klauen!« Und der ebenso charmante wie verbrecherische Albert Speer hätte die beiden halblaut um Ruhe gebeten und sich so wieder schmeichlerisch einen halben Pluspunkt beim Gericht fürs Überleben ergattert und sich fröhlich gedacht: »Den ganzen Prozess über haben die Richter nichts von meinen Juden-Deportationen erfahren! Nichts davon, dass ich sie für meine Rüstungsindustrie

Frank beim Verlesen seines Schlussworts,
31. August 1946.

zu Tode schinden ließ! Nichts von meinem Klatschen zu Himmlers Rede, in der er die Vernichtung der Juden als notwendige und ehrenvolle Tat darstellte. Dieser blöde Frank überreicht doch tatsächlich sein Diensttagebuch!« Vaters Schlusswort ist gefilmt worden. Allein schon seine angeberische überlaute Parteitagsstimme lässt mich frösteln. Dann spricht der Kerl auch noch von »großer geistiger Verantwortung«, zu der ja auch, finde ich, Wahrung des geistigen Eigentums gehört. Doch bei ihm folgt: »Wir haben am Anfang unseres Weges nicht geahnt, dass die Abwendung von Gott solche verderblichen, tödlichen Folgen haben könnte.« Nanu? War die Weimarer Republik ein Gottesstaat? Aber es hat keinen Zweck, mit ihm darüber zu diskutieren, zumal er auch diesen Satz Pfarrer Bischoff geklaut hat. Der wiederum war auch ein bisserl eitel, ließ er doch das knapp zur Hälfte von ihm stammende Schlusswort Franks drucken und verteilen und hielt sogar mit lobenden Worten für Frank eine Predigt über dessen großartiges Schlusswort. Vater beendete es tatsächlich mit einem original eigenen Satz: »Die ewige Gerechtigkeit Gottes aber ist es, in der ich unser Volk geborgen hoffe, und der allein auch ich mich vertrauensvoll beuge.«

Ein Hund ist er schon, würde ein Bayer an dieser Stelle anerkennend sagen, denn mit diesem Satz drückt Frank zugleich aus, dass er dieses irdische Nürnberger Gericht der Sieger einen feuchten Pfifferling anerkennt.

Der wieder mal hämische Treppenwitz der Weltgeschichte zeigt allerdings einen Hans Frank, »Präsident der Akademie für Deutsches Recht«, der am 21. August 1933 dem eingeladenen französischen Völkerrechtler Henri Donnedieu de Vabres mit großer Begeisterung zustimmt. Der fordert nämlich »für alle strafrechtlichen Verstöße gegen das Völkerrecht, die gleichzeitig die Existenz der verschiedenen Länder bedrohen, einen internationalen Strafgerichtshof mit universeller Zuständigkeit«. Und weil der Treppenwitz keine Ruh gibt: Ausgerechnet de Vabres wird Vater, wenn auch zunächst zögerlich, mit zum Tode verurteilen.

Sigrid geht auf das Schlusswort ihres Vatis nicht ein, hat es wohl wieder verschlafen, bedrückt indes vorübergehend unseren Vater, der ja stolz wie Jesus auf sein geklautes Schlusswort war, mit einem traurigen Brief, den er am 4. September 1946 erhält: *Es ist so schwer an Dich zu schreiben. Du wirst gewiss denken, dass ich zu faul bin oder sonst keine Lust habe. Aber weißt Du Vati, was soll ich Dir schreiben? Ich muss so sehr oft an Dich denken, aber nie überlege ich mir so wirklich ganz nüchtern, wie Deine Lage ist. Und immer, wenn ich dann ganz nahe daran bin, selbst in Gedanken die rosigen Hoffnungswolken ein bisschen zu liften und wirklich die Tatsachen zu erkennen, dann denk ich immer schnell daran, wie es früher war im Schoberhof oder an Weihnachten, und dann bete ich ganz schnell, dass das heute alles nur ein Traum sei und es doch wieder früher sei. Lieber Vati, ja genauso wie früher – lieber ist mir zu sehen, Du bist noch Generalgouverneur und sitzt in Krakau und hast keine Zeit für uns, und wenn Du kommst, sind Deine Gedanken ganz woanders, als dass ich mir vorstelle wie es heute ist, oder mir anhöre, was sie im Radio erzählen.*

Lieber, lieber Vati Du hast Deinen starken Glauben und einen Halt daran, aber was haben wir? Lieber Vati, und doch denke ich ganz fest nur immer daran, dass wir uns wiedersehen werden, und dass alles so viel, viel schöner werden wird. Aber Vati, alle sind so ungerecht, und so feige…
Ich hab Dich so sehr lieb und bete immer für Dich, lieber Vati.
In innigster Liebe umarme ich Dich mein guter Vati und bleibe immer Deine
Tochter Sigrid

Sigrid ist zu diesem Zeitpunkt 19 Jahre alt, zeigt ihre Verzweiflung, will aber nicht aussprechen, was wir alle, selbst ich Jüngster, damals schon wussten: Vati wird zum Tod verurteilt werden!

Dr. Seidl hatte Mutter besucht und ihr ungefähr gesagt: »Frau Frank, die Beweislage ist zu erdrückend. Sie müssen mit dem Todesurteil rechnen.«

Sigrid bog ihre Verzweiflung in eine Lebensträgheit um, die Jahre später dazu führte, dass Norman und ich in München ohne sie ihren Sohn zu seiner Firmung bringen mussten. Sie wollte ein »altes bayerisches Gesetz« gefunden haben, das es den Eltern verbiete, den Firmling in die Kirche zu begleiten.

In Vaters Gefängnis-Nachlass finde ich eine weitere, dieses Mal rätselhafte Notiz: *Ihr seid alle arm und leidet. Auch unser Vaterland ist verhöhnt, gegeißelt und ans Kreuz geschlagen worden und liegt nun begraben, möge es unten im Krater der Gruft still sich kuschen und kochen und einst, das Gehäuse zerbrechend, wie eine verwandelte Raupe geflügelt in das eroberte Element steigen. Das kann aber nur geschehen, wenn ein jeder von Euch in seinem Herzen Wiedergeburt und Auferstehung erlebt. Die kommt nicht von Worten, die muss errungen und erstritten sein.*

Meint er mit der *Raupe* neue rechtsradikale Bewegungen oder Parteien, die sich einst aus der *Gruft* erheben? Dann hätte er Recht. Genau das ist passiert. Sie erleben hierzulande *Wiedergeburt und Auferstehung.*

Nicht durchgestrichen ist dieser Zusatz:

Dulce ridentem Salagen amabo
Dulce loquentem

Als alter Lateiner mit einer 4 im Abizeugnis übersetze ich das doch glatt mit

Ich liebe die süße, lachende, beredte Salagena

Was hat denn dieses »Weibelen« mit einem *verhöhnten* und *gegeißelten* und *ans Kreuz geschlagenen* Vaterland zu tun? Zum Glück kann Mutter kein Latein, sonst hätte sie umgehend mit ihren berüchtigten dünnen Lippen Dr. Seidl beauftragt, dieses vielquatschende Luder Salagena aufzuspüren, zumal sie vom Namen her obendrein sicher eine Jüdin sei!

Norman, der gerade im Privatunterricht, weil wegen Nazi-Verwandtschaft von Schulen ausgeschlossen, Latein paukt, hätte unsere Mutter aufhetzen können. Doch er hat nie Einsicht in den schriftlichen Nachlass unseres Vaters genommen. Ich vermute: Es wäre zu schmerzhaft für ihn gewesen. Mit einem selten dämlichen Satz beginnt er seinen Brief an den Vater. Der hat ja mit seinem Freund Roland Freisler immer fließend lateinisch parliert, wenn Norman in Kressendorf oder auf der Krakauer Burg etwas nicht mitbekommen sollte. Zum Beispiel *missa occidendum* für »Massenmord«, *Iudaeis perdere* (im Süden eher:) *exterminare Judaeorum* für »Juden vernichten« oder, wenn es zwischen den beiden ganz privat wurde, für »Übrigens betrüge ich Brigitte«: *Per viam, ut decipiat Brigitte.* Und ganz zum Schluss ihrer Unterhaltung, sicher von Hans kommend, und beide lachten dann: *Dum puto mihi dura dick vestigio Lilly!* Jetzt beginnt Norman seinen Brief an den Lateinkönner mit der dämlichen Feststellung: *Der Prozess ist nun beendet,* bevor er origineller fortfährt, *und eine Zeit bangen Hoffens folgt ihm. Dennoch sind wir voller Zuversicht und lassen uns auch nicht durch die Plädoyers der Anklagebehörde aus der nun einmal gefundenen zuversichtlichen Ruhe bringen. Nun sitze ich hier, lerne stur weiter, lasse mich mit Einberufungen bombardieren und denke mir, dass einige Institutionen des 3. Reiches doch ganz gut gewesen sein müssen, wenn man sie jetzt schon wieder zur höchsten Konjunktur befähigt hat. Doch vor Papierkram hat man heutzutage noch weniger als früher Respekt. Aber nun will ich Dir von etwas Schönerem berichten: Da war z. B. gestern ein ganz reizender Tag. Mutti war auf 2 Tage nach München gefahren, und Gitti wurde wieder der Oberbefehl über uns erteilt. Sie hatte also den Schlüssel zur Speisekammer und damit den Schlüssel zu unserem Leben in der Hand. Sie war sich ihrer*

Aufgabe völlig bewusst und verstand es meisterhaft, ihr Ansehen noch durch äußere Kleinigkeiten wie Schürze und Besen zu verstärken. Mutti hatte zuvor das Essen für 2 Tage schon vorgekocht. Ihr Aufgabenbereich erstreckte sich somit eigentlich nur auf das Aufwärmen dieser Götterspeisen, aber selbst dies geschah unter Ausschluss der Öffentlichkeit. Das Brot, das 2 Tage hätte reichen sollen, hatten wir natürlich schon am ersten verbraucht. Nächstens mehr.

Hans übernimmt am 2. September 1946 den offensichtlich doch eher genialen Einstiegsatz aus Normans Brief in seinem an Brigitte: *Nun ist der monatelange Prozess endlich am Samstag zu Ende gekommen. Die Schlussworte der Angeklagten waren psychologisch nicht uninteressant: Mir war mein Friede vor Gott wichtiger als all das Treiben der Menschen, das sich doch ewig gleich bleibt in seinem Ausgleich von Sieg und Niederlage, von Werden und Vergehen: Wer jeweils gerade »obenauf« ist, nimmt stillschweigend an, dass es ewig so bleibt – und handelt in diesem Wahn so lange, bis ihn das Schicksal anders belehrt. Kein Sieger lernt vom andern: Oh Torheit der Menschen! Ich weiß nicht, ob Ihr erfahrt, was ich gesagt habe:*
Dr. Seidl kann es Euch schicken! Ich – bin sehr, sehr ruhig – und wenn ich weine – weine ich nicht um mich, aber um unser armes großes Volk!
Herzlichst umarmend Hans

Danach ist nichts mehr genial, sondern nur totale Abwehr. Auch schreibt er nicht: *Dank Pfarrer Bischoff war ich mit meinem Schlusswort sehr zufrieden!*

Sondern er unterschiebt den Siegern Fehlurteile aller Art, die sie dann bei ihrem eigenen Untergang bitter bereuen würden.

Noch mehr die Wahrheit seiner Karriere verleugnend, schreibt er zwei Tage danach wieder an Brigitte: *Heute ist ein völliger Ruhetag für mich – und meine ganzen Gedanken sind auf Dich und unsere lieben Kinder gerichtet. Wie mag es Euch wohl in Zukunft ergehen – wenn Ihr mich nun gar nicht mehr haben solltet? Da lebt man so dahin im Licht und ahnt jahrelang nicht, welch ein zerstörendes nebelbrauendes Unwetter hinter den Wolken sich klirrend sammelt. Ich leide viel, denn ich habe verloren, was meines Lebens einzige Wonne war, die heilige belebende Kraft, mit der ich Welten um mich schuf, sie ist dahin.*

Wie kann er behaupten, ahnungslos gewesen zu sein? Und was waren das denn für *Welten*, die er *schuf?* Es war ein einzig Morden. Das wurde ihm doch bis Ende des Prozesses jeden Tag im Gerichtssaal bewiesen. Und wie kann er von *heiliger belebender Kraft* tönen, die doch nur tötete?

Was für ein Vorbild an Verdrängung für unser heutiges Deutschland.

»KOPF HOCH, HERZ STARK«

Jetzt aber pochen die Hoden, als er den handgeschriebenen Brief seiner Mutter vom 8. September 1946 liest, der mit Teilen aus Goethes Gedicht »Nähe des Geliebten« beginnt:

Ich denke dein, wenn mir der Sonne Schimmer
Vom Meere strahlt;
Ich denke dein, wenn sich des Mondes Flimmer
In Quellen malt.
Ich sehe dich, wenn auf dem fernen Wege
Der Staub sich hebt;
In tiefer Nacht, wenn auf dem schmalen Stege
Der Wandrer bebt.
Ich höre dich, wenn dort mit dumpfem Rauschen
Die Welle steigt.
Im stillen Haine geh' ich oft zu lauschen,
Wenn alles schweigt.
Ich bin bei dir; du seist auch noch so ferne,
Du bist mir nah!
Die Sonne sinkt, bald leuchten mir die Sterne.
O, wärst du da!

(Damit's ihr *Hansimuckerl* auch wirklich merkt, wer das gedichtet hat, setzt sie noch dahinter:) *v. Goethe*

Dieses herrliche Gedicht sendet Dir Deine Jugendfreundin mit den herzinnigsten Grüßen. So lange bin ich ohne Nachricht von Dir. Hoffentlich hast Du meine Briefe erhalten, damit Du nicht gar so einsam bist, doch fühlst

Du ja, wie ich jede Minute an Dich denke. Habe auch Deinen Schlussworten am Radio gelauscht, und bin ich tief berührt von so viel Seelengröße, ja, Du bist und bleibst mein großer, edler Sohn. Wie stolz bin ich auf Dich und werde es immer bleiben. Mein herrlicher Sohn, ersehne mir nur, dass Du Deine Seelenruhe bekommst, alles andere müssen wir Gott anheimstellen. Wie danke ich Dir für all Deine große Liebe und Güte. Segne Dich, im Namen des Vaters + des Sohnes + des heiligen Geistes + Amen.
Umarme Dich in inniger Liebe
Deine getreue Mutter

So feig ist seine große Lebensliebe Lilly geworden, dass sie bittet, nur *Jugendfreundin* genannt zu werden. Sie hat Angst, als »Lilly« sofort von den Amerikanern verhaftet zu werden. Wie erbärmlich. Aber schreibt Vater das – zu Recht grollend – in seinem Antwortbrief an seine Mutter am 14. September 1946? Mitnichten: *Ich danke Dir überaus herzlich für deinen herrlichen Brief mit dem wunderschönen Gedicht von Lilly. Ich kann gar nicht sagen, wie mich dessen Worte berührten: Es ist, wie wenn das einzige Wesen, das ich wirklich liebte, den Lebensabend verklärt! Ich bin so voll des innersten Erlebens! Grüße Lilly herzinnigst von mir! Ihre Pietà geleitet mich! Ich freue mich, dass Du so stark und glaubensfrisch bist: Eine echte Soldatenmutter! Du würdest noch froher sein, wenn Du wüsstest, wie frisch und gesund ich mich fühle – denn in mir ist eine solch strahlende Ruhe, die tiefer begründet ist, als dass Menschen sie stören könnten! Also, liebe Mama! Kopf hoch! Herz stark! Empor zu Gott! Dein Hans*

Immerhin nennt er Lillys Namen, genau wissend, dank Brigitte, dass Freunde von Top-Nazis mit erheblichen Nachteilen zu rechnen haben. Kleine Rache an Lilly, die ihm nie direkt ins Gefängnis schrieb?

Seine Mutter wird beim Lesen des Namens »Lilly« einen Schreck bekommen haben, der die Hexe, um mit Mutter zu denken, leider nicht tötete.

Als ob sie sich das wirklich gewünscht hat und sich jetzt dafür schämt, wird sie am 9. September 1946 ihrem Hans gegenüber ganz klein:

Mein lieber, lieber Hans!
Gestern Abend habe ich mir noch einmal, wie schon so oft, Deinen lieben langen Brief vorgenommen. Große Fehler habe ich gemacht, ach könnte ich noch einmal anfangen! Ich glaube, es käme dann manches anders.

Besuch bei Hans Frank in Nürnberg. Niki, Brigitte Frank und Gitti, Ende September 1946 vor dem Justizpalast.

Man ist ja immer wohl seines Glückes Schmied, alles bis auf Heller und Pfennig muss man abtragen. Doch was nützt das nun alles! Wenn ich auf all das Leid zurückblicke, das ich dafür durchzumachen hatte, nehme ich doch an, ich habe meine Schuld abgetragen. Und nun glaube ich an die Gnade Gottes, der uns noch ein neues Leben bauen lässt.
Lieber Hans, wie gerne würde ich Deine ganze Rede lesen. Wir waren so unendlich erfreut darüber. Überall haben die Reden größten Eindruck hinterlassen, der auch durch Herabsetzung in den Zeitungen und sonstigen Kommentaren nicht geschmälert werden kann. Auch da sprach die Wahrheit für sich selbst. Wann endlich werden wir Dich wiedersehen?
Übrigens gehen hier wieder allerhand Gerüchte, denen wir ja keinen Glauben schenken, um. Leute wollen nachts wiederholt den Führer sprechen gehört haben, manche auch Bormann.

Da wollte ich Dir immer schon mal mitteilen, dass die Gruppenschule in Schliersee, d. h. auf dem Wege Schliersee-Neuhaus, ganz mit Juden besetzt ist.

Warum ist das mitteilenswert? Sie, die schon zu Zeiten seines Generalgouvernements alles über die Judenvernichtung wusste, es noch einmal zehn Monate lang vom Bayerischen Rundfunk vorgesetzt bekommen hatte, lässt ungerührt wieder ihren Antisemitismus raus. Für mich steckt dahinter: Diese verdammten Juden sind schuld, dass Hans jetzt in der Zelle brütet!

Das Gericht berät über die Urteile. Es erlaubt, dass in dieser Zeit vor der Urteilsverkündung die Familien der Angeklagten selbigen einen Besuch abstatten dürfen. Wir sitzen in einem Vorraum. Zuerst geht Mutter allein hinein, dann besuchen wir ihn dem Alter nach. Ich war der Letzte. Zusammen mit Mutter. Gleich gegenüber der Eingangstür zu dem großen Raum sitzen vor einem vergitterten Glasfenster Emmy und Töchterchen Edda, dahinter Hermann Göring. Auf der rechten Wandseite, an der mehrere Fenster zu sehen sind, sitzt hinter einem davon unser Vater. Davor steht ein Stuhl. Mutter setzt sich, nimmt mich 7-Jährigen auf ihren Schoß. Neben Vater sitzt ein weiß behelmter Wachmann. Vater lacht mich an und belügt mich: Wir würden bald gemeinsam Weihnachten auf unserem Schoberhof feiern. Ich bin bis heute unheimlich enttäuscht. Warum belügt er mich? Er weiß doch, dass er gehängt wird.

Was unser Vater dem Michel mit auf den Lebensweg gibt, wird er weder seinen Kindern, noch gar mir je erzählen. Auch Gitti wird nie darüber sprechen. Norman erzählt mir Jahrzehnte später, dass ihm Vater mit der flachen Hand eine Geste am Hals gemacht habe, so, als ob er ihn sich abschneide und dazu sagte: »Bau dir hier was ein!« Will heißen: Quatsch nicht so entsetzliches Zeug wie ich, was sie dir dann im Gerichtssaal vorhalten können. Sigrid beschwört er: »Keine Rache – keine Hassgefühle! Das müsst ihr mir versprechen!«

Aber Sigrid traue ich nicht.

Zunächst dankt Hans Norman für den Besuch, schreibt am 29. September 1946, einen Tag vor der Verkündung des Urteils, wie stolz und glücklich er sei, Vater eines solchen Sohnes zu sein: *Ich glaube fest an Deine gerade, wahrhaftige Art und weiß, dass Du Deinen Lebensweg ge-*

hen wirst getreu der Tradition der glücklichsten Ideale unseres ewigen geistig-seelischen Deutschlands, das niemand zerstören kann! Wenn Du bestrebt bleibst, in demütiger Ehrfurcht vor Gott, Dich immer an Goethe, Schopenhauer, Beethoven auszurichten und bis ins tiefste Ideal zu bewahren, dann muss aus deiner funkelnd-klaren Begabung etwas Aufrichtendes erstehen! In herzlichster Liebe umarme ich Dich, mein guter, starker, leuchtender Bub! Bleibe auch Deiner so guten Mutti immer ein lieber Sohn – werde ihr ein unermüdlich treuer Kamerad!
Und Licht segne Deine Straße! Ewig Dein Vati

Am gleichen Tag kommt Brigitte dran: *Nun sind die schönen Tage, da Du und die lieben Kinder mit mir zusammen wart, auch vorüber: Doch übervoll ist mein Herz von diesem beglückendsten Erlebnis. Dir möchte ich daher aber auch auf das innigste danken für all die große Treue und segensreiche Liebe, die Du mir in all den Jahren so geduldig und aufopfernd gewährt hast. Sollte uns nun das Schicksal wirklich für dieses Leben endgültig trennen, dann werde ich doch immer bei Dir und um Dich beharren. Wenig lebt ich, doch atmet kalt mein Abend schon – und still und gesanglos ist es um mich! Aber ich glaube an diese ewige Kraft der Liebe – und als ich Dich, Du Gute, nun mir so nahe fühlte, da stieg aus den Tiefen des Gemüts die blühende Frühlingsstunde wieder auf, da der Gott Dich mir zur Frau gab. Sei stark, kraftvoll – oh, einmal gabst Du mir die Kinder in den Arm – jetzt aber gebe ich sie Dir und bitte Dich: Bewahre Dich für diese Herrlichen!*
Ewig Dein Hans

Michel, der mit Gitti und mir wieder ins Kinderheim zurückgebracht worden war, schreibt am Tag der Urteilsverkündung ganz im Hier und Jetzt der Münchener Wiesn:

Mein lieber Vat, wie geht es Dir mir geht es gut. Wir sind gut angekomen. Ich bete in Deinem schönen Gebetbuch. Die Mutti kommt am Samstag. Dann gehen wir auf die Oktoberwiese. Vielleicht dürfen wir Dich noch mal sehen sonst wünsche ich Dir recht viel Glück und alles Gute, ich werde immer für Dich beten. Und ich wünsch Dir auch ein baldiges Wiedersehen und ich bitte Dich auch das wie ich bei Dir war so dum angestellt habe um Verzeihung. Jetzt, mein lieber Vati will ich meinen Brief enden jetzt grüßt Dich Dein Michel mit vielen 10000000 Busis!!!!

Vielleicht kam *dum* doch aus seinem Schock, weil er wusste, es ist das letzte Mal, dass er seinen Vati sieht.

Auch Gitti schreibt ihm am Tag der Urteilsverkündung, schon aus unserem Kinderheim in Holzen:

Mein lieber Vati!
Wie geht es Dir? Hoffentlich gut! Wir sind gestern glücklich hier angekommen. Freilich wurde es uns allen schwer, als wir mit dem Zug aus Nürnberg hinausfuhren. Doch es wird wohl nicht soo lange dauern, bis wir uns wiedersehen. Von 8–12 Uhr haben wir Schule. Um 10 Uhr haben wir Pause. Da kriegen wir 2 pfundige Tomaten und Brot. Wir machen dann draußen Spiele. Gerade bin ich mit der Hausaufgabe fertig geworden. Nachher gehen wir zum Bucheckern Sammeln. Die werden abgeliefert und man bekommt dafür fürs kg: 80 g. Öl und 50 Pfennige. Natürlich muss man fleißig sammeln, denn die Bucheckern wiegen gar nicht viel. Nächsten Samstag kommt schon wieder die Mutti zu uns. Vielleicht bringt sie den Norman mit. Lieber Vati, nun muss ich schließen. Es grüßt und küsst Dich 1000. Und wünscht Dir alles Gute
Deine Gitti

Ihre kindliche Pein kommt nur in dem Satz über ihre Trauer beim Abfahren aus Nürnberg raus. Schon stiehlt sie sich – das Leben ist stärker – in Tomaten und Bucheckern.

DAS URTEIL

30. September 1946

Frank

Frank ist unter Punkt 1 (Verbrechen gegen den Frieden), 3 (Kriegsverbrechen) und 4 (Verbrechen gegen die Menschlichkeit) angeklagt.

Der Gerichtshof erkennt, dass Frank nach Punkt 1 der Anklageschrift nicht schuldig, dagegen nach Punkt 3 und 4 schuldig ist.

Auch Speer wurde in den Punkten 3 und 4 schuldig gesprochen. Ein banger Abend, eine bange Nacht, dann ist der Tag der Verkündung des Strafmaßes da.

Ein Zeuge, der im Gerichtssaal saß, notierte: »Frank wurde durch die kleine Schiebetür unter der Uhr in den Gerichtssaal geführt. Er hatte nicht wie sonst seine dunklen Brillengläser auf. Seine Augen sahen unruhig, unsicher und verweint aus, sein Mund unförmig, die Lippen geschwollen. Er sah zur Decke hinauf, als er die Worte hörte: ›Verurteilt zum Tode durch den Strang‹.«

Speer bekam 20 Jahre.

Als Gilbert Frank am Abend in der Zelle besucht, »lächelte er höflich, konnte mich aber nicht anblicken. ›Tod durch den Strang‹, sagte er leise und nickte ergeben. ›Ich verdiente es und erwartete es, wie ich Ihnen ja immer sagte. Ich bin froh, dass ich in den letzten paar Monaten Gelegenheit hatte, mich zu verteidigen und über alles nachzudenken.‹«

Mutter sitzt am Radio, als die Verkündung des Strafmaßes am 1. Oktober 1946 live vom BR übertragen wird und tut etwas für mich Bewundernswertes. Brigitte Maria Frank, geborene Herbst, ist einer der wenigen Menschen, die absolut in der Wirklichkeit leben: Sie hat ein Stück Papier genommen und darauf in Druckbuchstaben die Namen der Angeklagten geschrieben. Jetzt setzt sie hinter jeden Namen das Urteil: *»10 J.«, »20 J.«, »Lebensl.«* Bei allen zum Tode Verurteilten malt sie ein Kreuz. Ungerührt auch hinter dem Namen ihres *innigst geliebten* Ehemanns: *»Frank +«*

Danach setzt sie sich an ihre Erika-Schreibmaschine:

Mein lieber, geliebter Hans!
Sollen wir um Dich trauern, dem der liebe Gott, wenn die Menschen dieses schändliche Urteil vollstrecken, einen so herrlichen Empfang bereiten wird? Wir haben so gefühlt und empfunden, welche Kraft von Dir aus- und auf uns auch überging, sodass wir wissen, dass, wenn Du heute diese Welt verlassen musst, Du es freudig tust und in Dankbarkeit über die Gnade Gottes, die Dich so auf diesen Weg vorbereitete. Und deshalb wissen wir auch, dass wir, so wir um Dich nicht trauern sollen, auch hart gegen uns sein müssen. Wenn auch die Menschen, die dieses Urteil sprachen, strafen wollen, da sie nicht nach dem Worte Christi handeln: »Mein ist die

Rache«, so wird der Herrgott, wenn er dieses Urteil zulässt, nur Dich belohnen für all das, was Du jetzt gelitten und gebüßt hast. Drum will ich mich auch gar nicht mit diesem weltlichen Urteil befassen. Darin bin ich mit allen guten Christen einig: Wen Gott strafen will, schlägt er mit Blindheit. Ich aber will keinen bösen Gedanken aufkommen lassen. Du mein lieber Hans, stehst hoch über uns allen, die wir von dieser Erde noch nicht entlassen werden und noch viel abzubüßen haben werden. Im Gedenken an Dich will ich auch alles Schwere, was noch zu tragen mir auferlegt wird, mit Ergebenheit und Dankbarkeit hinnehmen, in der Hoffnung, dass auch mir die Gnade zuteilwerde, hier auf Erden alle Schuld abbüßen zu können. Sollte der liebe Gott Dich nun bald zu sich nehmen wollen, so wisse, mein geliebter Hans, dass wir immer bei Dir sind, nicht nur den letzten Gang mit Dir gehen werden, sondern Dir nachfolgen werden im Geiste, im Gebete und mit guten Werken. Du wirst uns immer leuchtendes Vorbild und Wegweiser sein.
Aber es hofft der Mensch, solang er lebt, und auch in mir läutet noch ein Glöcklein. Tief in meinem Herzen wurzelt der Glaube an ein Wunder Gottes. Und bedenke, mein lieber Hans, dass auch Du trotz allem uns gegenüber die Verpflichtung hast, alles zu tun, um Dein Leben zu retten, und so bitte ich Dich inständig im Namen auch der fünf Kinder: Reiche ein Gnadengesuch ein und bitte auch den Stellvertreter Gottes auf Erden, sich dafür einzusetzen, dass das Urteil gemildert werde. Leichter ist es oft zu sterben, als zu leben. Und jetzt besonders. In dieser Welt voll Hass und Rache. Gib mir Deine liebe Hand und lass mich bei Dir bleiben in Ewigkeit
Deine Brigitte

Seit der Verhaftung ist sie da: die Verleugnung von Fakten. Das Verdrängen der Wahrheit über das Wirken ihres Mannes. Da sind die Richter eben mit Blindheit geschlagen. Zugleich, und so war Mutter immer, wird in die Hände gespuckt und nach vorne geguckt: Ein Gnadengesuch muss her!

Auch seine Mutter nimmt in ihrer Art Stellung zum Todesurteil:

Mein über alles geliebter Sohn!
Wie fühle ich mit Dir, tiefe Traurigkeit im Herzen, muss ich es erdulden, wie Du, mein herzlicher hochintelligenter *Sohn Leiden musst. Ich kann es nicht glauben, dass Du mein geliebter Sohn mein Stolz, der ritterlichste Bruder, der zärtlichste sorgende Vater seiner Kinder, all unser Glück von*

uns gehen musst, weil Du glaubtest und vertraut hast. – Warum darf ich für Dich nicht sterben, da meine Tage gezählt sind.

Am 10. Oktober 1946 erhält Vater zwei Briefe von Norman, den es nach dem Todesurteil wohl bis in seine Grundfesten getroffen hat: Man will ihm das Kostbarste nehmen. Vielleicht hat er damals schon angefangen zu saufen. Jetzt liest Hans:

Mein lieber Vati!
Heute Nacht habe ich zum ersten Male wieder tief und fest geschlafen, und es war mir so unsagbar leicht in der Früh', dass ich noch langgestreckt in meiner Soldatenkoje lag und mir plötzlich mit klarster Intensität ein Bild ausmalen konnte, wie es für mich kein schöneres und tröstenderes geben kann. Ich sah Dich im Himmel sitzen und – lesen! In Deinem Gesicht waren so viel Ruhe und Glückseligkeit, als ob Du mir jeden Augenblick sagen wolltest: »Siehst Du, Norman, jetzt habe ich endlich Zeit, mich den Dingen zu widmen, die mir auf Erden nicht vergönnt waren. Ich lese meine Bücher, höre Musik, unterhalte mich mit den großen Geistern des unsterblichen Europas und habe somit alles, was ich mir wünschen kann – nur ihr fehlt mir noch, doch auch das wird ja eines Tages eintreffen, und dann werden wir endlich, endlich das sein dürfen, was wir auf dieser Welt vergebens sein wollten, eine Familie, Norman, eine richtige Familiengemeinschaft, nicht umgeben von falschem Glanz und schlechten Freunden!«
Ja, Vati, dies Lichtgebäude errichte ich nicht zu meinem oder gar zu Deinem Trost, das haben wir Franks nicht nötig als alte Soldaten. Darin sehe ich einfach den Sinn meines Lebens, mich immer auf das Ende vorzubereiten, auf die große Reise zu Dir. Und liegt nicht in der Gewissheit, Dich wiederzusehen, vor Dir gerade stehen zu müssen, die Kraftquelle, alles Schlechte, Falsche, Unerhebliche und Unmännliche zu meiden, sein ganzes Leben hindurch? Ich möchte nicht zu Gott kommen mit leeren Händen, nein! So, wie Du zu ihm kamst als Mann, der sein ganzes Leben hindurch gelernt und studiert hat, der über alle anderen Menschen in seiner Umgebung herausragte an Wissen! Wir Franks haben <u>alle</u> Gott in uns. Ich weiß natürlich ganz genau, dass es hart für einen Mann in Deinem Alter ist, mitten in seiner arbeitsreichsten Epoche heraus den Tod erleiden zu müssen. Aber nun will ich so schreiben, als ob es Worte wären, die ich Dir durch das Gitter hindurch sagen möchte. Sieh mal Vati, wir müssen alles

Gott überlassen. Selbst der Gedanke an eine Begnadigung enthält nicht unbedingt nur Tröstendes. Es könnte z. B. sein, dass Du dort in Spandau Zone, Berlin, weder Bleistift noch Papier erhalten wirst. Wer gibt uns ferner die Garantie, dass Du damit außer Lebensgefahr wärest? In Deutschland wartet ein zusammengeheuchelter Volksgerichtshof auf sie, um sie abzuurteilen. Die Feder sträubt sich einem bei der Erkenntnis, dass all dies wieder, wie schon so oft, auf Kosten der Deutschen Geltung im Ausland geht. Bloß damit einige Herren dastehen als Demokraten. Siehst Du, da sind wir wieder an dem Punkt, warum ich um Deinetwillen nicht gebrochen werden kann. Es ist der Gedanke, dass Du nun bald, wenn es Gott will, mit all diesen Männern zusammen sein wirst. »Wieder einer, der gekämpft, der verkannt und bespuckt von der kleinen Kugel da unten heraufkam.« Ach, Vati, dieser Gedanke hat so etwas Herrliches an sich, dass ich schon ganz erfüllt bin von der Idee, auch eines Tages bei Euch sein zu dürfen. In Dein Schicksal können wir nicht mehr eingreifen. Vielleicht erhältst Du diese Briefe gar nicht, aber dann wirst Du es, wenn Gott es will, bald besser, von oben herabschauend, wissen, dass es wie eine Erleuchtung über mich gekommen ist: Du darfst um Deinen! Vater nicht weinen!

Zunächst verbitte ich mir Normans Unterstellung, ich würde Gott in mir tragen. Dann würde mich natürlich interessieren, mit welchen, gleichfalls *verkannten und bespuckten* Männern unser Vater da zusammensitzen wird. Doch nicht etwa mit den in gleicher Nacht Gehenkten? Dem Massenmörder Kaltenbrunner, dem strohdummen Ribbentrop, dem Judenhasser Streicher, dem eitlen Hohlkopf Keitel, der nur »Lakeitel« genannt wurde? Die kann Norman doch nicht gemeint haben. Ich hoffe, mein Vater weist diese Unterstellung in seinem nächsten Brief an Norman schärfstens zurück.

Doch erst liest er Normans zweiten Brief:

Mein lieber Vati!
Wenn Du wüsstest, lieber Vati, wieviel Kraft Du uns allein durch Deine Haltung gegeben hast! Wir konnten es selbst kaum glauben, dass man nach all dem Furchtbaren noch so stark und vertrauend sein kann. Von Dr. Seidl erfuhr ich gestern telefonisch, dass Du ein Gnadengesuch einzureichen Dich noch geweigert hast. Vati, ich verstehe Dich voll und ganz. Du denkst an Deine Kameraden, die mit Dir dem gleichen Schicksal ent-

gegengehen werden, und der Gedanke, doch noch getrennt zu werden, ist Dir vielleicht oder sogar bestimmt unerträglich. Ich weiß auch, dass jetzt die Familie die Kameradschaft nicht mehr aufwiegen kann, trotzdem bitte ich Dich schon meiner Mutter und meiner 3 kleinen Geschwister willen: reiche es ein! Als Jurist wirst Du Deine Chancen klar erkannt haben. Sie liegen in der Urteils<u>begründung</u>!! Ich verstehe nichts davon, aber das war nie und nimmer eine juristisch stichhaltige Begründung!! Die Leute sind entsetzt! »Selbst am Schluss können sie nichts anderes als ihn mit seinen eigenen Worten schlagen.« Frage: »Wo blieben die Taten, welche das Wort rechtfertigen?« Aber wir wissen ja nun aus Deinem eigenen Munde, mit was wir es in den letzten 18 Monaten zu tun hatten. Mein lieber Vati, Du bist mir wirklich noch nie so groß und königlich vorgekommen wie gerade jetzt in Nürnberg. Ich wünsche mir, noch einmal mit Dir sitzen zu dürfen, wie einst in Krakau vor dem flackernden Kaminfeuer. Jahre habe ich leichtsinnig vertan, über Dein Mahnen gelacht: »Einst wird dies alles ein Ende nehmen, Norman!« Ja, das Ende haben wir nun schon alle lange überlebt, und ich für meinen Teil weine dieser vergangenen Zeit keine einzige Träne nach, weil ich dort gelebt habe wie ein verwöhntes Prinzchen, ohne Ernst und ohne Haltung. Wie konnte man nur so blöd und blind sein! Doch es roch ja schon die ganzen Jahre nach Untergang, und wir Jugendlichen müssen das instinktiv gefühlt haben. Uns war nichts mehr heilig, und noch heute wundere ich mich, wie Du mich überhaupt in Deiner Nähe haben konntest. Oder hast Du auch falsch gelebt und zeihst Dich dessen nun? Ein 70 Millionen Volk hat sich überschlagen. Es hat halt Lärm, Blut und Trümmer gegeben! Meine Gedanken umgeben Dich, nicht mehr ganz so traurig-ernst wie vor ein paar Tagen, aber doch noch immer in einem starren, nicht zu verletzenden Panzer gekleidet.

Das *Prinzchen* ist jetzt nahe an der Wahrheit, hat sich Vater vielleicht in einer Aufwallung von Wahrheitsliebe gedacht, muss aber gleich darauf sauer geworden sein: Ich und *falsch gelebt?* Ich und mich dessen *zeihen?*

Er setzt sich sofort hin und antwortet Norman, ohne sich gegen Unterstellungen zu verwahren. Er geht überhaupt nicht auf Normans Brief ein. Wie kann man nur so hohl antworten?

Mein lieber Norman!
Ich kann Dir gar nicht sagen, wie tiefst berührt ich von Dir und Deiner ganzen Haltung bin. So ist es wirklich in allem richtig, wie Du denkst und Dich zu verhalten entschlossen bist. Freudig und dankbar nehme ich Dein Bekenntnis entgegen und lächle in die strahlende Sonne – denn ich weiß, dass Du die Größe der Zeit als feierliche Verpflichtung in Dir wirken spürst! Das ist mir als Deinem Vater ein Halt und Gewinn in diesen letzten Tagen meines Lebens, wie ihn mir der Herrgott selbst bereitet hat. Du bist schon mein ganzer, lieber, starker Bub – und mit solchen Männern, wie Du einer wirst, wird sich auch unser großes Volk von seinem entsetzlichen Fall wieder aufrichten!

Macht denn seine anstehende Hinrichtung die *Größe der Zeit* aus? Im Übrigen hat der *innigst geliebte* Norman mitnichten das deutsche Volk wieder *aufgerichtet,* allenfalls mit seinen Handwerkern die Bühne des »Komödienstadl« beim Bayerischen Fernsehen. *Aufgerichtet* hat er auch die Kneipen rings ums Studio in Unterföhring, denn die besuchte er schon vor Beginn der Arbeit, um mindestens drei Stamperln Schnaps zu trinken, damit er seine Betriebstemperatur erreichen konnte.

Einmal im Schreiben, bekommt auch Brigitte am gleichen Tag einen Brief von Hans zugeschickt. Sie hat ihn noch einmal in Nürnberg für eine Stunde besuchen dürfen. Der wirklich sturbeinige Gefängnisdirektor Andrus hatte verfügt, dass die zum Tode Verurteilten, hinter der Glasscheibe und neben einen weiß behelmten *Guard* sitzend, an Händen und Füßen gefesselt sein müssen. Mutter schreibt später: *Nicht einmal ein Händedruck wurde gestattet. Wir legten unsere Hände gemeinsam aufeinander, zwischen ihnen war die Glasscheibe.*

Meine liebe Brigitte!
Dein so lieber Besuch lebt in mir weiter und alles, was wir da besprachen, erfüllt mich in größter innerer Bewegtheit. Deine Stärke und Dein Ver-

sprechen, alles, was kommen mag, mit würdigem Gottvertrauen zu tragen, geben mir einen seelischen Rückhalt von solcher Intensität, dass ich nun in härtester Selbstsicherheit zu meinem Teil unser altes Reich zu Euch bringen werde. Du bist mein liebes, gutes, mutiges Weib all die Jahre her gewesen: Was aber jetzt in Dir mit Gotteshilfe aufstrahlte, das erhebt Dich zu einer führenden Gestalt Deines ganzen Geschlechts! So bist Du auch eine große Mutter Deiner prachtvollen Kinderschar – und ich war Dir überhaupt noch nie so nah und verbunden wie jetzt in dieser Epoche. Herzlichst umarme ich Dich und küsse Dich innig – Dein Hans

Bei diesen Sätzen muss es doch jede beinharte Feministin vom Trainingsrad hochreißen! Wen aber meint er mit dem *alten Reich?* Das kann doch nicht das *Dritte* gewesen sein? Hat er denn überhaupt wirklich durchaus gar nichts während dieses Prozesses kapiert? Oder kapieren wollen!

Einen Tag später nimmt er Abschied von seiner Mutter:

Meine innig geliebte Mutter!
Die Stunde meines Abschieds ist gekommen. Schon werde ich jetzt aus dem Leben abberufen: Und da kann ich mich in Gedanken nur vor Dir niederbeugen und Dich bitten, dass Du mir auch für diese letzte Reise meines so bewegten Daseins Deinen Kreuz-Segen gibst genauso, wie Du ihn mir schon als Buben auf Stirne und Mund gezeichnet hast. Ich danke Dir das Leben – und das, was in ihm das reinste Glück darstellt. Du warst mir immer die große Beglückerin – und in meinem letzten Augenblick sehe ich Dein liebes, treues, gutes Gesicht: Wir zwei haben immer gut zusammengehalten. Möge es so bleiben in alle Ewigkeit: Bete für mich! Der ewige Herrgott segne und geleite Dich! Amen. Ewig Dein Hans

Während er seine Beglückerin mit vernebelnden Lügen zudeckt, beglückt er seine *große Beglückerin* am 11. Oktober 1946, fünf Tage vor seiner Hinrichtung, endlich mit einem ehrlichen Brief, aus dem selbst ich echtes Bedauern lese:

Meine herzliebe Brigitte!
Jetzt kommt die Stunde meines endgültigen Abschieds schnell näher und näher, da will ich nun ganz nahe zu Dir hinrücken, Deine Hände nehmen, Dir in Deine so lieben Augen schauen und mit Dir so über unser Leben sprechen. Es sind volle 21 Jahre geworden, die wir verheiratet durchlebt

haben. Und es war doch eigentlich eine von so viel herrlichem Licht immer wieder sieghaft bestrahlte Daseinsfülle, dass wir beide dem Herrgott dankbar sein müssen. Wie gut er es mit uns zwei gemeint hat, sehen wir ja an unseren so herrlichen Kindern. Dir aber gebührt dabei der größere Dank, denn Du hast die Heimat auch mir wildem Umtreiber bewahrt. Ach, meine liebe Brigitte: Wenn ich so manches noch einmal anders machen könnte, dann wäre das vor allem unser beider Leben. So kann ich halt Dich nur bitten: Verzeihe mir! Bleib mir gut!
Aus der Ewigkeit herauf bleibe ich Dir!
Dein Hans

Sie antwortet ihm am 12. Oktober, weiterhin nach vorne schauend. Ein kleiner Unterschied in den Anreden. Vater schreibt an *Meine herzliebe,* sie an

Mein innigstgeliebter, guter Hans!
Ich warte auf das Wunder, das eintreten muss. Mein Glaube will mich nicht verlassen, obwohl die Menschen keine Gnade geübt haben. Aber es ist ja reiner Egoismus von mir, auch darüber bin ich mir klar, denn das Leben unter diesen Menschen, die weiter Hass und Rache heraufbeschwören und ein Spiegelbild der Trümmer sind, die uns umgeben, ist nicht mehr lebenswert. Es bleibt nur das Leben nach innen, die äußere Welt mit den heute noch dazugehörigen Bewohnern ist zerfallen und hat nichts mehr an Gutem zu geben. Das Böse herrscht da weiter und wird es wohl so lange tun, bis die Menschen sich gewandelt haben und erst an ihr Seelenheil denken. Hans, es ist wirklich so, derjenige, der heute mit seinem Herrgott eins ist und abberufen wird, ist der einzige Begnadigte. Du hast so Recht, was können Dir die Menschen noch antun! Uns können sie Dich nicht nehmen. Die Trennung, die scheinbar durch den Tod bewirkt wird, ist für den Geist, für den keine Schranken bestehen, nicht da. Wir werden immer in geistiger Verbindung bleiben.
Hätte man geglaubt, dass das Leben in so kurzer Zeit so wenig lebenswert sein kann, dass man, wenn man sich frei von jeder Selbstsucht macht, dem liebsten Menschen wünschen würde, er möge diese Erde verlassen. Aber, lieber Hans, es ist wirklich so! Denke nur allein an die »Freigelassenen«. Die drei werden gehetzt und verfolgt und wieder eingesperrt, und wer weiß, was ihnen noch bevorsteht. – Demokratie! – Jeder sollte sich an-

geblich zu seiner Meinung bekennen können! So sah ich die Demokratie an, und so wurde sie uns durchs Radio verkündet. Mit hoffendem Herzen saugte man diese Worte Nacht für Nacht ein und riskierte dabei seinen Kopf! Wir alle sehnten uns nach Wahrheit und Christlichkeit, nach Freiheit im Denken, Reden und Handeln. Alle waren wir Opfer einer kleinen verbrecherischen Clique. Du mit in erster Linie standst ständig mit einem Bein im KZ, befürchtetest den Genickschuss. Ich wusste, dass das Ende des Dritten Reiches uns persönlich Armut bringen würde. Alles wollte ich gern auf mich nehmen. Erwarteten wir doch alle ideelle Werte dafür! Und wie jämmerlich wurden wir alle getäuscht! Wieder einmal hatten die nun Mächtigen alles in ihrer Hand, so wie der Führer einmal das ganze deutsche Volk in der Hand hatte! Man braucht nur das Radio anmachen. Allein, aus dem, was man uns da sagt, brennt's an allen Ecken und Enden. Und hier wird gerichtet – gnaden- und erbarmungslos, und wieder sind alle verurteilt zum Schweigen – genau wie früher. Nur mit dem Unterschied, dass offiziell kein Krieg mehr ist!
Ich halte ganz fest Deine liebe Hand, führe mich lieber Hans, behalte meine Hand immer in der Deinen, denke immer daran. Ich brauche Dich. Und gehe so mit Dir immer weiter und weiter auch über dieses Leben hinaus in die Ewigkeit!
Aber bei Gott ist alles möglich – auch das größte Wunder!
Ich glaube, hoffe und liebe!
Ewig und immerdar
bin ich Deine Brigitte

DER DÜSTERE WITWENTITEL

Drei Tage vor der Nacht seiner Hinrichtung bekommt sie von ihrem *immerdaren* Hans am 13. Oktober 1946 Gebetsstationen aufgebrummt, bei deren Besuch sie ihn in seiner Ewigkeit hochleben lassen soll:

Meine liebe Brigitte!
Die Sonne scheint strahlend in mein lichtes Räumchen, sonntäglicher Feierklang tönt von der Orgel der nahen Kirche und da erklingen auch noch die Glocken. Da ist es mir also eine rechte Stunde, um in Gedanken mit Dir noch einmal in herzlicher Zweisamkeit zu plaudern. Ich denke mir etwa,

dass wir vor dem alten Schoberhof sitzen unter dem treuwächterlich uns behütenden Apfelbaum und dass wir über die auf der weiten Wiese spielenden Kinder weg, durch die schönen Zauntannen in die duftig-oulmanseidige Bergwelt schauen. Die Stare piepsen vom Asthäuschen herab, und von drüben grüßt die Leonhardi Kapelle herüber. Und dann gehen wir noch einmal in das obere Ende der Wiese hinauf und sehen in schwingender Bewegtheit über das ganze herrliche Bild hinweg, in den mild sich beidseitig wellenden Waldhöhen liegt die glitzernde Silberschale des Schliersees: Das ganze herrlich wie ein Lehnstuhl des lieben Gottes. Es gibt drei Kapellen da herum, an denen ich viel gebetet habe, und bei denen ich Dich bitte, gelegentlich auch meiner im Gebet zu gedenken: Das ist die Kapelle in Birkenstein! Dann die kleine, entzückende Wegkapelle an der Straße zwischen Hammer und Ellbach, wo eine Postautohaltestelle ist. Oft bin ich dahin geradelt, um in dem kleinwinzigen Raum der Andacht zu obliegen. Und endlich die kleine Gedenkkapelle an dem Weg auf die Bodenschneid. An ihr verweilte ich immer mit besonderer Ergriffenheit. Und gerade da packte mich oft eine tragische Ahnung meines eigenen Ausgangs. Und nun zu Dir selbst: Ja meine herzliebe, gute, treue und lebensmutige Brigitte! Wenn Du diesen Brief erhältst, dann bin ich wahrscheinlich schon nicht mehr am Leben und in den großen, riesigen Zug der Todesopfer dieses Krieges Adolf Hitlers eingereiht. Dann schlägt Dein Herz in schmerzlichstem Zucken, dass nun Dein Mann, der Vater Deiner Kinder, tot sein soll, und der düstere Titel einer »Witwe« wird an die Stelle der frohen Bezeichnung »Ehefrau« getreten sein. Dann zünde ab und zu ein kleines Kerzerl an, stell es zu Füßen eines Christus oder einer Madonna: Und dann wirst Du spüren, dass ich bei Dir bin! Und dann sollst Du ganz fest und tröstend bedenken, dass der Tod zu mir als Erlöser kam, als Befreier, als Gnadenerwecker! Dann mögest Du erahnen, dass mir die Todesglocke als Kommunionsglocke geläutet hat, und dass ich in der seligsten Beglückung und mit innerstem seelischem Glanze mich ganz in die lieben, süßen Vaterhände Gottes gegeben habe. In mir ist ja auch jetzt in diesen letzten Tagen eine solche geradezu glückhafte Befriedung und eine solche traumhaft-einmalig schöne Jubelstimmung, dass ich es schier nicht mehr erwarten kann, zu meinem Erlöser zu kommen. Ich bin jedenfalls von solcher echten, tiefen Heiterkeit und Gelassenheit, dass ich glaube noch niemals in meinem Leben so in mich selbst hinein lichterfüllt gewesen zu

sein. Ich schlafe im Beten ein und verbringe meine Nächte in einer völligen Ruhe – und des Morgens bete ich jedes Mal so frisch und in glänzender Verfassung, dass ich dann, wenn es mir gewahr wird, allerdings oft so gerührt bin durch die Güte Gottes, der mich so lieb einhüllt. Liebe Brigitte: Was ist das nur? Ich stehe hier vor dem allergrößten Geheimnis meines Lebens und nur in leisem Stammeln kann ich auf den Knien immer und immer nur danken und danken für diese Gnaden. Denn ich bin doch ein so kleiner Seelenwutzel vor Gott, dem Herrn, dass ich mich doch eigentlich ganz zusammendrücken möchte: Aber nein! Immer wieder werde ich von innen her aufgerichtet, gestärkt und freudig erhoben. Und die Buße, die ich tun darf, ist eine ganz große Gnade des Herrn! Mir bleibt dieses herrliche: Ja Vater! Ich bete jetzt auch um die Kraft, die rein äußeren Vorgänge meines Todes würdig bestehen zu können: Aber da sah ich gestern plötzlich in meinem Raum das große Kreuz mit dem Heiland ganz deutlich vor mir – und seine Augen leuchteten so tief in mich, dass ich schier vergehen wollte vor ergriffenster Begnadung! – Oh, Brigitte, ich bin kein Phantast, kein todangstfiebernder Halluzionist oder derartiges: Das alles erlebe ich mit der lichtesten Kraft der Sicherheit des Tages! Heute sagte mir ein amerikanischer Besucher. »So ruhig und gelassen möchte ich auch einmal sein, wenn mir der Tod einmal nahe kommt« – worauf ich ihm sagte, dass Gott seine lieben Vaterhände jedem Menschen offenhält, der sich ihm zu eigen gibt! Mein letztes Gebet gilt Euch! Ich werde glücklich sein, wenn einer meiner Söhne die heldische Bewährung besteht – den echtesten Heroismus, den es auf dieser Erde gibt! – und ein würdiger Priester unserer heiligen Kirche wird! Aber es muss aus innerstem Antrieb geschehen, nicht nur, um mir einen letzten Wunsch zu erfüllen! Dieser Wunsch darf auch indirekt nicht die kleinste Rolle dabei in Wahrheit spielen.
Gute Nacht, Weibelen! Gute Nacht, meine Kinder! Hans. Vati

Ich kann ihm seinen Wunsch, noch einmal dem Vogelgezwitscher am Schoberhof zuhören zu dürfen, sehr nachfühlen. Es muss entsetzlich für ihn gewesen sein, in seiner armseligen Zelle, bei jedem Verlassen gefesselt, jede Sekunde durch eine Luke beobachtet, niemanden umarmen dürfen, keine Hoffnung mehr zu haben. Ich verliere mein Mitleid sofort, wenn ich an seine Opfer denke, die dieselbe Todesangst empfunden haben. Die aber waren unschuldig.

Auch Brigitte schreibt ihm an diesem Tag und lässt den für mich unmöglichsten Satz raus, den ich je von ihr gelesen habe:

Mein innigstgeliebter, guter Hans,
ach, Hans, wir sind ja nur Menschen, und so möchte ich Dich halten mit der Kraft der Verzweiflung, und doch weiß ich, dass dies nicht die richtige Haltung ist. Auch Norman bittet mich, stark zu bleiben. Und so komme ich wieder zu Dir und suche Trost und Hilfe. Ich stelle mir Deine Augen, Dein Gesicht vor, höre Deine liebe Stimme und vernehme all die guten Worte wieder, die Du zu mir sprachst, besonders in unserer vorläufig letzten Stunde am Dienstag.
Gestern Abend gegen 10 Uhr – wir wollten gerade ins Bett gehen, hupte es draußen mehrere Male: Gaston Oulman wollte zu mir. Er war erst aus Nürnberg gekommen und wollte schauen, wie es uns geht. Er ist ein Jude, aber ich habe das Gefühl, er hat ein menschliches Herz. Immer wieder schaut er nach uns, und trotz vieler Warnungen anderer Menschen glaube ich an das Gute im Menschen, und so freue ich mich immer über seinen Besuch. Wir sprachen noch zu Dreien ziemlich lange, und ich sagte ihm, ich bedauere, dass er Dich nicht kennengelernt habe, da ich annehmen würde, dass ein menschliches Verstehen dagewesen wäre. Man könne Dich nicht beurteilen aus Deinen Reden in der stürmischen Zeit und auch nicht aus Deinem Tagebuch. Als er glaubte, dass das Verstehen schon wegen der Rassenfrage auf Deiner Seite wohl nicht möglich gewesen wäre, bestritt ich dies.
Wir denken ja nur an Dich, nur Du sollst glücklich sein. Und dann sehen wir wieder, wie es in dieser Welt zugeht. Nein, Hans, das ist nichts für Dich, Du könntest Dich nicht mehr zurechtfinden. Du bist immer ein Mensch gewesen, der auf Höhen gewandelt ist, nach außen und innen. Hier ist kein Platz mehr für Freiheit des Geistes. Alles ist eng, begrenzt, feige. Ich werde die Nacht von Dienstag auf Mittwoch wachen und beten, und meine Seele wird bei Dir sein. Lass mich Dich begleiten, gib mir, ich bitte Dich inständigst, mein geliebter Hans, ein Winkelchen in Deinem Herzen, und lass mich darin bis zum Ende. Schalte mich nicht aus, Hans. Und wenn Du mir dies versprichst und hältst, dann werde ich auch teilhaben an Deiner Glückseligkeit. Das ist mein letzter Wunsch, Hans, Du musst ihn mir erfüllen.

So nimm denn meine Hände!
Mein geliebter, guter Hans, so trennen wir uns vielleicht für eine kleine Weile, um dann ewig vereint zu sein.
Lass uns gehen, Jesum sehen, lass uns gehen ins Paradies.

Ein Jude mit menschlichem Herz! Das gibt's doch nicht! Sie wurde wohl nie berührt von dem, was wir den Juden antaten. Dabei habe ich von ihr keine einzige antisemitische Aussage mir gegenüber in Erinnerung.

Ein paar Stunden vor seiner Hinrichtung liest er noch Normans Brief, den der am 13. Oktober geschrieben hatte. Sieh an, plötzlich saust die Post! Vermutlich gibt es bei den Henkerskandidaten keine Zensur mehr. Normans Brief ist eine dahinsummende Wiederholung seines Durchhaltewillens im Namen des Vaters. Wie im Brief zuvor. Mich ärgert allerdings nachfolgende Eingemeindung in Blut und Veranlagung: *Mutti war so glücklich als sie von Dir kam, und man sah es ihr an, wieviel Kraft und Glauben Du ihr gegeben hast. Sei auch hierin ganz ruhig, Du hast vielleicht mehr für Deine Familie getan als andere Väter. Und was bedeutet es schon, wenn Du uns keine Güter hinterlässt? Wir pfeifen darauf, denn wir haben das Beste von Dir in uns: Dein Blut und Deine Anlagen! Die Menschen haben recht, wenn sie sich nicht um mich kümmern, denn ich bin noch Dreck, aber ich will mich herausarbeiten und will erreichen, dass die Menschen zu mir kommen. Das soll nun eigentlich mein Abschiedsbrief sein. Aber glaube mir, Vati, ich sehe ihn nicht als solchen an. Ich komme im Gegenteil immer näher zu der Erkenntnis, dass es zwischen uns keinen Abschied gibt. Es ist traurig, dass wir beide nicht ein längeres Stück Weges gemeinsam haben laufen können. Aber das ist Schicksal. Vielleicht haben wir es verdient. Es lässt sich jedenfalls leichter ertragen, wenn man in sich selbst den Schuldigen sucht. Doch Dir muss man das nicht sagen, und Du meinst, dass es der richtige Weg war, zu bekennen. Und hier kann ich Dir noch eine kleine Freude machen: In einer bayerischen Kleinstadt wurde jetzt bei der Lebensmittelausgabe den Flüchtlingen Dein »Schlusswort« in die Hände gespielt. Es war in hunderten von Exemplaren gedruckt worden. Ich glaube, Vati, dies wird Dich freuen. Oh, die Welt wird bald erwachen, und Deutschland wird verstanden werden. Auch wenn Du Dein Leben dafür lassen musstest, so wird es Dich doch nicht reuen. Du lässt uns nicht schwach und hilflos zurück, denn wir haben Dich noch einmal sehen kön-*

nen. Und Dein Blut ist es, das uns dieses Schicksal zu tragen hilft. Auch Du glaubst an ein Wiedersehen, und so will ich auch heute schließen, wie es immer zwischen uns der Brauch war: »Auf Wiedersehen, Vati!«

Unter Normans Brief schreibt er:

Liebster Norman!
Ich danke Dir und vertraue Dir, Norman! Gott sei mit Dir, Du Lieber.
Dein Vater

VON DESERTEUREN UND DENUNZIANTEN

Seinen eigenen letzten Brief an den ältesten Sohn hat er schon am 14. Oktober 1946 verfasst. Ein Meisterwerk der Verbohrtheit, mit Sätzen, die wie fürs Programm der heutigen Nazi-Parteien in Deutschland gedrechselt wurden:

Mein herzlieber guter Norman!
Wenn Du dieses heutige erhältst, dann ist die letzte Bunkerbesatzung unseres Reiches ihren vielen Millionen grauer Kameraden in die Ewigkeit gefolgt. Ich weiß, dass keiner beim Sterben dem großen Namen unseres deutschen Mannestums Schande machen wird. Dieser Tod ist ein Kriegsvorgang, und Krieg und Sterben gehören nun einmal zusammen. Es ist also gar nichts Ungewöhnliches, was mir passiert: Was soll ich auch noch am Leben? Ich habe so sehr das leuchtende Empfinden in mir, dass Gottes Planen richtig ist, dass Du ganz beruhigt sein kannst: Bei meinem ohnedies gefährlichen Leben ist es eher verwunderlich, dass ich so alt geworden bin. Wir haben 15 Jahre lang gegen eine Welt in Frieden und Krieg völlig allein und auf uns gestellt ringen müssen, dass es so ein riesiges Wunder war, dass wir das alles haben so lange bestehen können. Oder glaubst Du, dass ich mich von Deserteuren, Emigranten oder Landesverrätern soll nun mein ganzes weiteres Leben schinden lassen? Das Gericht hier in Nürnberg war immerhin ein Kollegium von echten Kriegsfeinden. Und die handelten schließlich aufgrund ihres Sieges an uns als ihren Feinden. Im Übrigen geht ja die Geschichte weiter und wie das alles schon in wenigen Jahren aussehen wird, weiß niemand! Ich sterbe als ein personifiziertes Symbol

unseres alten Reiches: In unseren Herzen weht diese Flagge im Augenblick unseres Todes genauso, wie ein Schiff mit wehender Fahne sinkt. Wenn wir jetzt abtreten, dann endet ein schweres Kapitel der Weltgeschichte: Was aber ändert sich an der wirklichen Lage der Probleme auf dieser Erde? Gar nichts. Und deshalb, mein Sohn, verpflichte ich Dich feierlich, Deine ganze Kraft unserem Volke zu weihen, um ihm zu helfen, in Frieden und Gerechtigkeit zusammen mit seinen amerikanischen Freunden wieder ein Reich zu errichten! Mein lieber Norman! Halte Dich von jedem Schmutz fern! Lebe rein! Sei immer wahrheitsliebend und vor allem: Diene in Demut gläubig Deiner Kirche! Handle immer so, dass Du niemals Reue befürchten musst! Sprich und schreibe wenig an Meinungen! Am besten gar nichts! Politik soll die allerletzte zusätzliche Lebensleistung eines Mannes sein, der auf irgendeinem Fachgebiet sich bereits erstklassig bewährt hat. Vertraue Deinem Gewissen! Übe Dich im Entbehren als Auszeichnung! Der heroischste Sieg ist der über sich selbst! Und so segne ich Dich, mein herzlieber Sohn: Möge der ewige Herrgott Dich segnen und behüten! Ewig bleibe ich Dein Vater

Norman gibt in den letzten Tagen des kurzen Lebens seines Vaters schriftlich weiter keine Ruh. Am 14. Oktober 1946 erhält Hans Frank von ihm noch einen Brief, der auch Teile für das Programm einer heutigen Rechtsaußen-Partei enthält – da fällt mir ein: Warum bleiben meine Geschwister alle ihr Leben lang Verteidiger der Unschuld ihres Vaters und werden, je näher ihr eigener Tod kommt, immer nationalsozialistischer? Das bedeutet ja, dass die heutigen Nazis hierzulande bald sterben! Was für eine unsere Demokratie rettende Vorstellung! Norman rückt schon als 18-Jähriger ideologisch nah an unseren Vater ran. Seinen Brief hat der noch mit seinem Kürzel *E. 14. X.* versehen. Norman schreibt darin als totaler Verdränger und Heiligsprecher unseres Erzeugers: *Du bist ganz ruhig, und obwohl Du 18 Monate in Haft gesessen hast, ausgesetzt den dauernden Schlägen der Anklagebehörde, bespuckt und beschimpft vom eigenen Volke, verlassen von Freunden und Feinden, sprichst Du klar und gläubig zu mir. Wenn einer das Recht auf Gehört werden hat, dann bist es Du! Du hast jede Seite des Lebens leidenschaftlich durchlebt, hast Erlebnisse gehabt, wie sie selten ein Mensch hatte, hast Kämpfe bestanden, um die Dich mancher Abenteurer beneiden möchte, und es war Dir vielleicht nicht zuletzt vergönnt, der Epoche Adolf Hitlers führend anzugehören. Der Mann darf sich preisen, der auf einen solchen Weg zurückblicken kann, wie Du es heute von Deiner Höhe herab kannst, der den Tod nicht fürchten braucht, der um das Leben nicht betteln will! Vati, ich weiß, dass Du mein ganzes Leben hindurch neben mir sein wirst. Dein Leitfaden durch das ganze Leben hindurch war Adolf Hitler. Uns sagt man, dass so etwas nie mehr passieren wird. Wer kann dafür einstehen? Doch ich weiß, was Du mir sagen willst: »Halte Dich heraus aus der Politik!« Und ich weiß ferner, dass Du mir sagen willst: »Tu alles, was in Deinen Kräften steht, um Deutschland wieder groß zu machen. Groß nicht in der Bedeutung von Macht, sondern vielleicht mehr in der Bedeutung von »weise«.*

Norman sitzt allabendlich neben Mutter, um ja nicht den Bericht vom Tage aus dem Nürnberger Gerichtssaal zu verpassen. Trotz grausiger Einzelheiten der deutschen Vernichtungspolitik schafft er keine Öffnung, macht die Ankläger zu spuckenden Lamas und ihre Beweise zu Schlägen gegen Unschuldige. Immerhin war er damals schon 18 Jahre alt und ein begieriger Leser von »Süddeutscher Zeitung« und »Neuer Zeitung«. Grandios der Schluss seines Briefs, aus dem hervorgeht, dass Angehörige von Todgeweihten doch manch ernährungsfreundlichen Vorteil hatten: *Dich wird es vielleicht nicht interessieren, wie die Leute das Urteil aufgenommen haben. Mutti war hierfür die erste Zeugin. Sie fuhr in der Früh nach Schliersee zum Einkaufen. In den Geschäften wurde sie sofort drangenommen, und bei ihrem Eintreten war alles ganz still. Hier in Neuhaus war es noch persönlicher. In einem Geschäft rief die Besitzerin ihr beim Hinausgehen nach: »Ach, Frau Frank, haben Sie nicht einen Topf dabei? Ich hätte Ihnen so gerne etwas Quark mitgegeben!«*

Mutter hatte.

Vater ist wohl tatsächlich nicht am Quark seiner Familie interessiert, hat er doch am 14. Oktober 1946 Wichtigeres vor. Ein letztes Mal schreibt er an jene Frau, die bei ihm lebenslang Herz und Hoden zum Pochen gebracht hatte:

Meine liebe Lilly!
Wenn Du diese Zeilen erhältst, dann bin ich tot und dem großen grauen Zuge eingegliedert, in dem die unzähligen Opfer dieses Krieges in die Ewigkeit marschieren. Wenn ich bis zum Schlusse so fest, klar und seelisch-geistig gelassen durchhalte, wie ich mich all die letzte Zeit her fühle, dann

werde ich mit starker innerer und äußerer Haltung gestorben sein. Zünde ein kleines Kerzerl vor der lieben süßen Pietà an und bete für mich, liebe Lilly! Was ich Dir in meinem Leben zu danken habe, weißt Du! Was Du mir warst, klingt in Deiner Seele weiter! Nun habe ich mein Herz in ewigem Frieden gebettet und mit den Tränen des Abschieds betaut: Wie eine uralte Ballade tönt die Berg und Niederung der Welt durchstürmende Melodie meines Lebens aus. Bitte: Bleibe mir gut! Ich sterbe dem Reiche nach, dem ich diente. Verzeihe mir, liebe Lilly mein, all das Schwere, was ich auch in Dein Leben gebracht habe: Siehe, ich habe gebüßt! Ich spürte in all diesen schweren Monaten eines allerletzten Kampfes, wie sehr Du meiner in flammender Güte gedachtest: Das gab mir oft und oft entscheidende Kraft! Leb wohl, leb ewig, ewig wohl, Du, meine Lilly, Du. Dein Hans

Als er das schreibt, weiß er, dass er nur noch einen Tag zu leben hat. Ich hätte zu diesem Zeitpunkt angstzerfressen nichts mehr zustande gebracht. Was er allerdings zustande bringt, ist bei diesem in *aufrichtendster Strahlkraft durchleuchteten Menschen* neben der ihm gegönnten Liebe zu Lilly diese sturköpfige Behauptung, er sei ein *Opfer dieses Krieges*. Das hat nur die Strahlkraft der Verdrängung. Noch stärker drückt sich seine Uneinsichtigkeit im Abschiedsbrief an Brigitte aus, den er am 15. Oktober 1946, am Tag vor seiner nächtlichen Hinrichtung, schreibt. Ich hätte da nur in Todesangst schreiend meinen Kopf immer wieder an die Zellenmauer geschlagen. Sein Brief hätte ihn allerdings auch mit dem Kopf gegen die Wand schlagen lassen müssen, denn er ist blanker Hohn für all das, was das Gericht festgestellt hatte:

Meine herzliebe Brigitte!
Die Zeitspanne meines Verweilens auf dieser Erde wird immer kleiner, und im gleichen Maße intensiviert sich mein liebevollstes Denken an Dich und an unsere Kinder. Ich will es Dir ganz offen sagen, dass mich dabei am meisten der frohe Gedanke bewegt, dass Niemand es auf die Dauer in die Zukunft hinein wird verhindern können, dass auch mir später volle Gerechtigkeit zuteilwerden wird: Denn die entsetzliche Entstellung, die man bei einigen Stellen meines Kriegstagebuchs angewandt hat, um daraus Verbrechen zu konstruieren, kann sich selbstverständlich nicht lange halten. Die Wahrheit wird siegen! Ich schäme mich, ein Mensch zu sein, wenn ich dieses hasserfüllte Spiel bedenke, das hier getrieben wird. Und wie kurz-

sichtig ist das alles: Ich war niemals ein Verbrecher! Und ich sage Dir das, liebe Brigitte, im feierlichsten Augenblick meines Lebens angesichts des ewigen Herrgotts, der mir dabei ins Herz sieht! Aber mit dem Tode ändert sich auch die Lage: Aus den Verurteilten und Getöteten werden denkbar wirkungsvolle Ankläger werden, die mit keiner Lüge und Konstruktion und Entstellung niedergekämpft werden können! – Das alles weiß ich. In herrlicher Klarheit liegt das alles in mir. Und die geradezu strahlende Ruhe, mit der ich in den Tod gehe, hat mir Gott der Herr selbst bereitet, dessen Gericht allerdings eben auch gerecht ist im wahrsten, tiefsten Sinne des Wortes! Mir ist wohler als meinen Anklägern schon in kurzer Zeit zumute sein wird: Ich sterbe – aber Gott lebt! Und deshalb, meine herzliebe Brigitte, lasse alle Schmähungen und entsetzlichen Lügen gegen mich, wie sie jetzt üblich sind, ruhig-lächelnd über Dich ergehen und harre der Kraft des Allmächtigen, vor der Menschenwerk eitel und leer ist. Meine »Schuld« ist eine rein politische Angelegenheit – aber keine juristische. Und gerade Du weißt auch, wie ich meine Kraft gegen die übermächtige Gewalt eingesetzt habe! Oh, das alles kommt einmal ans Licht des Tages! Du brauchst also Dein Haupt nicht schuldbewusst zu beugen, wenn Du meiner gedenkst – sondern Du kannst es vor den Menschen hoch und stolz tragen! Ich wimmere nicht in Gewissenspein um die Gnade des Himmels – sondern trete vor Gott mit der Demut des leuchtendsten Vertrauens in seine Gerechtigkeit. Wenn die Menschen klug wären, dann müssten sie sich ihre Gedanken gemacht haben über die selige Ruhe meines Sterbens: So stirbt kein Verbrecher! Geliebtes Weib! Ich segne Dich im Namen des Vaters + und des Sohnes + und des Heiligen Geistes + Amen. Ziehe hin in Frieden, Brigitte: Um Deines Leides wegen ist Dir vergeben! – Ewig aber werden wir vereint sein! Bete! Und das Leben trägt sich wie ein Festgewand! Und schwebt wie Weihrauch....
Hans +

Das letzte Kreuz bedeutet sein eigenes Todeskreuz. So, wie es Brigitte auf ihrem Zettel bei der Urteilsverkündung hinter seinem Namen gemacht hat. Der Inhalt seines Briefs macht mich noch jetzt wütend. Da protzt er den Psychologen gegenüber mehrfach, dass er der Einzige sei, der Schuld zugegeben habe, und jetzt schreibt er das Wort in Anführungszeichen! Dabei hatte er doch Major Kelly gegenüber getönt: »Jemand muss zur Verantwortung gezogen werden. Wir Führer müssen für Hitler und

Himmler zahlen, die sich der Strafe entzogen haben. Wenn wir nicht die Schuld auf uns nehmen, wird das ganze deutsche Volk leiden müssen.«

Reine Show!

Stur hofft er auf seine Rehabilitation, sicher auch in Form einer Habilitation mit dem Titel *Die Entlarvung von Verbrechern anhand ihres Sterbens*. Darin wird als Conclusio verkündet, dass selbige sich dadurch als Kriminelle entlarven, weil sie partout nicht in *seliger Ruhe* sterben können.

Er will es. Setzt sich hin und regelt seinen Nachlass:

Prison Officer
Sir!
Ich habe in dieser Schachtel alles geordnet:
In Pack 1 befinden sich die Familienbriefe an mich, die ich bitte, an meine Frau zurückschicken zu wollen.
In Pack 2 befinden sich Skizzen allerletzt – noch meist in diesen Tagen gesandte Briefe, Gedanken, Gedichte und literarische Entwürfe, die ich insgesamt auch meiner Frau zuzuleiten bitte.
Die beiden Gebetbücher bitte ich gleichfalls an meine Frau zu schicken.
Der Füllferderhalter gehört Herrn Dr. Gilbert.
Ich bitte meine Pfeife und die Manschettenknöpfe meiner Frau für meinen Sohn Norman zuzuleiten.
Die Adresse meiner Frau ist:
Frau
Brigitte Frank
Neuhaus (am Schliersee)
Dürnbachstraße 7
Ober-Bayern
Im Übrigen danke ich Herrn Oberst Andrus herzlich für viel Gutes, das er mir seit über 1 Jahr getan hat.
Ergebenst!
Dr. Hans Frank
Nürnberg, 15. X. 1946
Abends

Die Liste wird nach seinem Tod Brigitte übersandt. Preußisch genau prüft sie alles und schreibt: *Zu Punkt 5: Pfeife und Manschettenknöpfe haben wir nicht bekommen, haben wohl andere Andenkensammler abgenommen.*

Doch wen auf Herausgabe verklagen? Es gibt also mindestens einen Amerikaner, der ein total verlogenes, feiges Leben lebt und nicht weiß, dass sein ekliger Charakter von Vaters Manschettenknöpfen stammt, die er trägt. Ein weiterer Ami wird sich wundern, dass er einfach nicht von seiner nahezu krankhaften Sucht nach Vielweiberei loskommt. Mutter kann ihn aufklären: *»Ein Leben lang« war in den Ring eingraviert, den ich Hans Weihnachten 1941 schenkte. Auch dieser Ring, den er bei seiner Verhaftung trug, kam nicht an uns zurück.* Der Ami trägt ihn, und es ist Vaters sexuelle Gier, die sich durch den Ring auf den Trieb-Ami überträgt.

GNÄDIGE VERGEBUNG VOM TÄTER

Ist sein verlogenes Verhalten verständlich? Vermutlich. Zuzugeben, dass seine ganze Lebensleistung ein einziges Verbrechen war, bedarf großer Tapferkeit und rücksichtsloser Einsicht. Bei ihm ist mir diese allerletzte Verleugnung völlig unverständlich, hat er doch zu seinem Herrgott gefunden, badet dauernd in dessen Gnadensee und sollte dadurch doch die Kraft bekommen haben, Schuld nicht in Anführungszeichen zu schreiben.

Was Mutter die Tränen stoppt, ist dieser unmögliche Satz in Vaters Brief: *Um Deines Leides wegen ist Dir vergeben!* Da haut er ihr tatsächlich noch einmal voll eins drüber. Im Grunde ist sie schuld, dass er selbst ein so dahautes Leben geführt hat. Ganz dicht kuschle ich mich an sie, nehme dann die Bürste und kämme ihr Haar, bis sie wieder schnurrt.

Zu meinem tiefen Groll sieht er allerdings tatsächlich in *seliger Ruhe* Henker Woods entgegen. Ich hätte in den Stunden vor meiner nächtlichen Hinrichtung in der Zelle vor grässlicher Todesangst alles vollgeschissen, hätte geheult, geschluchzt, wachsbleich gezittert. Dieser Kerl aber setzt sich schon wieder an sein wackliges Tischchen, nimmt den Bleistift und schreibt an seine Brigitte, der er so hochmütig vergeben hat. Vielleicht war ihm auch aufgegangen, dass der Brief zuvor doch zu rachsüchtig war. Nein, dieses Mal zeigte er wieder die andere Seite seines zerrissenen, unreifen Charakters:

15. X. 1946 abends
Meine herzliebe Brigitte!
Ohne jeden Groll, ohne jeden Hass, ohne jede Feindseligkeit verlasse ich die Erde. Das Wort des Apostels leuchtet auch mir: Selig der Mann, der die Prüfung bestanden!
Sei gut zu allen Menschen! Sei lieb zu all denen, die auch zu mir gut waren! Und vor allem zu denen, die mir nicht gut sein wollen! Das letzte Dichterwerk, das ich eben las war: Heilige Nacht von Thoma. Und bewahrt mir trotz all meiner Fehler und Sünden eine reine Erinnerung: Denn ich habe Euch innig geliebt! Und meine letzten Gebete gelten Dir und den Kindern, meiner Mutter, meiner Schwester und Deinen Geschwistern! Liebe Brigitte: Ich bleibe ewig in Eurer Mitte! Herzinnigst
Dein Hans – Euer Vater
In der Nacht vom 15. zum 16. starb ich.

Das war's für Brigitte. Dabei hatte sie als 18-Jährige auf ein schönes Porträt von sich selbst der Freundin Liesel ihren Lebenswunsch gebeichtet: *Lass uns leben, lass uns lieben!*

Aber es wurmt den Todbereiten noch etwas: Dass ihm keiner seine Unschuld geglaubt hat. Also nimmt er einen weiteren Briefbogen und fleht Dr. Seidl an: *Ich glaube, dass es noch geraume Zeit dauern wird, bis durch das graue Meer der hasserfüllten Entstellungen einmal die Wahrheit an das Licht des Tages aufsteigen wird. Niemand wird das auf Dauer verhindern können! Vielleicht können Sie aber doch da oder dort in wirksamer Weise die allergrößten Entstellungen meiner angeblichen Äußerungen über Polen und Juden usw. berichtigen! Bitte tun Sie das, wo und wie es geht! Ich habe doch, weiß Gott, ein Recht auf die Wahrheit: Und wie wird sie in missbräuchlichster Verwendung einiger weniger Tagebuchstellen geradezu frivol ins Gegenteil verdreht. Ich habe nie in meinem Leben ein Verbrechen begangen – und wie leichtfertig wurde das alles konstruiert! Meine »Schuld« ist eine politische, keine juristische!*

Hans Frank betrat die Turnhalle mit einem Lächeln, wie ein Anwesender später schreibt.

Mich stinkendes, strampelndes Bündel Todesangst hätten sie von der Zelle hintragen müssen, auch die 13 Stufen hoch, mich aufrichten und mir gegen meine unter Jaulen und Geschrei epileptischen Zuckungen der gefesselten Glieder die Haube über den Kopf stülpen und den Strick um den Hals legen müssen. Wie oft habe ich mich in seine letzten Stunden hineinversetzt, genauso wie in die letzten Tage und Stunden unserer Opfer.

Mein Vater bleibt uneinsichtig ruhig bis zu seinem Ende. Beim Abwärtssausen durch die geöffnete Falltür schlägt er mit dem Kopf gegen den Rand. Noch im Sterben schwillt sein linkes Auge an, was auf seinem Totenfoto deutlich zu sehen ist.

Wer hat in uns gepflanzt, dass wir einem Massenmörder Respekt zollen, weil er in aller Ruhe den Tod am Galgen erträgt? Pervers: Anständiges, »männliches« Sterben, wiegt in unseren Augen schon wieder seine Schuld auf! Jahrzehnte später erzählt mir Father O'Connor in seinem Kloster zu Albany bei New York: »Das Schreckliche an deines Vaters Tod war das Knacken seines Genicks. Das konnte man ganz laut in der Turnhalle hören.«

Wir drei Jüngsten werden erst nach seinem Tod von Mutter im Kinderheim zu Holzen bei Wolfratshausen informiert. Danach bleiben wir dort noch bis März 1947, in einiger Entfernung vom Schliersee, sozusagen inkognito, sodass uns niemand aus Mitleid oder Hochachtung Quark anbieten muss.

Michel kann die Nachricht vom Tod des Vaters ebenso wenig verkraften wie Gitti. Als Mutter kommt und uns verkündet, jetzt sei der »Vati im Himmel und sicher ganz glücklich«, weinen beide herzzerreißend. Ich bleibe trockenen Auges still, bin wohl schon als Kind ein Großmeister der Verdrängung.

Michel setzt seine Verzweiflung in bewundernswerte Aktivität um. Zusammen mit einem Freund aus dem Kinderheim büxt er aus. Die beiden schaffen es tatsächlich mit Trampen von Oberbayern bis Hamburg. Erst dort werden sie von der Polizei geschnappt. Auch wenn Zeitungen behaupteten, der 10-jährige Gehenkten-Sohn wollte nach Amerika, weiß ich es von unserer Mutter besser. Sie hat wohl mit den Polizisten in der Hansestadt telefoniert: Als die Michel befragen, wo er denn mit seinem Freund hinwollte, antwortet er: »Nach Indien.« Darauf meint ein Polizist: »Aber da gibt es doch auch Polizei!« Michel triumphierend: »Wir wären ja nicht nach Indien rein, sondern in der Vorstadt geblieben!«

Michel stirbt 1990 mit 53, nachdem er aufgrund seiner Fettleibigkeit ein totales Nierenversagen erlitten hatte und in der Dialyse halbe Tage lang durchgespült worden war. Bevor er ins Koma fällt, fragt er noch seine Freundin, die ihn aus dem Krankenhaus abgeholt hat, was es denn zu essen gäbe. »Schweineherz!«

Darauf spricht er seine letzten Worte: »Hoffentlich recht fett!« und verfällt ins Koma, aus dem er nicht mehr erwacht.

Auch er hatte seinen originellen Witz. Als ein paar Jahre vor seinem Tod zwei Abgesandte von Renault bei ihm in seinem Pforzheimer Betrieb auftauchen und ihn wegen seiner Schulden bedrängen, hört er sich alles gelassen an und sagt dann: »Wissen Sie, es gibt Wichtigeres.«

»Was denn?«

Darauf Michel: »Zum Beispiel ein schönes Klavierkonzert von Beethoven.«

Das hat die Buchhalter von Renault erst verblüfft, dann sehr verärgert.

Als ich ohne Wissen meiner Geschwister für mein erstes Buch *Der Vater* bei ihnen tückisch recherchiere, frage ich auch Michel scheinheilig: »Auf geht's, Michel, erzähl mir doch mal, welche Nackenschläge hast du denn in unserer Kindheit abbekommen?« Da schnellt sein inzwischen schon sehr fetter Zeigefinger vor meine Nasenspitze, und schlau, wie er war, knallt er nur zurück: »Du schreibst ein Buch!«

Und schweigt hinfort. Bis das Buch publiziert ist. Dann nennt er mich öffentlich einen Lügner, und dass nichts in dem Buch stimme.

Auch eine Form deutscher Verdrängung, die Michel und mich dennoch bis zu seinem Tod ziemlich beste Freunde bleiben lässt: Wir reden nicht mehr über Politik. In seiner Internatszeit hat er schon als 12-Jähriger immer ein Foto unseres Vaters über dem Bett hängen. Ich hingegen ein Schwert, mit dem ich Berni Duncker, dem Stärksten in unserer Abteilung 50, dergestalt in die Hand steche, dass er stark blutend die zwei Stockwerke runter zur Internats-Krankenschwester Edith laufen und ich danach Stufe um Stufe seinen Lebenssaft wegputzen muss. Die Frank'sche Reaktion konnte auch aggressiv sein. Wir nannten es Humor.

Sigrid stirbt mit 63 Jahren in Johannesburg. In einem Telefongespräch antwortet sie mir, als ich frage, was sie und ihr Mann machen: »Wir rechnen gerade aus, wie lange jeder Jude hätte brennen müssen, wenn wir wirklich sechs Millionen verbrannt hätten. Nämlich nur 23 Sekunden *(die Zahl weiß ich nicht mehr)*. Also kann es nicht wahr sein!«

Michel fragt mich mal listig: »Wer war denn zuerst in Auschwitz?«

»Die Russen haben es befreit.«

Michel triumphierend: »Na also: alles Propaganda!«

Norman äußert sich eines Tages gegenüber Lisi, seiner zweiten Frau: »Die Juden müssen wieder aufpassen.« Als sie mir das erzählt, freue ich mich sehr, weil mein ältester Bruder endlich erkannt hat, wie lebendig der Antisemitismus wieder in Deutschland ist. Lisi schaut mich verblüfft an: »Nein, nein, er meint, die Juden sind schon wieder zu frech. Deswegen müssen sie aufpassen!«

Am 21. Januar 1980 schreibt mir Gitti: *Als wir fünf mit Mutti Vati besuchen durften, war noch kein Urteil gesprochen – und doch: Er hat es gewusst. Er wusste auch, als Mann des Rechts, dass es ein Unrecht war – eben Sieger-Justiz.*

Im Internat auf Föhr beerdige ich als 15- bis 17-Jähriger im Kreis von Freunden spät abends in der Dunkelheit unseren toten Hund. Dabei halte ich eine kurze Ansprache, in der ich dem Terrier an der Seite Adolf Hitlers droben im Himmel eine glückliche Ewigkeit wünsche.

Norman wird 80 Jahre alt und stirbt am Schliersee. Sternhagelblau ist er an jedem 4. Mai, dem Tag, an dem Vater 1945 verhaftet und in Tegernsee verdroschen wurde, und in der Nacht zum 16. Oktober, in der er 1946 hingerichtet wurde. Sein Mantra lautete: »Ich weiß, dass unser Vater ein Naziverbrecher war, aber ich liebe ihn.« Er war der witzigste Alkoholiker, dem ich je begegnet bin. Als seine Lisi Geburtstag hat, wird sie von einer Freundin gefragt, was ihr Norman denn geschenkt hätte. Sie antwortet: »Nix hat er mir g'schenkt! Ned amal a Busserl! Dabei hätt' ihn dös nix 'kost!«

»Doch! Überwindung!« ruft Norman von hinten.

Lisi lacht herzlich, die Freundin ist geschockt.

Gitti nimmt sich im Alter von 46 Jahren das Leben. Zwar hat sie Krebs, hätte aber laut Auskunft der Ärzte noch einige Jahre leben können. Doch wie in ihrem Jugendtagebuch vermerkt, will sie nicht älter als ihr Vater werden.

Ihr Sohn Christian fasst auf Nachfrage das Bild seiner Mutter so zusammen: »Ich habe sie unsagbar geliebt. Sie war der lustigste Mensch, der mir auch immer das Gefühl gab, dass ich geliebt werde. Sie änderte beim Rommé, abhängig von ihrer Kartensituation, die Regeln. Und sie konnte lustig wütend werden, wenn ich sie besiegte. Sie war eurem Vater hinsichtlich Wortgewandtheit überlegen. Sie konnte Menschen ›mündlich hinrichten‹. Sie erzählte mir oft und leidenschaftlich vom Anwesen in Kressendorf. Unzählige Male musste ich mir mit ihr die fünfte Symphonie von Beethoven anhören. Sie weinte dann immer sehr und verlor sich in ihren Erinnerungen. Sie liebte Euren Vater. Es kam mir damals schon wirr vor. Aber dann gab es auch die Gitti, die superbelesen, uneitel und wortwitzig war. Kurz vor ihrem Tod veränderte sie sich insofern, als sie sich mit Geisterbeschwörungen konfrontierte. Hier war ihr stetiger Wunsch, eine Nachricht von ihrem Vater zu erhalten.«

Niklas, genannt »Niki«, lebt noch so lange, bis aus Deutschland eine Herzensdemokratie geworden ist, weil die Deutschen ihre Verbrechen während der Hitler-Zeit anerkannt haben, den Schmerz darüber empfinden, trotzdem ein pralles Leben führen und endlich empathisch reagieren.

Also leb' ich ewig und drei Tag'!

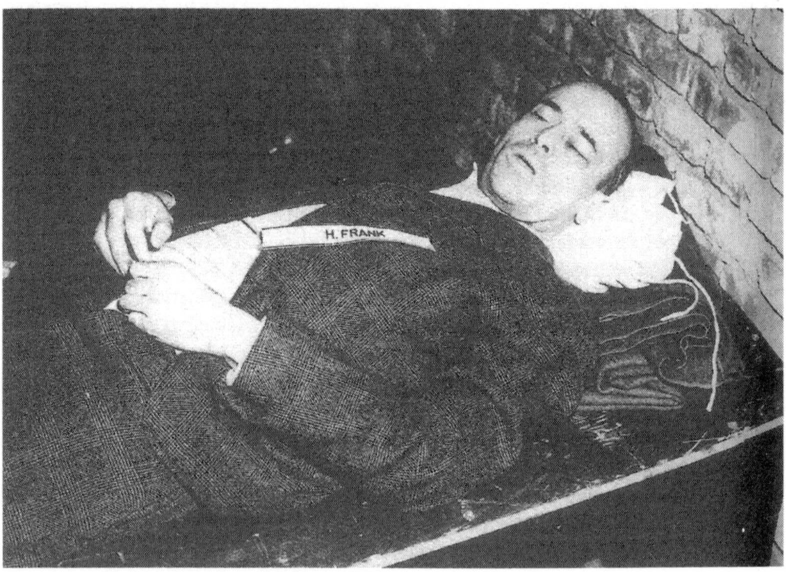

Hans Frank, 16. Oktober 1946 – Henker auch seiner Familie.

Ende

BENUTZTE LITERATUR

Becker, Karl-Heinz, Erinnerungen, Edition ZBKG 42/43, 1973/74,

Gilbert, G. M, Nürnberger Tagebuch, Fischer Bücherei, 1962

Goldensohn, Leon, Die Nürnberger Interviews, Artemis und Winkler, 2005

Hasenclever, Walter, Ihr werdet Deutschland nicht wiedererkennen, Kiepenheuer und Witsch, 1975

Kelley, Douglas M., 22 Männer um Hitler, Olten/Bern: Delphi, 1947

Militärgerichtshof, Der Prozess gegen die Hauptkriegsverbrecher, Delphin Verlag, 1984

Radlmaier, Steffen, Der Nürnberger Lernprozess, Eichborn, 2001

Townsend, Tim, Mission at Nuremberg, Harper Collins, 2014

ABBILDUNGEN

S. 207: Bundesarchiv, Sign. Bild 183-2011-1107-501, Fotograf o. A.

Alle übrigen Bilder: Privatarchiv Niklas Frank, weitere Rechteinhaber konnten nicht ermittelt werden, außer S. 171, 196, 217, 282 United States Army (gemeinfrei).

Niklas Frank ist der Sohn von Hans Frank, Hitlers »Generalgouverneur« im besetzten Polen. Er erkennt in Rhetorik und Verhalten heutiger Politiker erschreckende Parallelen zur NS-Zeit. Der Hass, die Empathielosigkeit und der menschenverachtende Humor der Nationalsozialisten finden sich heute wieder in der AfD, aber auch bei anderen Vertretern aus Politik, Kultur, Sport, Kirchen etc. Frank warnt: »Jetzt tauchen wieder Väter von meines Vaters Art auf, die mein Hirn vergiften wollen.«

176 Seiten | Klappenbroschur | 12,00 Euro | ISBN 978-3-8012-0566-9

Anhand zahlloser Akten erzählt Niklas Frank empörende, aber auch absurd komische Fälle voller Lug und Trug aus der Zeit der Entnazifizierung zwischen 1945 und 1951. Dreist verkauften damals Mitglieder und Nutznießer der NSDAP die Spruchkammern für dumm und retteten sich ohne Reue ins demokratische Deutschland. Frank gewährt uns großartige Einblicke in den giftig-süßen Beginn der bundesdeutschen Demokratie und erschreckende in den Alltag des »Dritten Reichs«. Böse analysiert er, dass ein direkter Weg von damals zum heutigen Verhalten der schweigenden Mehrheit der Deutschen führt. Ein Buch zum Staunen, wütend Werden und zum bitteren Lachen.

584 Seiten | Klappenbroschur | 19,90 Euro | ISBN 978-3-8012-0405-1

Ein mörderischer Dialog unter Brüdern als deutsche Sezierstunde: erschütternd, schonungslos, abgründig. Normans verzweifelte Liebe zum Vater Hans Frank, Hitlers Generalgouverneur in Polen, der in Nürnberg hingerichtet worden ist, lässt seinen Bruder Niklas nicht los. Sie ringen um die Wahrheit von Gefühlen, die Macht der Verdrängung und die Frage: Wie überlebe ich es, das Kind des »Schlächters von Polen« zu sein?

320 Seiten | Klappenbroschur | 22,00 Euro | ISBN 978-3-8012-0438-9

www.dietz-verlag.de DIETZ